人材育成ハンドブック

新版

いま知っておくべき100のテーマ

眞﨑大輔 | 監修
ラーニングエージェンシー | 編著

ダイヤモンド社

※本書は、『人材育成ハンドブック』(2017年10月刊行)の編著者トーマツ イノベーション株式会社が、2019年4月、株式会社ラーニングエージェンシーと改称したのに伴い、新たに『人材育成ハンドブック　新版』として出版いたしました。

はじめに

「我が社の人材育成のやり方を変えたいが、よい解決策がなかなか浮かばない……」

このような悩みから、本書を手にされた読者の方もいらっしゃるはずです。自分たちの組織の人材育成の取り組みをもっとよくしたいと思えば思うほど、こうした悩みや場面があるものです。

仕事のやり方そのものが大きく変化せず、「よいものを安く早く」の商品づくりで企業や組織が勝ち残れた時代が終わろうとしています。商品やサービスの賞味期間が短くなり、仕事のやり方が目まぐるしく変わる時代において、新人が現場で自然に一人前になることが難しくなっています。さらに、テクノロジーの進化やＡＩの登場で、「人間にできること」より「人間にしかできないこと」が求められる時代になりつつあります。

人材育成の世界にも、不易流行の面があります。本質的で変わらない点がある一方で、新しい理論や手法がたくさん生まれています。時代の変化が象徴的に現れるのは、育成の対象となる人材かもしれません。昭和生まれや平成生まれなど、生まれた時代という切り口だけでも大きく変わります。ダイバーシティ（多様性）を考えれば、育てる人材の背景がさらに多岐にわたっていることがわかります。人材育成は、これらの変化も包み込んで押さえる必要があります。

大きな時代の移り変わり（トランジションポイント）の中にいる私たちは、人材育成のあり方、やり方を大きく変える必要に迫られています。世界中の企業と組織にとって、人材育成はますます重要なミッションとなるでしょう。一方で、「解決策が思いつかない」「どの解決策を選んだらよいのかわからない」といった冒頭のような悩みも増すばかりです。

では、こうした悩みを解決する最初の、かつ最も大事なステップは何でしょうか？

それは、人材育成に携わる者が「人材育成を勉強すること」です。複雑性の増

している人材育成を成功させるための大事な視点が、実は人材育成に関する知識の充足やそのメンテナンスなのです。

「くまモン」で有名なデザイナーの水野学氏は、『センスは知識からはじまる』(朝日新聞出版)という本を書かれています。まさに、このタイトル(とその思想)が、人材育成でも当てはまると感じています。

　幅広い人材育成の知識は、人材育成の解決策に必要な想像力と創造力の源泉になります。一方で、少ない知識に頼って人材育成のあり方、やり方を判断していくと、既知の狭い領域で考えてしまい、悩みを解決するための選択肢が自然と狭まり、組織にとって真に必要な解決策を選べなくなるリスクが増えていきます。

　私たちラーニングエージェンシーは、これまでに延べ1万3000社、200万人以上の人材育成をサポートしてきました。これらの数字は、日本でも最大級の規模です。このような実績のある私たちが、クライアントから質問をいただいて困るのが、実は次の質問です。

「人材育成を勉強できる本はありますか？」
　企業や組織が悩む人材育成の領域や世界を広くカバーした本は、なかなかあるようでありません。この世界でビジネスをしている私たちがいうのですから、間違いはないと思います。特に、ビジネスパーソン向けに書かれた本はほとんどないように思います。

「人材育成の解決策を考えたい人」は、「人材育成を勉強する」べき。
　一方で「人材育成を勉強したい人」には、お勧めの本がない……。
　こうしたクライアントの要望にお応えするために、本書を執筆しました。本書は、人材育成に関する知識を広範に収め、企業における人材育成の領域を俯瞰できるように構成されています。
　想定読者は、主に経営者や人材育成に携わる方々です。本書は、人材育成に取り組んでいる方々に新たに学んでいただきたい知識、再確認していただきたい知識を数多く盛り込みました。
　また、活用しやすくするために全体をハンドブックの形式でまとめていますので、必ずしも最初のページから無理に読む必要はありません。興味、関心のある

箇所にさっと目を通したり、辞書のように使ったりと、必要な時に必要な項目を確認していただくだけでも結構です。

本書の目的をまとめると、次のようになります。

「人材育成を組織で担う人々が、
　人材育成の知識を学ぶことによって、
　人材育成の悩みを解決できるようになる」

本書は、全体を4つの章に分け、人材育成の知識を取り上げています。各章を解説すると、次のようになります。

理論編：人材育成には、いくつかの代表的な理論があります。理論がすべてではありませんが、理論という原理や方程式を知ることは、人材育成のあり方、やり方を大きく見直す際や、育成の効果を検証する時に必ず役に立ちます。

制度・手法編：理論と違い人材育成の手法（やり方、取り組み方）は、組織によってさまざまなバリエーションがありますが、整理していくといくつかの手法に集約できます。この章では、現在における主要な手法を解説しています。新しい手法を組織に取り入れる際は、無理にそのまま導入せずに、自分たちのスタイル・カルチャーに合わせ、手法をぜひカスタマイズしてください。

経営テーマ編：こちらはやや大きなテーマになりますが、経営のトレンドと人材育成は切っても切れない関係にあります。また、経営のトレンドそのものが育成のテーマになる場合も多くあります。この章では、人材育成に大きく影響する最新の経営テーマを取り上げています。

研修編：人材育成の最も基本的な手法が研修です。この章では、45の多様な研修テーマを解説しています。研修のポイントは「誰に何を学ばせるか？」です。研修という手法を採用せずとも「誰が何を学ぶべきか」をこの章では整理していますので、自社の人材育成の取り組みに抜けや漏れがないかなどのチェックにご活用ください。

最後に、本書の使い方は自由ですが、読者の皆様にひとつお願いがあります。人材育成に少しでも悩まれた際には、人材育成の100個のキーワードが並ぶ目次の部分だけでも見返してください。ふと、目にしたキーワードからインスピレーションが湧き、新しいアイデアが広がり、人材育成の悩みを解決する道が見つかるかもしれません。

　本書が、人材育成に力を注いでいる経営者、組織内で奮闘している人材育成担当者、人材育成に興味がある学生など、人材育成に関わる読者の皆様に価値を提供できることを心より願っています。

執筆者を代表して　眞﨑大輔

目次

はじめに i

第1章 理論編

001 | アンドラゴジー（成人教育） | 2
002 | レディネス（学習準備性） | 5
003 | 経験学習モデル | 9
004 | 学習転移 | 14
005 | 行動変容 | 18
006 | インストラクショナルデザイン | 22
007 | 効果測定 | 26
008 | コンピテンシー | 31
009 | トランジション（キャリアの転換期） | 35
010 | 組織社会化 | 39
011 | 熟達化 | 43
012 | 大脳生理学 | 48
013 | メタ認知 | 52
014 | 心理学 | 57
015 | モチベーション | 61
016 | ビッグファイブ（性格スキル） | 67
017 | リーダーシップ論の変遷 | 71
018 | 能力モデル | 75
019 | 世代概論 | 81
020 | 学習する組織 | 85

第2章 制度・手法編

- 021 | 人材要件・教育計画 | 92
- 022 | サクセッションプラン | 98
- 023 | ジョブローテーション | 102
- 024 | OJT | 106
- 025 | メンター制度 | 110
- 026 | マニュアル | 115
- 027 | ストレッチアサインメント | 119
- 028 | フィードバックとコーチング | 123
- 029 | ダイアローグ | 126
- 030 | 研修の企画 | 129
- 031 | 研修の実施 | 133
- 032 | 研修のフォローアップ | 138
- 033 | アクティブラーニング | 141
- 034 | デジタルラーニング | 146
- 035 | 資格取得支援 | 149
- 036 | 自己啓発支援 | 152
- 037 | ワークプレイス | 155
- 038 | 人事評価制度 | 158
- 039 | 人材育成に関する法律(助成金) | 163
- 040 | CLO | 168

第3章 経営テーマ編

- 041 | 働き方改革 | 174
- 042 | メンタルヘルス | 179
- 043 | 健康経営 | 184
- 044 | ダイバーシティ | 188
- 045 | 女性活躍 | 192

046 | 高年齢者活用 | 198
047 | 外国人活用 | 203
048 | グローバル人材 | 206
049 | イノベーション人材 | 211
050 | IT人材 | 215
051 | デザイン経営 | 220
052 | MOT | 223
053 | 知的財産 | 227
054 | CSR | 232
055 | コンプライアンス | 236

第4章 研修編

056 | 研修のトレンド | 242
057 | 内定者研修 | 245
058 | 新入社員研修 | 248
059 | 管理職候補者研修 | 252
060 | 管理職研修 | 255
061 | 幹部研修 | 258
062 | ビジネスマナー | 262
063 | PCスキル | 265
064 | 新入社員向け 仕事の進め方 | 269
065 | 挨拶 | 272
066 | 電話応対 | 275
067 | 報連相 | 277
068 | 傾聴力 | 280
069 | ビジネスライティング | 283
070 | ロジカルシンキング | 286
071 | クリティカルシンキング | 290
072 | ビジネストーキング | 293

073	プレゼンテーション	297
074	ファシリテーション	300
075	交渉	303
076	タイムマネジメント	306
077	リーダーシップ	310
078	チームビルディング	314
079	仕事の任せ方	318
080	人事評価者研修	321
081	面接官研修	324
082	セクハラ・パワハラ	327
083	セルフマネジメント	331
084	アンガーマネジメント	334
085	キャリアデザイン	338
086	PDCA	341
087	プロジェクトマネジメント	344
088	業務標準化	347
089	マーケティング	350
090	Webマーケティング	353
091	企画立案	357
092	営業	360
093	ホスピタリティ	363
094	クレーム対応	366
095	5S	369
096	技術者研修	372
097	経済・経営知識	375
098	財務知識	379
099	データの読み方	387
100	労務・法務・税務	391

おわりに | 395

第1章
理論編

001 アンドラゴジー（成人教育）

> 概要
> ▶ アンドラゴジーは、成人の特性を活かした学習援助を体系化したものである。
> ▶ アンドラゴジーの概念を活用し、目的志向的な学びを考慮することにより、効果的な教育プログラムをつくることができる。

> 基礎知識編

1 | 子どもの教育「ペダゴジー」と成人の教育「アンドラゴジー」

　アンドラゴジーは、成人の学習者の特性を活かした学びの体系のことである。社会の一員としての素養を身につけるために、主に学校教育において実施される子どもに対する教育をペダゴジーと呼ぶのに対して、生涯教育や就業者の能力開発などの成人に対する教育をアンドラゴジーと呼ぶ。両者の違いを次に示す。

「ペダゴジーとアンドラゴジーの比較」

	ペダゴジー	アンドラゴジー
学習者の概念	パーソナリティが未成熟なため、学習者の概念は依存的なものである	特定の過渡的状況では依存的なこともあるが、一般的には自己決定的である
学習者の経験の役割	新たな学習のスタートに利用されることはあるが、基本的にはあまり経験に価値は置かれない	蓄積された自身の経験が学習資源となる
学習者への準備性	社会からのプレッシャーにより、学ぶべきだということを学習しようとする	仕事や生活に直接的に関わるテーマに興味を示す
学習への方向づけ	学習内容は将来に役立つものであり、学習内容中心的となる	課題達成中心的であり、学習内容を応用する即時性を求める

ノールズ（2002）をもとに要約

2 | アンドラゴジーの要素

　アンドラゴジーの6つの要素について説明する。

❶ 知る必要性

　成人の学習者は、何を学ぶのか、なぜ学ぶのかについて知る必要がある。このことは、次に紹介する「自己決定性の増大」や「学習資源としての経験」などの要素の前提にもなる。研修を実施する際には、学習者が学習の必要性を自覚できる

よう、導入時に提示することが求められる。

❷自己決定性の増大

成人は子どもと異なり、何をどうするかを自身で決定したうえで行動する。さらに、自己決定的でいること、自己決定的であると周囲から思われることを望むことから、その姿勢を尊重し、研修を進める必要がある。しかし、自発的に学ぼうと研修に向かったにもかかわらず、いったん研修が始まると、学生時代に身についた受け身で学ぶ習性が戻り、受け身で依存的な学習者になることがある。研修実施時は、学習者の学びに対する意欲的な姿勢を上手に維持させ、研修を進めることが望ましい。

❸学習資源としての経験

成人は、年を重ねた分の経験の蓄えを持っている。その経験の蓄積は学習資源となり得る。他方で、経験のゆえに固定された思考パターンやバイアスを持つこともあり、その場合は、経験がマイナスに働くこともある。長い経験によって習得したやり方が、状況や時代にそぐわなくなってしまうケースがあることを丁寧に説明し、新しいアプローチを展開できる枠組みを持つことが求められる。

❹学習へのレディネス(学習準備性)

成人は、現実の生活における課題をよりうまく対処する必要がある時に学ぼうとする。普遍的な人の発達段階、組織や個人特有の移行期などを考慮し、教育を受ける適切な時期を見極め、研修のタイミングを検討する。

❺学習への方向づけ

成人は学んだ知識を活用、応用したいと望む傾向がある。学んだことを応用することができるということがわかると、より積極的に学ぶようになる。業務に沿ったテーマや学習者が抱える課題に合わせたテーマを設定するとよい。

❻学習の動機づけ

昇進や昇給などの外発的な動機は学びの促進材料となり得るが、有力な動機づけは内発的動機である。研修後に仕事への満足感や達成感につながるよう設計されたカリキュラムは、学びが自身の利益につながることを実感できることから、従業員はさらに学びに対して積極的になり得る。

現場でのFAQ

Q1 ｜ 従業員の学びに、アンドラゴジーの知識をどう活用すればよいでしょうか？

A1 ｜ 業務に必須の資格や知識がある業種・職種の場合、それを確実に従業員に身につけさせることは会社にとって重要な課題です。そのため、必須の資格や知識を獲得するための学びは、どうしても会社からの一方的なものになりがちです。もちろん従業員も必須の資格や知識が自分のキャリアや報酬に影響を与えることがわかっているため、学びへの姿勢はある程度は積極的となります。ただし、学びへの意識が弱い従業員、あるいはいままでに多くの資格や知識を得てきたために慣れや飽きが生じている従業員もいます。このような状態の従業員には、アンドラゴジーの要素を踏まえた以下のポイントを取り入れた教育プログラムを実施するとよいでしょう。

①学びの必要性の提示
②学びに対する従業員のニーズの把握
③学ぶ内容と仕事の親和性
④受け身ではなく主体的な学び
⑤適切な学びのタイミング

本人の経験や仕事上の関心事、さらには、いま直面している課題の解決策といったことに関連させて資格・知識を取得する必要性やメリットを伝えることによって、学びの姿勢は積極的なものになります。経験の浅い新入社員に教育を行なわなければいけない場合や、コンプライアンス研修など、本人の意向にかかわらず企業としての受講を必須としている研修の場合は、受講の必要性を事前に丁寧に提示しましょう。

参考文献
- 『成人教育の現代的実践 —— ペダゴジーからアンドゴラジーへ』(マルカム・ノールズ著　堀薫夫／三輪建二監訳　鳳書房　2002年)
- 『成人期の学習 —— 理論と実践』(シャラン・メリアム／ローズマリー・カファレラ著　立田慶裕／三輪建二監訳　鳳書房　2005年)
- 『生涯学習の創造 —— アンドラゴジーの視点から』(西岡正子著　ナカニシヤ出版　2000年)
- 渡邊洋子 (2007)　「成人教育学の基本原理と提起―職業人教育への示唆―」『医学教育』Vol.38 pp.151-160)
  https://www.jstage.jst.go.jp/article/mededjapan1970/38/3/38_151.pdf

002 レディネス（学習準備性）

> **概要**
> ▶レディネスとは、学習の準備が整った状態を意味する。
> ▶組織の人材育成におけるレディネスは、学ぶ必要性の認識と定義することができる。

基礎知識編

1 | レディネスと学習の効果

　レディネスとは、学びに対する知識や経験、身体の準備が整った状態のことであり、その起源は発達心理学にある。なお、成人の学習におけるレディネスには、学習の準備の整った状態として、本人の学ぶ必要性の認識が含まれている。研修の目的や学ぶ理由が明確であり、学ぶ意欲の高い従業員、すなわち強いレディネスが形成された従業員は、研修や新たな学びを効率的に吸収し、実践に結びつけることが可能である。

2 | 成人の学習におけるレディネス

　子どものレディネスと成人のレディネスは基本的には同義であるが、異なる点として、成人のレディネスは、なぜ学ぶのか目的意識を持っている状態を含む点が挙げられる。学びの目的を理解し、自発的に学ぼうとする気構えは、学びの継続と効果につながる。この気構えが成人のレディネスの特徴であり、重要な要素である。

　生活の大半を仕事に費やす成人のレディネスが強く形成されるきっかけは、仕事上でつまずいた時、課題の解決を求められた時、新たなスキルを求められる時などであり、学ぶことにより本人に利益がもたらされる場合、学びの意欲や必要性の認識は高まる。企業において従業員に研修やトレーニングを実施する際には、その研修に対する従業員のレディネスが形成されるよう事前に考慮する必要がある。

3 | 成人の学習におけるレディネスの具体例

　職種や業種にもよるが、特定の資格や免許を保持していないと業務そのものが行なえない特殊な仕事の場合、資格・免許取得のための学びへの意識は必然的に高くなる。また「仕事を効率的に進める方法がわからず業績が上がらない」「部下との信頼関係の構築方法がわからず職場で孤立しがちである」といった悩みを強く持っている場合は、これらの問題を解決してくれる書籍や研修へ積極的に関心を寄せることになる。

　ハヴィガースト（1961）は、成人期を「成人初期」「中年期」「高齢期」に分け、それぞれの期間において異なる学習へのレディネスがあると説明している。具体的には、成人初期は就職し仕事の基礎的なスキルを身につける時期のため、さまざまな企業の情報を収集する、もしくは基本的なビジネス上の慣習を知ることに強いレディネスを持つ。中年期は監督者や管理者になる時期のため、マネジメントの知識を学ばなければいけないという意識が強い。また、高齢期は一般的にリタイア後の生活が心配事になる時期のため、老後の暮らし方についての学習意欲が高い状態になる。

4 | レディネスを活用した研修の設計

　レディネスを高めるためには、学習内容が学習者の仕事や課題に関連していることが有益であり、レディネスを活用し、研修の効果を高めるための教育手法としてケラーのARCSモデルを紹介する。

　ARCSとは、注意（Attention）、関連性（Relevance）、自信（Confidence）、満足（Satisfaction）の頭文字をとったものである。学習者にとって興味や関心の高いテーマを選択し、学習者が努力をして到達できるレベルに課題を設定し、満足度を維持することで学習の効果を上げる枠組みである。

注意（Attention）	受講者の興味や関心を引くようなテーマ・題材を選び、受講者の注意を引きつける
関連性（Relevance）	自分の業務に関連のある内容や課題の解決に結びつくような内容を取り上げ、受講者に当事者意識を持たせる
自信（Confidence）	十分努力すれば達成が見込める程度にレベルを設定し、受講者を研修に前向きに取り組ませる
満足（Satisfaction）	有用なインプットを与えるなどにより、研修の満足度を上げ、再度同様の研修を受けたいと思わせる

現場でのFAQ

Q1 ARCSモデルを用いて従業員の学習への取り組み姿勢を変化させたいのですが、どうすればよいでしょうか。

A1 以下に注意（Attention）、関連性（Relevance）、自信（Confidence）、満足（Satisfaction）に分けて説明します。

❶ 注意（Attention）

　まず、注目してもらうことがポイントとなるので、教育プログラムを案内するパンフレットなどをわかりやすいものにします。その際、施策に取り組んだ過去のケースでの成功例を記載するとよいでしょう。自分にとってのメリットを感じることができればより注目を集めることができます。一方で長年実施している施策であれば、内容をブラッシュアップして目新しさを維持することも大切です。

❷ 関連性（Relevance）

　自分の仕事と深い関連があることに気づけば、教育プログラムに対して前向きに取り組めます。例えば部下育成に悩む管理職に対して、その解決策を提供するトレーニングであると説明すれば、心当たりのある多くの従業員が集まるでしょう。研修を含めたトレーニング施策の中で用いるケーススタディにも工夫があるとなおよいでしょう。例えば、いろいろなタイプの部下のケースを用意し、タイプ別の対応方法を考えさせる方法があります。

❸ 自信（Confidence）

　学習課題の難易度が高すぎると、課題に取り組むこと自体を諦めてしまうことがあるので、課題への取り組み方法を細分化して示すとよいでしょう。一つひとつのステップを上がっていくことで、課題の達成に近づくというイメージを持つことができれば、課題に取り組む際の自信になります。また、これまでの取り組み方法のよい点を指摘することも効果的です。自分で考え出した手法によい点があると知ると、補強する知識を得ようとする動機につながります。

❹ 満足（Satisfaction）

　新しいことを学んだ実感を持たせることがポイントです。例えば、到達度テストを行なうことで、以前よりも確実に知識が身についたことを実感させるといった方法があります。過去の自分を振り返らせて、かつてできなかったことができ

るようになったことを認識させるのもよいでしょう。職場に戻って、上司や周囲から成長したことを認められる発言を得ることも本人の満足につながります。こうした満足感は、次の学習に向けてのレディネスになります。

参考文献
- 『新・発達心理学ハンドブック』(田島信元／岩立志津夫／長崎勤編　福村出版　2016年)
- 『「学び」の認知科学事典』(佐伯胖監修　渡部信一編　大修館書店　2010年)
- 『成人教育の現代的実践 —— ペダゴジーからアンドゴラジーへ』(マルカム・ノールズ著　堀薫夫／三輪建二監訳　鳳書房　2002年)
- 『学習意欲をデザインする —— ARCSモデルによるインストラクショナルデザイン』(J・M・ケラー著　鈴木克明訳　北大路書房　2010年)
- R. J. Havighurst (1961)　Successful Aging, *Gerontologist* 1 (1): 8-13
- 『研修設計マニュアル —— 人材育成のためのインストラクショナルデザイン』(鈴木克明著　北大路書房　2015年)
- R. Brinkerhoff (2007)　Association for Talent Development
- 渡邊洋子 (2007)　「成人教育学の基本原理と提起—職業人教育への示唆—」『医学教育』Vol.38　pp.151-160

003 経験学習モデル

概要
▶経験したことを効果的に学びへ転換するための手法である。
▶業務の中に学びの機会を組み込むことから、職場で実践しやすい。

基礎知識編

1 | 業務を通して学びを得る経験学習

　経験学習とは、知識伝達などによる研修やトレーニングとは異なり、実際に経験したことから学びを得る学習方法である。ロンバルドとアイチンガーは、人が有益な能力を身につける際、70％を仕事の経験、20％を上司や同僚など他者からの助言、10％は研修などから学ぶことを明らかにし、経験学習の重要性を示唆している。また、経験したことをより効果的に学びへと転換する仕組みとして、コルブは、経験学習モデル（Experiential Learning Model）を提唱した。このモデルでは、経験からより深い学びを得るためのプロセスとして、経験を客観的に振り返り、その振り返りを次の経験に活かし、さらにその経験を振り返るサイクルを説明している。

2 | 経験学習モデル

　経験学習モデルとは、経験を学びに変換するプロセスとして、具体的経験・内省的観察・抽象的概念化・能動的実験の４つのプロセスをサイクル化したものである。

❶具体的経験（Concrete Experience）
　学習者（従業員）の能力よりも一段階レベルの高い業務（課題）、または未経験の業務の機会を与える。例えば、プロジェクトチームへの参画、新規事業のゼロからの立ち上げ、チームリーダーの経験などが考えられる。

❷内省的観察（Reflective Observation）
　❶の「具体的経験」を多面的に振り返る。具体的にどのような行動をしたか、

どのような考えから行動したのか、うまくいったこと、失敗したこと、成功・失敗の理由、よりよい結果を導くためにどうすればよいかなど、具体的に体験したことを書き出す、または対話することにより抽出する。例えば、プロジェクトを推進するうえで、メンバー間の情報共有がうまくできなかったことが抽出された場合、なぜ、情報共有がうまくできなかったのか、情報共有の必要性を認識していたか、情報共有をする際に何が弊害になっていたのかなど、さまざまな視点から振り返る。この内省こそが、経験学習の要といえる。

❸抽象的概念化（Abstract Conceptualization）
❷の振り返りで得られた気づきをもとに、次回の具体的な行動として何をすればよいかを明確にする。先のプロジェクトにおける情報共有が課題に挙がった例から、情報共有が不十分であったという課題が抽出された場合、プロジェクトを効率よく進めるためには、メンバー個人の進捗状況をモニターできる環境を構築する、ミーティングの回数を増やすなど、振り返った経験をもとに教訓やルール、ノウハウを形にしていく。

❹能動的実験（Active Experimentation）
❸で得られた学びを、実践の場で試してみる。先の例に続き、プロジェクトを効率よく進めるうえで、情報共有をいかにすべきか、具体的な方法について検討する。例えば、共同フォルダを作成する、最適な頻度でミーティングを開催するなど、経験から得られた新しい方法を実際に試してみる。この段階の経験をさらに振り返ることで、新しいサイクルにおける経験学習が再び始まる。

「経験学習モデル」

具体的経験 Concrete Experience	→	内省的観察 Reflective Observation
↑		↓
能動的実験 Active Experimentation	←	抽象的概念化 Abstract Conceptualization

3 | 経験学習モデルを人材育成に活かす

経験学習モデルをベースに、従業員が経験から学ぶ仕組みを紹介する。

❶意図的に経験を積ませる

　経験学習を効果的に行なうためには、業務から何を学ぶのか、どのような教訓を得てほしいのかを明確に提示し、それらのことを従業員に意識させたうえで経験を積ませることが必要である。経験させる業務には、未経験の業務や対象者の能力より少し高めの業務が適しているが、このような業務を与えない場合でも、習得する内容を明示することで、効果は得られる。

❷内省的観察と抽象的概念化の機会をつくる

　振り返りを目的としたミーティングを企画し、業務を離れて自身の経験を見つめ直す機会を用意する。せっかくの経験も、その経験を振り返らなければ学びを最大化させることは難しい。

❸さまざまな視点で具体的に振り返る

　経験を次の経験につなげるためには、さまざまな視点から経験を振り返る必要がある。振り返りの方法として、次の方法が挙げられる。

- 自身の経験を詳細に書き出す
- 対象者（学習者）が集まり、お互いに経験したことを発表し合い、意見交換をする

　自身の経験を異なる視点から振り返り、得られた学びを次の経験で実践、試していくことになる。

現場でのFAQ

Q1 | 学習効果の高い振り返りをするための重要なポイントは何でしょうか？
A1 | 質の高い質問が必要です。単に過去を振り返るだけでは、出来事の列挙や感情面の羅列に終始する可能性があり、適切な効果が得られません。そこで、質の高い質問をしてくれる指導役が必要です。特に、若手社員が正しい振り返りの習慣を身につけるためには、指導役の存在が重要といえるでしょう。

指導役がすべき質問として、

「今回のプロジェクトにおける時間の使い方はどうだったのか」
「最も注力した事項は、意図どおり進めることができたのか」
「商談の際に相手の表情の変化をとらえていたのか」
「今回の思わしくない結果の原因には何があるのか、その原因をいくつか挙げてみよう」
「今回の出来事から教訓を得るとすれば、どのような教訓が得られるか（複数の教訓も可）」

などが挙げられます。
　このような質問を指導役がいなくても自問自答できるようになれば、経験からの学習が自律的なものとなります。

Q2｜振り返りを促す際に注意すべきことはありますか？
A2｜振り返りを本人の自由意思に委ねると、実施状況に差が生じ、結果として、社員の成長に差が生じることがあります。
　そのため、定期的に本人に振り返りを行なわせる仕組みを企業はつくるべきです。
　具体例として、「1 on 1 ミーティング」が挙げられます。1 on 1 ミーティングは、上司などのコーチ役が本人と1対1の面談を定期的に実施するものです。実施頻度は、週次、月次など、各社の業務スピードや業務サイクルに合わせて設定します。たとえ短い時間であっても継続的に実施しましょう。振り返りの「仕組み」を構築し、組織に組み込むことが重要です。

Q3｜経験学習モデルをベースにした研修を設計するうえで注意すべきことはありますか？
A3｜受講者がこれまで経験、実践してきたことと実施テーマを紐づけることが重要です。
　具体的には、以下の内容を研修に組み込みます。

・研修時間内に、自身の経験について詳細に振り返る時間を設ける
・研修の講師役が、具体的に振り返るための方法や切り口を提示する

・研修時間内に、明日から仕事のどの場面で何をするのかを検討する時間を設ける

　例えば、管理職向けの研修でピープルマネジメントという部下育成をテーマにした研修があります。
　この研修では、自身のマネジメントについて振り返るワークを行ないます。その中で部下一人ひとりの顔、性格、考え方などを思い浮かべ、これまでのマネジメントの状況について具体的に振り返ってもらい、講師からの問いに答える形で思考を深めていきます。そして、振り返りをもとに、今後の部下育成をどのように行なっていくのかについて具体的なアクションを決めていきます。
　実施テーマと受講者の経験を紐づけることによって、内省的観察と抽象的概念化を効果的に行なうことができます。

参考文献
- Michael M. Lombardo, Robert W. Eichinger（1996）　*Career Architect Development Planner*, Lominger
  http://crd.ndl.go.jp/reference/modules/d3ndlcrdentry/index.php?page=ref_view&id=1000170850
- 『成人教育の現代的実践 ── ペダゴジーからアンドラゴジーへ』（マルカム・ノールズ著　堀薫夫／三輪建二監訳　鳳書房　2002年）
- 『職場が生きる　人が育つ　「経験学習」入門』（松尾睦著　ダイヤモンド社　2011年）
- 『仕事で「一皮むける」── 関経連「一皮むけた経験」に学ぶ』（金井壽宏著　光文社文庫　2002年）

004 学習転移

> **概要**
> ▶ 学習転移とは、ある事象での学習がその後の学習に影響を及ぼすことを指す。
> ▶ ビジネスの場では学びを業務に適用、または応用する必要が常にあるため、学習転移の促進が重要である。

基礎知識編

1 | 学習転移とは

　学習転移とは、ある事象での学習や経験が、その後の学習に影響を及ぼすことを指す。この学習転移は大きく2つに分類され、先の学習が後の学習に対してプラスに作用する場合は「正の転移 (positive transfer)」、マイナスに作用する場合は「負の転移 (negative transfer)」といわれる。例えば、柔道を学んだことのある人間が合気道を学ぶ場合に、どちらも学んだことのない人間に比べて容易に習得できるといった場合は「正の転移」、剣道を学んでいた人間が片手剣に慣れずにフェンシングの習得に時間がかかるといった場合は「負の転移」となる。

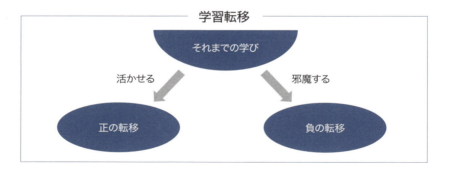

2 | 学習転移に関する研究

　教育研究の分野において、転移に関する研究を初めて組織的に行なったのは、ソーンダイクである。ソーンダイクは、2つの学習間において類似の要素がどれだけ存在するかで転移が生じるかどうかが決まるとする「同一要素説」を唱えた。

一方ジャッドは、転移は要素の類似性ではなく、ある場面での経験や学習が一般原理として認識され、他の場面で適用されるときに転移が生じるとする「一般化説」を提唱した。

これらの理論は古典的転移研究と呼ばれており、現在では先述の要素以外にも、学習者の動機や能力、これまでの学習量やその後の学習との時間的な間隔など、転移に影響を及ぼす要因は多数あるとされている。

3 ビジネスにおける転移

ビジネスにおける正の転移は、過去の業務経験や研修などから得た学びを新たな業務に適用すること、つまり「応用」することである。

まず、過去の業務経験から転移を生じさせるには、対象者がそれまでに経験してきた業務の延長線上にはあるが、未経験の業務をアサインすることがポイントとなる。未経験の業務をアサインされた対象者は、過去に獲得した知識やスキル、経験を新たな業務に活用、応用することで転移を生じさせることができる。この際に注意が必要な点は、アサインをする側が対象者のそれまでの業務経験やスキルを理解していることである。理解していない場合には、対象者がそれまでに経験してきたことや学んできたことを考慮したうえでのアサインができず、結果として転移は生じづらくなる。対象者の持つ経験やスキルを応用することで対処できる範囲の業務をアサインすることが重要である。

また、イェロンらは、研修での学びから転移を生じさせるためには、研修内容と業務との関係性があることと、受講者が研修で学んだ内容を実務に活かそうと考えることが重要なポイントであると述べている（2004）。つまり、受講者の中で「レディネス」が形成されているかどうかが重要な要素となる。研修内容が受講者にとっての業務上の関心事でなければよい学びにはつながらず、実務への転移は生じない。受講者が研修で学んだ知識やスキルを実務で活用しようと思えることが重要である（詳しくは「アンドラゴジー」「レディネス」の項を参照のこと）。

現場でのFAQ

Q1 学習転移を促すために注意をする点はありますか？
A1 研修からの転移を促すためのポイントは、前述の「レディネス」の他にも、受講者が研修の最後に行動計画書を作成することと、研修後に上司からのサポートを受けられることが挙げられます。

まず行動計画書では、できるだけ具体的な内容を記入することがポイントです。研修で学んだ内容を実務に活用するイメージがつきやすくなるため、転移を促すことができます。以下に挙げるような項目を行動計画書に記入するとよいでしょう。

（1）研修で学んだことは何か
（2）研修で学んだことを活かせる仕事は何か
（3）研修で学んだ内容を仕事に活かすと、仕事はどうなるのか
（4）（3）をいつまでにできるようにするのか
（5）（3）の状態になるために、他にも何か学ぶ必要があるのか

次に上司のサポートですが、研修の転移を促す要因として、バークとハッチンズ（2008）の研究が知られており、この中で、「上司からのサポートがあること」「学んだことを実践しているかについて追跡・評価すること」などが挙げられています。部下の行動計画が実行されるために、上司には、部下の受講した研修内容を把握しておく、実行の前に行動計画のレビューを行なう、行動計画を参考に仕事の割り振りを行なう、行動計画の実行に対する振り返りと計画の更新といったサポートが求められます。部下の転移を促すためには、上司からのこうしたサポートも重要な要素となります。

また、これまで正の転移について述べてきましたが、負の転移についても注意が必要です。例えば、過去の成功体験から仕事の方法を変えることのできないベテラン社員や、転職先で前職での仕事の進め方や考え方を修正できない中途採用社員などは負の転移にあたります。現代のビジネス環境下において、古い知識や考え方に固執してしまうと正しい判断を下せないリスクが高く、このような場合には「学習棄却（アンラーニング）」が必要となります。学習棄却とは、既存の知識や価値観を意識的に捨て、新たに学習し直すことです。この学習棄却に有効な手法として「批判的思考」が挙げられます。批判的思考のポイントは「前提を疑う」ことであり、既存の知識や経験からくる自身の思考や行動を批判的にとらえ直すことができれば、学習棄却は促進されます。

参考文献
- E. L. Thorndike, R. S. Woodworth（1901） The influence of improvement in one mental function upon the efficiency of other functions, *Psychological Review* 8：pp.247-261
- C. H. Judd（1908） The relation of special training and general intelligence, *Educational Review*, Vol. 36, pp. 28-42

- 白水始（2012）　「認知科学と学習科学における知識の転移」（『人口知能学会誌』27巻4号　一般財団法人人工知能学会）
- 今城志保／藤村直子（2015）　「集合研修における学びの転移プロセスの検討」（日本心理学会第79回大会）
- 江浦茂／江田英雄（2007）　「起業実践に基づいた産業創成学の研究手法と人材育成：産業創成人材育成と産業創成学の構想」（高等教育機関と産業界との連携による人材育成（2）　一般講演　第22回 年次学術大会　『年次学術大会講演要旨集22巻』）
- 坂田淳（2009）　「プラクティス概念による新・体験学習メソッドの提案と実証研究〜研修機能のイノベーションによる若手人材の早期育成〜」（高知工科大学博士論文）
- 「知っておきたい人材開発基礎用語50」（『月刊 企業と人材』2005年11月号　産労総合研究所）
- Stephen Yelon, Lorin Sheppard, Deborah Sleight, J. Kevin Ford（2004）　Intention to Transfer: How Do Autonomous Professionals Become Motivated to Use New Ideas?, *Performance Improvement Quarterly*, Volume 17, Issue 2, pp.82-103
- Lisa A. Burke, Holly M. Hutchins（2008）　A study of best practices in training transfer and proposed model of transfer, *Human Resource Developement Quarterly*, Volume 19, Issue 2, pp.107-128

005 行動変容

概要
▶ 行動変容ステージモデルとは、生活習慣の改善を目的に開発された理論である。
▶ 行動変容ステージモデルは、5つのステージに分けられる。
▶ 対象者の行動変容を促すためには、それぞれのステージにおいて適切な働きかけをすることが必要である。

基礎知識編

1 | 行動変容ステージモデル

　行動変容ステージモデルは、禁煙やアルコール依存症の治療などの生活習慣の改善を目的として、プロチャスカにより提唱された理論であり、主に医療や保健指導の分野で活用されている。好ましい行動を習慣化させるために有効なプロセスのひとつであり、多くの企業が抱える「挨拶ができない」「報連相をもっとしてほしい」「管理職の役割を果たしてほしい」といった悩みの解決策のひとつとして、現在では企業の人材育成においても応用されている。

2 | 行動変容における5つのステージ

　行動変容ステージモデルでは5つの段階を設定しており、対象者は、あるひとつのステージから別のステージへ順序どおり移行するのではなく、ステージ間を行ったり来たりすると考えられている。また、ステージによって効果的な変容プロセスがあるため、ステージごとに諦めずに何度も何度も刺激を与え、行動変容を試みる必要があるとしている。それぞれのステージにおける「対象者の想定される状態」と「対象者への必要な働きかけ」は以下のとおりである。

❶第1ステージ（前熟考期）
　まだ本人の課題が明確でなく、新しい取り組みに対して無関心なステージ。
　このステージは、本人が課題に対して気づいていない状態を指す。例えば、上司や先輩から見ると報連相がうまくできていない若手社員が、そのことに気づかず「自分は報連相ができている」と考えている状況である。この状態を変えるた

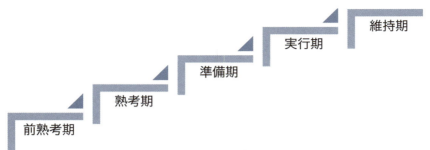

プロチャスカ（1979）をもとに当社にて作成

めには、会社からの期待を伝え、現状とのギャップを考えさせ課題に気づいてもらう、あるいは、行動を変えることによるメリットや、変えないことによるデメリットを伝え、行動を変えようという気持ちにさせるといったことが必要になる。報連相がうまくできていない若手に対して、上司や先輩は「相手にとってわかりやすい報連相をしてほしい」と伝え、「話がわかりにくい」といわれたり、「結局、何がいいたいの？」と聞かれたことはないかなどと質問したり、「いまのままの報連相だと、自分の考えが周りにうまく伝わらず、今後、仕事がはかどらなくなる」などとデメリットを伝え、克服すべき課題だと気づかせるようにする。

❷第2ステージ（熟考期）

　課題をおぼろげながら認識し、課題にどのように取り組むべきかを考えるステージ。

　このステージは、「もしかしたら、自分は報連相ができていないかもしれない」「何か報連相を学べる研修や書籍はないか」と考えはじめる状態である。新しい行動を継続して実践してもらうためには、「自分で決めた」「自分で宣言した」という自己決定感が重要である。そのためには、自身の課題に対して取り組むべき「新しい行動」は何かを自分で考えることが必要である。何が望ましい行動であるかについての認識は、個人と組織とではズレがあることが多いため、上司との話し合いを通じてすり合わせていく。この際、上司は部下に期待する行動を具体的に伝え、その内容を部下に理解してもらうことが重要である。

❸第3ステージ（準備期）

　課題を明確にし、その課題解決に向けての準備やトライアルを行なうステージ。ステージが上がるにつれて、徐々に前向きな態度変容が観察されるようになる。

研修などで報連相の適切な方法を学び、「やはり自分の報連相には課題がある」と明確に認識している。そして、例えば「上司に話しかける前に、話す内容をメモにまとめよう」と改善策を考えている状態である。

　しかしながら、いざ新しい行動を継続的に実践しようとすると、「忘れる」「やってみてもうまくいかない」「やろうという想いが薄れてくる」などの障壁が出てくる。この問題を解消するために、まず、毎日実践することを目的としたトライアル期間を設ける。この期間で重要なことは、短い間隔での振り返りと周囲からの声がけである。具体的には、部下の実践状況に対して上司から日々の声がけを行なったり、1on1ミーティングで実践状況の確認をする、といったものが挙げられる。例えば、部下から報告を受ける際に上司が、「話すことを事前にメモしてきたか」と部下に確認したり、上司が部下に継続状況を振り返らせるために「事前に話す内容をメモにまとめることは継続できているか」と質問をするとよい。

❹第4ステージ（実行期）

　設定した課題に対して、6か月程度実際に行動を変えてチャレンジするステージ。

　実行期は、準備期で試しに行なったことに対して本格的に取り組むステージである。実行期におけるポイントは、行動を変えたことによる自らの変化や成功体験を実感することにある。変化の実感や成功体験は、新たに取り組みはじめた行動がもたらした結果であるという、自分に向けてのポジティブなフィードバックとなり、その行動を継続する原動力となる。成功体験とは、例えば「報連相の前に話すことをまとめることで、話がわかりやすくなったと上司から褒められた」といったことである。

❺第5ステージ（維持期）

　実行期で実践した行動が定着するように意識して行動するステージ。

　一定期間だけ行動を変えたとしても行動が変容したとはいえない。行動変容の判断基準は、いかに継続されているかである。行動を継続するためのポイントとして、対象者本人がそれまでに実践してきた行動を他人に語ることが挙げられる。自ら公言することで、①これまでの実践が具体的な言葉として、より自分自身に意識される、②話を聞いた周囲の反応によって自己効力感が出る、③自身の発言に責任を感じ以前と同じような行動をとることができなくなる、といった心理的な効果が生じるためである。以上のようなプロセスを経ることで、対象となって

いる行動の再現性が高くなり、習慣化へとつながっていく。なお、維持期の具体的な状態としては、「ほぼ意識せずとも報連相の前に話す内容をまとめられるようになっている」などが挙げられる。

現場でのFAQ

Q1 | 組織的に行動変容に取り組みたいのですが、どうすればよいでしょうか？
A1 | 基本かつ大事なポイントは、組織ごとに「とってほしい行動」を絞り込み、明確にしておくことです。また、行動後のフィードバックの内容も定めておくとよいでしょう。

　例えば、「出社時と退社時の挨拶をしっかり行なう」ということを「とってほしい行動」とした場合、出社時にオフィス入り口のテープで囲った範囲に足を踏み入れたら「おはようございます」と大きな声でいうこと、管理職は率先垂範すること、従業員が挨拶をしたら声が小さかったとしても「ちゃんと挨拶していたね」などと必ずポジティブな反応を示すこと、といったルールを定めておきます。一方で、挨拶をしない社員に対しては、必ずリマインドのメールを送付する、帰る前に注意をするなど、本人へのネガティブなフィードバックを行なうようにします。

　フィードバックの頻度は、細かい間隔でのフィードバックを心がけるとよいでしょう。上司と部下との1対1のフィードバックだけでなく、メンバー同士やチーム全体など多人数でフィードバックし合う方法もあります。フィードバックの頻度を多くすることで、部下は自身の状況をより客観的に把握しやすくなるため、自らの行動の変化に気づいたり、つまずきへの対処方法を上司と自然に話せるようになります。

参考文献

- J. O. Prochaska, W. F. Velicer (1979) The transtheoretical model of health behavior change, *American Journal of Health Promotion* 12(1), pp.38-48
- J. O. Prochaska, C. A. Redding, K. E. Evers (2008) The transtheoretical model and stages of change, In K. Glanz, B. K. Rimer, K. Viswanath (eds.), *Health behavior and health education : theory, research, and practice* (4th ed), Jossey - Bass, pp.97-121
- N. Guttman, H. I. Kalish (1956) Discriminability and stimulus generalization, *Journal of Experimental Psychology*, 51, pp.79-88
- 『行動分析学入門——ヒトの行動の思いがけない理由』(杉山尚子著　集英社新書　2005年)
- 『はじめての応用行動分析　日本語版』(P・A・アルバート／A・C・トルーマン著　佐久間徹／谷晋二／大野裕史訳　二瓶社　2004年)

006 インストラクショナルデザイン

> 概要
> ▶学習者のニーズを分析し、最適な教育効果を導くための教育手法のことである。
> ▶分析・設計・開発・実施・評価の5つのプロセスから構成される。

基礎知識編

1 │ インストラクショナルデザインとは

　インストラクショナルデザイン（以下「ID」と表記）は、意図的な学習を支援することを目的とした教育計画についての考え方であり（ガニェら、2007）、企業の人材育成担当者が把握すべき基本的な知識のひとつである。最もよく用いられているモデルにADDIEモデルがある。学習者のニーズを分析し、分析をもとに教育を設計、開発し、実施後に評価を行なうプロセスのことである。

2 │ ADDIEモデル

　ADDIEモデルとは次ページの図が示すように、分析（Analyze）、設計（Design）、開発（Develop）、実施（Implement）、評価（Evaluate）の5つのプロセスで構成される。

　このモデルの特徴は、計画した教育プログラムに対する最終的な評価によって、分析、設計、開発、実施の各プロセスを柔軟に修正することにある。修正と実行を繰り返すことによって、教育プログラムはより高い効果を従業員にもたらすものになる。各プロセスの具体的な内容は次のとおりである。

❶分析（Analyze）

　従業員の状態や性質、課題を分析し、教育プログラムの方向性を決定する。従業員の現状とあるべき姿のギャップに注目して教育プログラムを検討することが効果的である。

❷設計（Design）

　上記の分析結果をもとに学習目標（教育を受けることで学習者が到達する状

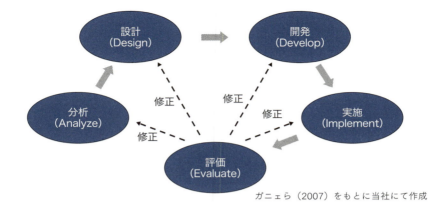

ガニェら（2007）をもとに当社にて作成

態・できるようになること）を設定し、学習目標に到達するための教育方法を設計する。教育プログラムの効果を測定するために、評価基準についてもこの段階で設定する。なお、教育方法については、メリルが提唱した「ID第一原理」や、ガニェが提唱した「9教授事象」などを参考にすることが多い。

❸開発（Develop）

設計の内容に基づいて教材（テキストなど）やツール（映像など）を作成する。具体的には、既存カリキュラムの統合や目的の再設定、新規コースの構築といった作業になる。

❹実施（Implement）

開発した教材やツールを用いて教育を行なう。実施の際には学習者へ目的や期待を伝えて、これから受ける教育の意義づけを行なう。

❺評価（Evaluate）

実施した教育プログラムが当初の目的を達成できたかどうかの確認を行なう。次の2つの側面で確認をすることが望ましい。ひとつ目は、学習者自身のパフォーマンスの評価であり、設計時に設定した学習目標をもとに確認する。2つ目は、教育プログラム全体の評価である。例えば、分析段階で設定したプログラムの方向性は適切だったのか、設計した学習目標は適切だったのか、学習目標に到達できるような適切な教材を開発できていたのか、といった評価になる。この評価をもとに、分析・設計・開発・実施の各プロセスの修正を行なう（詳しくは「研修

の企画」「研修の実施」「効果測定」の項を参照のこと)。

ID第一原理	
・例示の原理	学習は、学習者が例示されたものを観察したときに促進される。
・応用の原理	学習は、学習者が新しい知識を応用する際に促進される。
・課題中心の原理	学習は、学習者が課題中心の教授方略に取り組んだ際に促進される。
・活性化の原理	学習は、学習者が事前に学んだ関連知識や経験を呼び起こすときに促進される。
・統合の原理	学習は、学習者が新しく学んだ知識を日々の生活に統合する際に促進される。

ライゲルースら(2016)から抜粋

ガニェの9教授事象	
1.学習者の注意を喚起する	質問を投げかける、アニメーションを用いる、実演する など
2.学習者に目標を知らせる	学習目標や学習者に期待されていることを研修開始時に講師から伝える など
3.前提条件を思い出させる	前回学んだ内容について質問する、前提となる知識について質問する など
4.新しい事項を提示する	今回学んでほしい重要な部分を太文字にする、ポイントと事例を提示する など
5.学習の指針を与える	学習者自身が正しい答えを出せるようにヒントを出す、ヒントとなる質問をする など
6.練習の機会をつくる	学んだことを適用する練習問題に取り組む、ロールプレイングを実施する など
7.フィードバックを与える	学習者が出した答えが正解かを伝える、直すべきところとその方法を伝える など
8.学習の成果を評価する	学習目標が達成されたかどうかを確かめるテストをする、インタビューをする など
9.保持と転移を高める	より実践的な応用問題に取り組む、実務に沿ったロールプレイングをする など

ガニェら(2007)をもとに要約

現場でのFAQ

Q1 | ADDIEモデルを実践する際のポイントや注意点はありますか?

A1 | 分析・設計のプロセスでは、前述の「教育プログラムの方向性の決定」と「目標の設定」が重要です。例えば、「〇〇の場面で、××ができている」というように設定します。その際、「意識」「知識」「行動」の切り口で考えると、より教育後のイメージがしやすくなります。

　開発・実施のプロセスでは、研修などが実施された後のフォローを考える必要があります。例えば、研修後に受講者がその内容について思い出すようなメールを送る、受講者の上司と研修などの内容を共有する、定期的に受講者にヒアリングを行なうなどが挙げられます。

　評価のプロセスでは、アンケートやヒアリングといった手法が用いられます。その際、評価の目的のひとつでもある教育プログラムの改善を意識した質問を設けるとよいでしょう。項目例としては、「今回の研修は期待に沿った内容でした

か?」「この研修でわかりにくかったことがあれば教えてください」といったものが挙げられます。

Q2 │ IDの考え方は研修以外の人材育成施策でも使えますか?

A2 │ 例えば、IDの考え方を用いることで、計画的なOJTを行なうことができます。まず、対象者の現状把握とゴール設定を行ない、現在できていないことや不足している知識を明確化します。次に、ゴールに近づくために必要な取り組みを設計、開発し実施していきます。例えば「新規顧客に電話でアポイントを取る」がゴールであれば、対象者の力量を把握し、対象者に合わせた仕事のステップやマニュアル、ツールを整備します。これらを実施した結果を見ながら、対象者は狙いどおりの能力を身につけたか、OJTの計画に改善点はないか、などについての評価や検討を行ないます。

参考文献

- 『はじめてのインストラクショナルデザイン ── 米国流標準指導法 Dick & Carey モデル』(ウォルター・ディック/ルー・ケアリー/ジェイムズ・O・ケアリー著　角行之訳　ピアソン・エデュケーション　2004年)
- M. David Merrill (2002)　First principles of instruction, *Educational Technology Research and Development*, Volume 50, Issue 3, pp. 43–59
- 『インストラクショナルデザインの原理』(R・M・ガニェ/K・C・ゴラス/J・M・ケラー/W・W・ウェイジャー著　鈴木克明/岩崎信監訳　北大路書房　2007年)
- 『インストラクショナルデザインの理論とモデル ── 共通知識基盤の構築に向けて』(C・M・ライゲルース/A・A・カー=シェルマン著　鈴木克明/林雄介訳　北大路書房　2016年)
- 鈴木克明(2005a)　「〔総説〕e-Learning 実践のためのインストラクショナル・デザイン」(『日本教育工学会誌』29巻3号(特集号:実践段階のe-Learning)　pp.197-205)

007 効果測定

> **概要**
> ▶教育プログラムはただ行なうだけでなく、それがどのような効果を持ったかまでを確認する必要がある。
> ▶近年は効果測定の結果をもとに、費用対効果（ROI）を算出する必要性が高まっている。

基礎知識編

1 | 教育プログラムの効果測定

　教育プログラムを行なう際のひとつの大きな落とし穴として、「実施したことに対して満足してしまう」というものが挙げられる。しかしながら、教育プログラムは従業員の能力向上を目的としているはずであり、実施前後で従業員の状態に変化がないのであれば、その教育プログラムには意味がなかったことになる。教育プログラムを実施する際には受講者にとってそのプログラムが意味のあるものだったのか、また企業にとって有益であったかを確認する必要がある。

2 | カークパトリックの4段階評価とフィリップスのROIモデル

「カークパトリックの4段階評価」とは、カークパトリックにより1959年に提唱された研修の効果を測定するための評価モデルである。このモデルは、研修そのものを評価する重要性に人々が気づきはじめたことから構築されたものであり、「反応」「学習」「行動」「結果」の4つの段階で評価することが特徴である。しかしながらこのモデルは、研修にかけた費用が企業の利益増大にどの程度貢献したかという費用対効果の観点が入っていない。そこで、カークパトリックの4段階評価にROI（Return on Investment）の観点を加えたのが、フィリップスによるROIモデルである。このモデルは、カークパトリックの4段階評価のもう一段上に、投資としての有効性の測定という評価レベルを設定している。以下に、各段階について解説する。

「効果測定の実施〜効果測定の基本的な考え方〜フィリップスの『ROIモデル』」

Level5	ROI	投資としての有効性を測定 ◇「ビジネス成長は投資コストに見合ったものであったか」
Level4	結果	プログラム参加者の行動変容によって得られた組織貢献度を測定 ◇「参加者は(学習内容を活用し)ビジネス成果を向上させたか」
Level3	行動	プログラム参加者の学習内容の活用状況を測定 ◇「参加者は実際に職場で活用しているか(行動変容)」
Level2	学習	プログラム参加者の知識やスキル習得状況を測定 ◇「参加者は目的の能力を身につけたか」
Level1	反応	プログラム参加者の反応を測定 ◇「参加者は、そのプログラムを気に入ったか」

青山・久保田・堤(2007)より

❶反応

第1段階は、研修に参加した受講者の反応が評価対象となる。ここでいう反応の評価とは、受講者が参加した研修に対してどの程度満足したかを測定することである。満足度の低い研修から学びを得られる可能性は高くなく、まずは受講者に満足を与えられる研修となっていたかを検証する必要がある。満足度を測定する対象としては、「題材」「講師」「研修情報の提示方法」「設備」「スケジュール」などがあり、研修終了時の受講アンケートで測定することが一般的である。

❷学習

満足感の得られる研修であることを前提として、第2段階は学習が行なえたか、すなわち研修内容が知識として身についたかが評価対象となる。研修自体に満足したとしても、その内容が知識として身についていなければ、研修がその目的を果たせたとはいえず、学んだ内容が身についていることを確認する必要がある。この確認は、「達成度テスト」を実施することで可能となる。つまり、研修内容をテスト形式で出題し、その正答率を知識が本当に身についているかの評価基準とする。

❸行動

　学んだ内容が知識として身についているのであれば、その研修からは一定の効果が得られたと考えられる。ただしビジネス研修は、知識が身につくだけでなく、それが仕事の場面で活用されることで初めて意味をなす。そこでさらに一歩踏み込んで、学んだ内容が実際に仕事の場面で使われているかを確認する必要がある。それが、第3段階の行動評価となる。この行動評価は、「回顧調査」という手法で行なわれる。具体的には研修終了後、一定期間経過した時点で、受講者本人、上司、同僚、部下などに対してインタビューやアンケートを実施し、受講者が研修で学んだことを仕事の場面で実践できているかを測定する。

❹結果

　なぜ、企業がコストをかけて研修を実施するかというと、それが企業の業績向上に貢献すると考えているからである。しかし、実際はあるひとつの研修が企業の業績のどの部分に寄与したかを測定することは非常に困難である。測定対象としては、企業の最終的な売上げやコスト削減の程度、あるいは生産性の向上や商品・サービスの品質改善などが挙げられるが、どれも研修との直接的な因果関係を明らかにすることは難しい。そのため、品質管理部門のミス発生数、あるいは営業部門の顧客アプローチ数といった、測定可能な指標を代替として用いるケースがある。

❺ROI

　人材育成は中・長期的に取り組む施策であるため、厳密な費用対効果の測定対象にはなりにくい。しかし、可能な限り効果測定に努めることが人材育成担当者としての現代的な責務ともいえる。少なくとも研修への投資額は数値化が可能であるため、ＲＯＩ測定の取り組みはこうした点から始めることができる。例えば、研修を外部に委託する場合の委託費、社内講師により実施する場合の人件費を算出し、数値化することができる。また、これに招集される受講者の交通費や宿泊費、その人たちが通常業務を行なった場合の逸失利益など、関連する支出を足し合わせると、その研修にかかる費用が明らかになる。研修の効果をすぐに数値化することは難しいが、算出した総費用に見合った内容であったかの評価基準（売上高やQCDの向上など）を人材育成部門であらかじめ決めておくことで、近似的に費用対効果を導き出すことがある程度可能になる。

現場でのFAQ

Q1 受講者の危機感を醸成するような研修を実施したところ、アンケートの満足度が低い結果となりました。この数値は、研修の見直しにあたってどの程度参考にすればよいでしょうか？

A1 本人にとって耳の痛い研修を行なうと、しばしば「自分たちには合わない研修であった」とアンケートの満足度が低い結果になることがあります。しかし、研修の意図（この場合、厳しい現実を直視してもらうなど）が達成されていれば、満足度の数字に振り回される必要はありません。したがって研修後のアンケートでは、まず何に満足できなかったのかを確認するとよいでしょう。満足度の下がった原因が研修内容か講師か、あるいはそれ以外かによって対応方法が異なります。具体的な意見を収集するために、アンケートにはフリーコメント欄を設けることを推奨します。

Q2 Level 2「学習」の評価は、どういうタイミングで実施すると効果的ですか？

A2 研修で最も理解してほしいポイントについて、研修直後にテストを実施しましょう。すぐに採点、フィードバックし、「わかっていたようで定着していない知識・スキル」を受講者に認識させることが大切です。また、知識・スキルの継続獲得や復習を促すために、研修終了後3か月程度が経った時点でも再テストをしましょう。研修前にテストを実施することも、現状の知識レベルや研修で学ぶべきポイントを受講者が正しく認識するために効果的です。

Q3 Level 3「行動」の評価について、具体的な実施方法がわかりません。

A3 「研修で学んだ内容が仕事で活かされているか」を確認するため、研修後に期待する行動をインタビュー項目や評価項目として作成します。その項目に対し、できているか否かを多段階評価します。例えば、部下育成研修を受けた後に期待される行動を「部下のタイプに合わせた面談を毎月実施している」と設定した場合、受講者本人および周囲がその行動を実行できたかどうかを評価することで、仕事に活かされているかを判断できます。

参考文献
- D. L. Kirkpatrick (1959) Techniques for evaluationg training programs, *Journal of the American Society of Training Directores*, 13, 3-9, 21-26
- 『インストラクショナルデザインとテクノロジ —— 教える技術の動向と課題』(R・A・リーサー／J・V・デンプシー編　鈴木克明／合田美子監訳　北大路書房　2013年)

- 『インストラクショナルデザインの原理』(R・M・ガニェ／K・C・ゴラス／J・M・ケラー／W・W・ウェイジャー著　鈴木克明／岩崎信監訳　北大路書房　2007年）
- 『はじめての教育効果測定 ── 教育研修の質を高めるために』(堤宇一編著　青山征彦／久保田享著　日科技連出版社　2007年）
- 『マーケティングＲＯＩ』(ジェームズ・D・レンズコールド著　ベリングポイント戦略グループ訳　ダイヤモンド社　2004年）

008 コンピテンシー

概要
▶ コンピテンシーとは、企業が設定する各職務・職格に任用する際の基準となる行動特性を指し、一般的には「能力」や「特性」などと呼ばれている。
▶ コンピテンシーは人事制度の一部として、そして従業員の昇給や昇格、採用時などに用いられる。

基礎知識編

1 | コンピテンシーとは

コンピテンシーとは一般的に「ハイパフォーマーに共通して見られる行動特性」のことを指し、日本でも2000年前後から多くの企業で人事制度の一部として導入されている。

コンピテンシーに関する研究は、マクレランドが行なった外交官に関する調査が始まりとされている。知能レベルや学歴が同等にもかかわらず、なぜ外交官たちの業績に差がつくのかを調査・研究したもので、結果は、学歴や知能と業績には大きな相関関係はなく、高業績者には共通するいくつかの行動特性があるというものだった。この時に明らかとなった行動特性として、「異文化に対する適応能力」「他人の人間性を尊重する信念」「政治的な人脈を形成する」などが挙げられ、マクレランドはコンピテンシーを、「ある職務において卓越した業績を生む原因となる個人の根源的特性」と定義している。

2 | 氷山モデル

1990年代に入るとアメリカのビジネス界でコンピテンシーブームが起き、その際に注目を集めたもののひとつが「氷山モデル」である。マクレランドの研究の流れを汲んでおり、コンピテンシーは開発がしやすいスキルや知識といった目に見えるものと、開発が困難な概念や特性といった目に見えないもので構成されるとし、コンピテンシーを「特定の職務遂行場面や課題状況において、ある基準に照らして、効果的な成果もしくは優れた成果の原因となるような、個人の潜在的特性」と定義している。

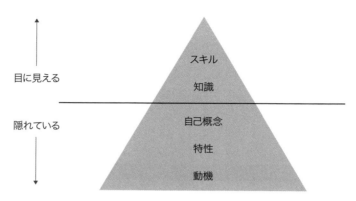

「氷山モデル」

目に見える: スキル、知識
隠れている: 自己概念、特性、動機

3 コンピテンシーの設定

　コンピテンシーを設定するには、まず自社におけるハイパフォーマーの行動特性を明確にする必要があり、その方法には大きくアンケート形式とインタビュー形式がある。負荷は非常に大きくなるが、回答結果の信頼性を担保するという意味では、対象者に事前にアンケートを配布し記入してもらい、そのアンケートをもとに人事部門担当者や人材育成担当者、専門のコンサルタントなどが対象者にインタビューを行なうことが望ましい。この際に重要なポイントは質問の設計であり、「自分の職務における高業績とは何か」「高業績を達成するために心がけている行動は何か」といった質問をしていくことで、個人の持つ知識やスキル（職能）ではなく、考え方やとっている行動（コンピテンシー）が明確になる。コンピテンシーに具体性を持たせるために、できるだけ細かい内容まで明確化することが重要である。

　対象者の選定を行なう際の基準としては、人事考課結果を参考にするのが一般的である。その他には、上司や協働者から推薦してもらうという方法も考えられる。対象者の選定を行なう際のポイントは、各職位・職種などから高業績者を抽出することである。コンピテンシーとしては同じ項目だとしても、職位や職種によって求められるレベルは異なるため、全職位・職種から複数名の回答を得ることが望ましい。

　回答結果を職位・職種別に集計し、複数回出現する行動特性があれば、それはコンピテンシーと判断して問題はない。

4 コンピテンシーの運用

　コンピテンシーは成果につながる行動特性として、業績との因果関係が明確なため指標として用いやすく、人事評価や人材育成に活用しやすい。例えば、上司と部下との評価面談などにおいて、部下側は自身に求められる具体的な行動を知ることができるため、正しい自己認識と課題意識が醸成される。上司側は部下の実践状況の確認がしやすく、求められるレベルに達するため、または、さらなる成長を促すための具体的な施策の提示など、部下育成につながるフィードバックもしやすい。

　コンピテンシーリストを作成する際には、職能要件とコンピテンシーを合致させ、職位などによりレベル分けをすることが重要なポイントとなる。例えば、職能要件を「課題解決」とした場合に求められる行動は、新人や若手であれば「上司・先輩・同僚の手を借りて課題解決ができる」、中堅社員であれば「自分の過去の経験や知識をもとに、自律して課題解決ができる」、管理職であれば「自律的に行なった課題の設定とその解決が会社の成果に大きく寄与する」といった内容となる。

5 コンピテンシーを運用する際の注意点

　コンピテンシーを導入する際の注意点としては、以下が挙げられる。

❶完璧な状態を求めすぎない

　該当者が存在しないような、明らかに理想が高すぎる内容は、具体的な行動イメージが湧きづらく、適正な人事評価や人材育成に活用することが困難となる。コンピテンシーは理想論で設定せずに、現実に即したものでなければならない。

❷定期的な更新

　外部環境の影響などにより、企業の置かれる状況は変化していくものである。経営戦略が変われば、従業員に求められるコンピテンシーも当然変化する。企業の人事担当者や人材育成担当者は、現在導入・設定しているコンピテンシーが、自社の成果達成や成長に寄与するものであるかを常に確認し、経営環境に合わせて随時修正・更新する必要がある。

現場でのFAQ

Q1 | コンピテンシーには具体的にどのようなものがありますか？

A1 | 当社が実施したコンピテンシーに関する調査結果によると、多くの企業で以下に挙げる項目がコンピテンシーとして採用されています。

① **リーダーシップ**……主体的に物事や課題に取り組むことができる
② **コミュニケーション**……同僚や顧客と良好な関係を築くことができる
③ **専門性**……プロとしての専門性を顧客に提供できる
④ **人材育成**……後進育成に取り組むことができる
⑤ **チームワーク**……チームに積極的に貢献できる
⑥ **創造**……固定概念にとらわれず理想とする状態を描き、その実現に取り組むことができる
⑦ **影響**……他者に良質な影響を与える言動ができる
⑧ **決断**……適切なタイミングで物事を正しく判断できる
⑨ **誠実**……利害関係のみを優先させるのではなく、自律的で誠実な行動をとることができる
⑩ **顧客志向**……常に顧客視点で考えることができる

　ここに挙げた項目が汎用性の高いコンピテンシーといえます。また、業界によっても採用されているコンピテンシーに特色があり、例えば製造業であれば「リーダーシップ」「専門性」「創造」、IT業では「コミュニケーション」や「倫理」、卸売・小売業では「コミュニケーション」「誠実」「情熱」などの項目が重視されています。それぞれの業界や職種によっても求められるコンピテンシーは異なりますので、自社の状況に合わせて設定する必要があります。

参考文献
- 『コンピテンシー評価モデル集 改訂増補第5版 ── 各社事例にみる評価と活用』（佐藤純著　日本生産性本部／社会経済生産性本部編集　生産性労働情報センター　2015年）
- 『コンピテンシーを活用したトレーニングの基本 ── 効果的な事業運営に役立つ研修開発の実践ガイド』（ウィリアム・ロスウェル／ジェームズ・グラバー著　平田謙次監訳　日本イーラーニングコンソシアム訳　ヒューマンバリュー　2016年）
- 『コンピテンシーとチーム・マネジメントの心理学（朝倉実践心理学講座6）』（山口裕幸編　朝倉書店　2009年）
- 『コンピテンシー評価と能力開発の実務 ── 成果主義時代の人材アセスメント手法と展開方法』（高木史朗著　ニッコンアセスメントセンター編　日本コンサルタントグループ　2004年）
- 『コンピテンシー・マネジメントの展開（完訳版）』（ライル・M・スペンサー／シグネ・M・スペンサー著　梅津祐良／成田攻／横山哲夫訳　生産性出版　2011年）

009 トランジション（キャリアの転換期）

> 概要
> ▶ トランジションとは、移行期のことであり、前の段階から次の段階へ移る時期のことを指す。
> ▶ トランジションの前後では自分の置かれる状況が大幅に変わるため、この時期をうまく乗り切れるかどうかが、その後のキャリア形成に影響を及ぼす。

基礎知識編

1 | トランジションとは

　トランジションは、日常語としては「転機」と訳され、生涯発達の心理学の文脈では、「移行」ないし「移行期」を指す言葉である（金井、2002）。ビジネスにおいてはキャリアデザインの文脈に紐づけて用いられ、異動、昇進・昇格、転職、出向・転籍、退職などの自分を取り巻く環境が大きく変わる時期を指す。トランジションは、本人が望むケースもあれば、そうでないこともある。そのため、トランジションが生じた際にそれをどうとらえ、新たな状況で何をすべきかを考えることは、その後のキャリア形成に大きな影響を及ぼす。

　例えば、経験のない業務を担当する部門への異動を命じられた時に、新たなスキルを身につけるよいチャンスととらえ、学ぶ姿勢を維持することで、スキルの幅が広がり、企業にとって欠かせない人材になり得る。一方で、トランジションを不本意と感じ、業務に前向きに取り組まなければ、スキルの幅が広がることもなく、自分が望むキャリアを積む機会を得ることも困難となってしまう。

2 | キャリアドリフト

　トランジションに挟まれた期間は、キャリアドリフト（金井、2002）と呼ばれ、与えられた役割を果たしながら業務の知識・スキル・経験を蓄積する期間である。キャリアドリフトの期間は次のトランジションのことはあまり考えず、あえて業務を絞ることなく、いま行なうべきことに注力して取り組むことが望ましい。自分のキャリアとは無関係だと思われる業務であっても、今後のキャリアに役立つかどうかをその時点では判断できないためである。ビジネスにおけるキャリアは、

トランジションとそれに挟まれたキャリアドリフトの組み合わせとして形づくられる。

3 キャリアアンカーとキャリアサバイバル

　ビジネスキャリアの中で何度か経験するトランジションを、自分のキャリア形成に有効に働かせるポイントとして、キャリアアンカーとキャリアサバイバルの2つの要素がある（シャイン、2003）。両者は、それぞれキャリアに対する主観的視点と客観的視点といい換えることができる。

❶キャリアアンカー

　キャリアアンカーとは自分のキャリアに対する主観的な思いであり、具体的には「自分は何が得意か」「自分はいったい何をやりたいか」「どのようなことをやっている自分なら、社会の役に立っていると実感できるのか」といった考えである。それぞれ、「能力・才能」「動機・欲求」「意味・価値」についての自己イメージとされており、これらを明確に持つことによって、トランジションが生じた時に自分を見失うことなく対応することが可能になる。

❷キャリアサバイバル

　キャリアアンカーとは対照的に、他者の目から見た自分を正しく認識することがキャリアサバイバルである。組織の一員として働く従業員にとって、自分がどのような業務に従事したいかという思いも重要だが、一方で企業や周囲の同僚が期待する役割を果たすことも必要である。職務上自分に関係ある人々が、自分に対してどのような期待をどの程度の強さで持っているのかを客観的にとらえることで、自分が本来行なうべきことが見えてくる。また異動や昇進・昇格といったトランジションにおいては、なぜ自分がこの時期に対象となったのかを、企業の視点から考えることが必要である。組織からの期待や意図を正しく認識することができれば、組織人として正しい行動をとることができ、次のトランジションをよりスムーズに迎えることができるようになる。

現場でのFAQ

Q1 トランジションを迎える従業員に対して、どのようなサポートを行なうとよいでしょうか？

A1 ニコルソンによるキャリアトランジションモデルを念頭にサポートを行なうとよいでしょう。ニコルソンは、トランジションの段階を(1)新しい世界に入る準備段階、(2)実際にその世界に入り、新たなことに遭遇する段階、(3)新しい世界に徐々にとけ込み順応していく段階、(4)もうこの世界は新しいとはいえないほど慣れて、落ち着いていく安定化の段階に分け、それぞれを「準備」「遭遇」「順応」「安定化」と名づけています。

それぞれの段階で行なうことが望ましいサポートは、以下のとおりです。

(1) 第1段階……準備

期待と不安が入り混じったこの段階では、組織からの期待を明確に伝達するとよいでしょう。これにより対象者の動機づけと役割認識が促進されます。

(2) 第2段階……遭遇

対象者が新たな業務に対して、戸惑いやショック、孤独、不満を感じることがあります。この段階では、周囲からの業務支援や精神的な支援、教育・能力開発などが求められます。

(3) 第3段階……順応

対象者が仕事や職場に馴染みきれない期間が続くことがあります。このような場合には、成功体験を積む、失敗経験から学ぶ、学習棄却(アンラーニング:それまでに培った知識・スキル・マインドなどを意識的に捨てること)を行なうことが重要です。

(4) 第4段階……安定化

業務が安定しはじめた段階では、信頼と自己裁量がポイントになります。

周囲は業務の手順などの細かい指示は出さず、対象者自身が目標に対して自分の裁量で工夫をしながら仕事を進めることで、さらなる自信をつけることができます。

参考文献
- 『トランジション —— 人生の転機を活かすために』（ウィリアム・ブリッジズ著　倉光修／小林哲郎訳　パンローリング　2014年）
- 『働くひとのためのキャリア・デザイン』（金井壽宏著　PHP新書　2002年）
- 『キャリア・サバイバル —— 職務と役割の戦略的プラニング』（エドガー・H・シャイン著　金井壽宏訳　白桃書房　2003年）
- 『キャリア・アンカー —— 自分のほんとうの価値を発見しよう』（エドガー・H・シャイン著　金井壽宏訳　白桃書房　2003年）
- Nigel Nicholson and Michael West（1988）　*Managerial Job Change: Men and Women in Transition*, Cambridge University Press

010 組織社会化

> **概要**
> ▶新入社員が入社して「新しい組織に適応していくプロセス」のことを「組織社会化」という。
> ▶組織社会化の達成には、「新しい組織での立ち居振る舞いの獲得」と「新しい組織で求められるスキルの獲得」の2点を満たすことがポイントである。

> **基礎知識編**

1 | 組織社会化とは

「組織社会化」に関するさまざまな研究をまとめた高橋（1993）によると、組織社会化は「組織への参入者が組織の一員となるために、組織の規範・価値・行動様式を受け入れ、職務遂行に必要な技能を習得し、組織に適応していく過程」と定義されている。例えば、「即戦力として採用した社員が、まったく異なる業界出身で少し不安だったが、トラブルもなく順調に仕事をしてくれている」「人見知りに思えた新入社員が、半年後には組織の一員としていきいきと働き、いまでは誰にでも挨拶をするようになった」など、従業員が新しい組織に適応していくプロセスのことをいう。

このように、組織社会化の達成には「新しい組織での立ち居振る舞いの獲得」と「新しい組織で求められるスキルの獲得」の2点を満たすことがポイントであると考えられる。

なお、組織社会化の中でも中途採用者の場合は「組織再社会化」と呼ばれ、その要素として次ページの表に示すように、4つが挙げられている（中原、2012）。

【組織再社会化の４要素】
（1）人脈政治知識の獲得 　　組織構造や各部門の役割のような明示的な知識とともに、誰に力があり誰がキーパーソンとなっているのかといった暗黙知を理解すること （2）学習棄却（アンラーニング） 　　前職で身についた仕事の進め方や風土に対する意識をいったん捨て去り、新たな組織にゼロベースで馴染むよう自らを仕向けること （3）評価基準・役割の獲得 　　新組織における仕事の要求レベルや求められる行動、果たすべき役割を認識すること （4）スキル・知識の獲得 　　新組織において必要な知識やスキルを身につけること

　上記の表でも、(2)学習棄却（アンラーニング）の重要性は、入社後早期に伝えておくことが重要である。特に転職前の企業に長年在籍していた人は、前職での発想や方法が身に染みついているため、仕事の進め方を新しい職場に合わせることが難しいケースがある。発想や方法を改めることでいまよりもさらに高い成果が出せることを伝え、転職者に従来の仕事の進め方を変更する必要性を理解させなければならない。

2 | リアリティ・ショック

　前述のような取り組みを通じて行なわれる組織社会化には、「リアリティ・ショック」という、組織に入る前の期待と組織に入った後に知る現実とのギャップから受ける衝撃がある。尾形（2006）によると、リアリティ・ショックは「結果として、新人の離職や欠勤の増加、職務モチベーションや組織コミットメントの低下といった、新人と組織の双方にとってネガティブな結果を引き起こす現象である」とまとめられている。リアリティ・ショックは、大きく「想定を超える場合」と「期待に至らない場合」の２つに大別される。ある程度の仕事の厳しさは想定していたが、実際に求められる成果が想定をはるかに超える場合、人はリアリティ・ショックを感じる。一方で、仕事に対する期待が高かったものの、実際に割り当てられた仕事が自分の期待するレベルにまったく届かない場合も、人は同様にリアリティ・ショックを感じる。一般的には想定以上の厳しさに直面することでリアリティ・ショックが生じると思われがちであるが、期待を下回ってしまう場合についても注意が必要である。

現場でのFAQ

Q1 新しく従業員を受け入れる際、組織社会化の観点で留意することはありますか？

A1 リアリティ・ショックを引き起こさないようにするためには、「新しい組織での立ち居振る舞い」と「新しい組織で求められるスキル」の獲得が重要です。そのため企業は新たに入社した従業員に、入社時のオリエンテーションで会社の理念や方針を伝え、入社直後の研修で仕事に必要なスキルや知識を身につけさせる必要があります。

また、組織社会化には時間がかかります。例えば、新卒社員の場合は１年間程度のフォローが必要です。フォロー施策としては、「仕事についての意見交換ができる場」の提供があります。ポイントは、フォローする人とフォローする頻度です。フォローする人は、２〜３年ほど年長で成果を出している先輩がよいでしょう。フォローする頻度は月１回が目安になります。

中途採用社員の場合も同様に定期的なフォローが必要です。新卒社員と違い、中途採用社員の場合は前職の経験からさまざまなところに違和感を持ちます。仕事や組織についてどのように感じているかを常に確認し、組織の方針・文化・歴史などを繰り返し伝えるようにしましょう。参考までに、組織社会化が実現できているかどうかのチェックポイントを以下に列挙しました。

〈チェックポイント１〉新しい組織での立ち居振る舞いの獲得
- 新しい社員は、組織のルールを守ることができているか
- 新しい社員は、「組織ならではの考え方や言葉」に親しんでいるか
  （例）挨拶（いつ会っても「おはようございます」）、朝礼の進め方（社訓唱和など）
- 新しい社員は、組織に所属する同僚や、組織の過去や未来に関する質問を行なっているか
  （例）「〇〇さんはどのような経歴をお持ちですか？」
  「（自部門ではない）あの部門はどのような役割を担っているのですか？」など

〈チェックポイント２〉新しい組織で求められるスキルの獲得
- 新しい社員は、仕事に必要とされるスキルや知識を把握しているか
- 新しい社員は、仕事に必要とされるスキルや知識を習得するための計画を立てているか
- 新しい社員は、成果を上げている人からコツを学び、そのコツを使っているか

参考文献

- 髙橋弘司（1993）「組織社会化研究をめぐる諸問題＊―研究レビュー―」(『経営行動科学』第8巻第1号 pp.1-22）

    http://ci.nii.ac.jp/naid/110003774745
- 尾形真実哉（2006）「新人の組織適応課題―リアリティ・ショックの多様性と対処行動に関する定性的分析―」(『人材育成研究』第2巻第1号　pp.13-30）

    http://ci.nii.ac.jp/naid/40015342578
- 若林満／南隆夫／佐野勝男　「わが国産業組織における大卒新入社員のキャリア発達過程：その継時的分析」(慶應義塾大学産業研究所社会心理学研究班モノグラフ／No.12）

    http://koara.lib.keio.ac.jp/xoonips/modules/xoonips/download.php/AN00338172-000000060003.pdf?file_id=11231
- 尾形真実哉（2012）「若年就業者の組織適応エージェントに関する実証研究―職種による比較分析―」(『経営行動科学』第25巻第2号　pp.91-112）

    http://ci.nii.ac.jp/naid/130003378700
- 竹内和倫（2012）「新規学卒就職者の組織適応プロセス：職務探索行動研究と組織社会化研究の統合の視点から＊」(学習院大学『経済論集』第49巻第3号）

    http://www.gakushuin.ac.jp/univ/eco/gakkai/pdf_files/keizai_ronsyuu/contents/contents2012/4903/4903takeuchi/4903takeuchi.pdf
- 『経営学習論 ── 人材育成を科学する』(中原淳著　東京大学出版会　2012年）
- 佐々木政司（2006）「新入社員の幻滅経験がその後の組織社会化に及ぼす効果」(『一宮女子短期大学紀要』45　pp.55-62）
- 藤澤理恵／髙尾義明（2015）「育児休業からの復職場面における組織再社会化過程の経時的研究―変革的役割志向に着目して―」(産業・組織心理学会第31回大会、2015年8月）

011 熟達化

> **概要**
> ▶熟達化とは、経験を通して知識を蓄え、エキスパートになる学習過程を指す。
> ▶非定型業務の習得が重要視されている現代のビジネス環境下で、従業員は早期の熟達化が求められている。

基礎知識編

1 | 熟達化の段階

　人が経験を通して実践知を獲得し、初心者から熟達者になる長期的な学習過程を熟達化という（金井・楠見、2012）。ひとつの仕事に対して熟達するためには通常10年以上の学習が必要といわれ（エリクソン、1996）、その段階は次の4つからなる。

❶手続き的熟達化（業務歴1年目）

　業務に関する経験のない者は「初心者」と呼ばれ、仕事の熟達化はほとんど進んでいない。この段階では指導者による監督のもと、仕事の一般的手順やルールを学習する手続き的熟達化が行なわれる。

❷定型的熟達化（業務歴およそ3～4年目）

　指導者なしで自分の力だけで仕事を進められる状態は「一人前」と呼ばれ、定型的な業務であれば速く正確に行なうことができるようになる。この状態は定型的熟達化といわれ、非定型的な業務ではまだミスを起こしたり、時間がかかったりすることがある。

❸適応的熟達化（業務歴およそ6～10年目）

　適応的熟達化とは、状況に応じて類推しながら業務を進められる状態のことを指す。このような仕事の進め方ができる者を「中堅者」と呼び、経験からの知識や想像力を発揮して非定型的な業務を進めることができる。

❹創造的熟達化（業務歴およそ 11 年目以降）

　高いレベルのパフォーマンスを効率よく正確に発揮できている状態を創造的熟達化（平田・楠見、2005）といい、この域に達した人を「熟達者」と呼ぶ。状況に応じた新たな手順やルール、技を編み出すことができる。

「熟達化の段階とパフォーマンス」

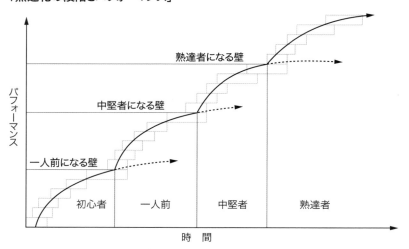

金井・楠見（2012）から転載

2｜熟達度を高める方法

　前述のように熟達化には4つの段階があるが、次の段階に上がるためには本人の自発的な行動が欠かせない。どの段階においても、以下に示す手法を組み合わせて使うことで、次の段階に進むことが可能となる。

❶観察

　自分の技術を高めるための最もシンプルな方法は、他人を模倣することである。目標とする先輩や上司の立ち居振る舞いや仕事の進め方を真似することで、スキルを身につけていく。

❷相互作用
　単に他者を観察するだけではなく、場合によっては先輩や上司から直接的な指導を受けることがある。そのような機会に自分の考えを述べたり、考えに対する指摘を受けたりすることで、業務に対する知識はさらに深まる。

❸反復
　仮に知識として身につけていても、それだけでは実際の仕事の場面でスムーズに作業を行なうことはできない。必要な時に効率のよい行動をとれるようになるためには、経験の反復が欠かせない。

❹応用
　前述の「反復」は、単一業務のエキスパートになるための手法だが、人は学んだことを他の分野に応用することができる。他の業務で身につけた知識や経験、技術などを、初めて行なう仕事に応用することでも熟達化は進む。

❺情報収集
　熟達化は、実践的な業務と紐づけて説明されることが多いが、職場を離れた場での学習も熟達化に大きく寄与する。読書は関心のある、あるいは不足する情報を集中的にインプットする際に有効な手段であり、研修などに参加することも新たな知識やスキルの獲得に効果がある。

3｜熟達者の特徴

「1 熟達化の段階」において、その最終段階として創造的熟達化について説明したが、業務パフォーマンスをこの域まで高めた熟達者、達人、マスターといわれる人々は次のような特徴を持っている。

❶知識
- 事実に関する詳細な知識や、形式化されていない暗黙知を多く持っている
- 仕事を効率よく進めるポイントを知っている
- 不確実な状況で効果を発揮する対処法を知っている

❷分析力
- 自分自身がどのような状態にあるかを正しく把握できる
- ミスや事故につながる細かな兆候を見落とすことなく察知できる
- 問題解決に向けての実現方法を頭の中でイメージできる

❸実行力
- 仕事のスピードと質がともに優れている
- 収集した情報をもとに臨機応変に対応することができる

現場でのFAQ

Q1 従業員の熟達化のレベルはどのように測定できるでしょうか？

A1 測定の前に、まず熟達度の基準を設ける必要があります。企業によってはすでに作成しているコンピテンシーリストが該当するでしょう。技能系の職種の場合は、例えば獲得した技術を星取り表で表し、星の数を熟達度の目安とすることができます。

基準を設定したうえで評価を行ないます。評価の方法には、知識確認や実技試験などのテスト的な手法や、現場での実演といった実践的手法、自己評価、上司・同僚による他者評価などがあります。それぞれの評価法には一長一短があるので、組み合わせて用いるのがよいでしょう。

Q2 熟達化を妨げる要因としてどのようなものがあるでしょうか？

A2 熟達の各段階の終盤では、実践的知識の習得や成功体験の蓄積による満足感や仕事の安定のために、次の熟達レベルに向けての足踏み状態が続くことがあります。この足踏み状態のことをキャリアプラトー（プラトーは「高原」の意）と呼び、例えば定型的熟達化の段階では、スキルや知識をひととおり覚えられた時点で、また、適応的熟達化の段階では仕事の全体像が把握できた時点で起こりやすいといわれています。キャリアプラトー状態を長引かせないためにも、次のキャリアで必要なことや企業側からの従業員への期待を、機会があるたびに明確に示すことが必要です。

参考文献
- 『実践知 ── エキスパートの知性』（金井壽宏／楠見孝編　有斐閣　2012年）
- 『「学び」の認知科学事典』（佐伯胖監修　渡部信一編　大修館書店　2010年）
- Robert J. Sternberg, George B. Forsythe, Jennifer Hedlund, Joseph A. Horvath, Richard K. Wagner, Wendy M.

Williams, Scott A. Snook, Elena Grigorenko（2000） *Practical Intelligence in Everyday Life*, Cambridge University Press
- 平田謙次／楠見孝（2005）「問題解決における実践知の構造化（2）：状況知の創造」(『日本心理学会第69回大会発表論文集』)
- K. A. Ericsson（1996） *The Road To Excellence: The Acquisition of Expert Performance in the Arts and Sciences, Sports, and Games*, Lawrence Erlbaum

012 大脳生理学

> 概要
> ▶学習することにより脳は変化し、使わなければ退化する。
> ▶初学者と熟練者では脳内での知識やスキルの定着度が異なるので、課題の与え方を変える必要がある。

基礎知識編

1 │ 学習に関わる脳の領野

　大脳には大脳皮質と大脳新皮質があり、大脳皮質は感情、大脳新皮質は知性・思考と関連がある。人が学習に取り組む時、脳のさまざまな機能が複雑かつ活発に働いているが、大脳新皮質における大まかな活動は以下のとおりである。

　①感覚野……情報を知覚
　②連合野……感覚野でキャッチした情報の評価や処理
　③運動野……連合野での評価や処理を受け、運動（行動）するよう身体に指令

　また、やる気に関連があるといわれているドーパミンやセロトニンなどの神経伝達物質は、各領野の信号の伝達をコントロールしている。

2 │ 評価・処理機能を持つ連合野

　大脳新皮質の多くを連合野が占めており、2つの連合皮質の領野が存在する。各連合皮質の役割は次のとおりである。

❶後頭連合野

　感覚野でインプットされた知覚情報が持つさまざまな特徴を関連づける役割を担い、認知的な理解を行なう領野である。内省をしている時や睡眠時など、感覚野や運動野の活動が抑えられている時によく働くといわれている。

❷前頭連合野

　前頭連合野は知覚と経験の記憶に深く関わっており、問題解決や創造的な活動に重要な役割を担う。この前頭連合野で、目的を達成するための行動計画を立て、運動野に信号を送る。

「脳の断面図（主要部分のみ）」

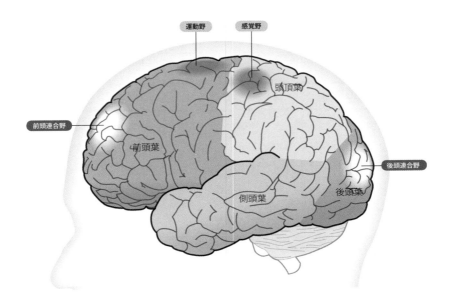

3 | 経験学習と領野との関係

　感覚野、後頭連合野、前頭連合野、運動野は経験学習に関わる主要な領野である。各領野の経験学習における役割の詳細は次に示すとおりである。4つの領野の機能はコルブが提唱した経験学習モデルと比較すると理解しやすい。

領野	領野の役割	活動	経験学習モデルとの比較
感覚野	知覚する (情報を得ることであり、理解には至っていない)	収集	具体的経験
後頭連合野	・イメージを生み出し、分類やラベリングを行ない、関係性を特定する ・過去の記憶とも関連させ、情報を整理し、情報に意味づけを行なう	内省	内省的観察
前頭連合野	・意識的な思考や計画を行なう ・情報を理論化し、抽象化する	創造	抽象的概念化
運動野	・実際に行動するよう信号を送る	検証	能動的実験

ジョンソンら（2016）をもとに作成

4 | 学習と脳の発達

　脳は、経験を積むことで、より複雑になり、密度が濃くなることが明らかになっている。つまり、学べば学ぶほど脳の活動は活発になり、その活動により複雑な神経系が構築され、細胞物質の密度が上昇する。しかし、学習により上昇した細胞物質の密度は、学習をやめることにより減少することもわかっている。学び続けることが、脳の発達につながるのである。

現場でのFAQ

Q1 | 日常生活で、脳の働きをコントロールする方法はありますか？

A1 | 脳の働きは、コントロールできないと思われがちです。しかし、脳内伝達物質のセロトニンは、日常生活の心がけでコントロールできる脳内物質のひとつです。例えば、日光浴をする、リズム運動をする、規則正しい生活を送ることで分泌が促進されることが知られています。セロトニンがしっかりと分泌されていれば、精神の安定が保たれ、モチベーションが上がり、感情のコントロールがしやすくなります。日光が入りやすいオフィスを心がけ、従業員が規則正しい生活を送るようになれば、仕事に対するやる気が高まるだけでなく、健康にもよい効果をもたらすでしょう。

Q2 | 個々の脳内の活動が同じであれば、会議で同じ情報をもとに議論している場合には、全員が同様の意見しか持たないように思われますが、実際にはなぜ、異なる意見を持つのでしょうか？

A2 | 一人ひとりが持つ経験が異なるからです。特に連合野が大きく影響します。

連合野では、感覚野に集められた知覚情報に加え、記憶に保存されている過去の経験とも関連させて、運動野に指令を下します。会議など複数の人たちで議論を行なう場合、議題や聞いている内容は同じであったとしても、過去の経験が異なるので、各々で異なる意見が生み出されるのです。なお、過去のポジティブ・ネガティブな経験は意思決定にバイアスを与えることもあります。

参考文献
- D. A. Kolb（1984）*Experiential Learning: Experience as the Source of Learning and Development,* Prentice Hall
- 『脳科学が明らかにする大人の学習 ── ニューロサイエンス・オブ・アダルトラーニング』（サンドラ・ジョンソン／キャスリン・テイラー編著　川口大輔／長曽崇志訳　ヒューマンバリュー　2016年）
- Bogdan Draganski, Christian Gaser, Volker Busch, Gerhard Schuierer, Ulrich Bogdahn & Arne May（2004）Neuroplasticity: Changes in grey matter induced by training, *Nature* 427, 311-312
- 『グラフィック学習心理学 ── 行動と認知』（山内光哉／春木豊編著　サイエンス社　2001年）

013 メタ認知

概要
▶ メタ認知とは、自分自身を「もうひとりの自分」の視点から認知することである。
▶ メタ認知は、ビジネスパーソンが自ら学び成長していく下支えになると考えられている。

基礎知識編

1 | メタ認知とは

人は日常生活において、何かを行ないながら同時にそれを行なっている自分自身を観察し、必要に応じて行動を修正していることがある。例えば、顧客や社内外の協働者に対してプレゼンテーションを行なっている際に、同時に「自分はうまく話せているだろうか」、あるいは「相手により関心を持ってもらうためには、どのように話を変えればよいだろうか」と考える。こうした、自分自身の思考や認知について考えることを、メタ認知と呼ぶ（ダロンスキーとメトカルフェ、2010）。このメタ認知は、大きくメタ認知的知識とメタ認知的活動の2種類に分けることができる。

2 | メタ認知的知識

メタ認知的知識とは、「私は何を知っているかを知っている」ということである。フラベル（1987）はこのメタ認知的知識を以下の3つに分類している。

❶人間の認知特性についての知識
自分の得意・不得意や、自分と他者では考え方に違いがあること、また人間の思考の癖に関する知識。

❷課題についての知識
難しい問題を解くのに時間がかかったり、ミスが起きやすかったりするなど、課題が持つ特性が思考に与える影響についての知識。

❸方略についての知識
　相手の知識量に合わせて話のレベルを変えるなど、目的を達成するための適切な方法についての知識。

3 | メタ認知的活動

　一方でメタ認知的活動とは、「私は何を行なっているかを知っていて、さらにそれに基づいて行動を修正できる」ということである。フラベル（1987）は、前者をメタ認知的モニタリング、後者をメタ認知的コントロールと名づけている。前述の例を再び用いると、メタ認知的モニタリングとは、例えば自分が他者に何かを話している最中に、自分がどう話しているかを別の視点から見ている（モニタリング）ということである。さらにそのような状況で自分がうまく話せていないと感じた時、場合によっては話し方や話す内容を変更することがある。このモニタリングした自分の行動に修正を加えることを、メタ認知的コントロールという。実際にはモニタリングとコントロールは交互に行なわれ、この作用によって行動はよりよい方向に調整される。

4 | メタ認知的知識とメタ認知的活動の相互作用

　メタ認知的知識とメタ認知的活動は、相互に補完的な役割を果たす。すなわち、まずメタ認知に関する知識の集合体が、蓄積型のデータとして記憶の中に格納されている。そして、いざ行動する際にこの知識から必要な情報が引き出され、それに基づいてメタ認知的モニタリングとコントロールが繰り返される。ひとつの行動が終了した際には、メタ認知的活動によって調整された行動に関する経験が知識として得られている。これが新たなメタ認知的知識として上書きされ、さらに次の行動のベースとなる。

5 | ビジネスでのメタ認知の必要性

　ここまで述べたように、メタ認知とは自分自身を知っているということを指し、この能力は有能なビジネスパーソンとして成長するために必須である。複雑化・高度化する現代のビジネス環境において、人は常に自分の行なっていることが正しいか、また間違っていればどう修正すればよいかの判断を迫られている。しか

し、こうした環境の中でも、第三者的な立場から自分を冷静に客観視できる能力を持っていれば、仮に大きな変化が生じたとしても、自分を見失うことなく仕事を進めることができる。

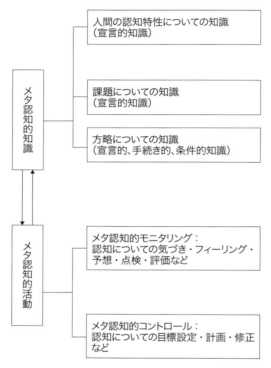

三宮（2008）より転載

現場でのFAQ

Q1 | メタ認知的活動を実施するための効果的な方法は何ですか？

A1 | 自分がとった行動やお客様の発言、出来事などの事実や自分が考えたことを文字として書き出すことです。書き出すことで、「もうひとりの自分」の視点から自らの行動や思考を俯瞰することができます。また、ある結果を生み出した原因を考える際にも、書きながら考えることでより深く思考することができます。根源的な原因が明らかになれば、より効果のある改善策を見出すこともできるでしょう。

Q2 メタ認知的活動を組織として高める方法には、どのようなものがあるでしょうか？

A2 他人から見ると自分の行動がどのように見えるかを考えるきっかけをつくるとよいでしょう。組織として取り組む場合は、以下のように他者からのフィードバックを受ける場面がきっかけとして適切です。

❶人事評価面談
- **手順1**……被評価者に事前に自己評価させ、その評価結果を生み出した原因をレポートにまとめさせて面談に持参させる
- **手順2**……面談時、上司は被評価者に自己評価結果を発表させ、傾聴する
- **手順3**……上司は、レポートと発表内容を題材に質問をする（質問に関して考えさせることで思考を深める）
- **手順4**……上司は、被評価者の回答と自らの評価結果を題材に、同じ点と違う点を意見交換する
- **手順5**……被評価者に自身の気づきをレポートにまとめさせ、上司に報告させる

❷日報などの報告
- **手順1**……部下は、日報などの報告書を作成する際に、具体的にとった行動とその結果をまとめる
- **手順2**……部下は、結果を生み出した原因を考え、自身の課題と改善方法などを報告書にまとめる
- **手順3**……上司は、部下の報告書をもとに、適宜フィードバックを行なう

❸顧客満足度などのアンケート結果
- **手順1**……アンケート結果から得た気づきを書き出す
- **手順2**……書き出した内容について他者と意見交換し、自分では思いつかなかったことを追記する
- **手順3**……必要に応じて手順2の内容を上司に報告・相談し、フィードバックをもらう

参考文献
- J. H. Flavell（1987） Speculation about the nature and development of metacognition
- 『メタ認知 ── 学習力を支える高次認知機能』（三宮真智子編著　北大路書房　2008年）

- 三宮真智子（1996）「認知心理学からの学習論 ── 自己学習力を支えるメタ認知」（『鳴門教育大学研究紀要　教育科学編』第12巻）
- 『メタ思考トレーニング ── 発想力が飛躍的にアップする34問』（細谷功著　PHPビジネス新書　2016年）
- 『メタ認知的アプローチによる学ぶ技術』（アルベルト・オリヴェリオ著　川本英明訳　創元社　2005年）
- 『教師教育学 ── 理論と実践をつなぐリアリスティック・アプローチ』（F・コルトハーヘン編著　武田信子監訳　今泉友里／鈴木悠太／山辺恵理子訳　学文社　2012年）
- 楠見孝（1999）「中間管理職のスキル、知識とその学習」（『日本労働研究雑誌』41（12）　39-49）
- 『メタ認知　基礎と応用』（J・ダンロスキー／J・メトカルフェ著　湯川良三／金城光／清水寛之訳　北大路書房　2010年）

014 心理学

> **概要**
> ▶心理学は、人や動物の行動や感情を理解する学問である。
> ▶心理学の理論化された手法を取り入れることで、より効果的な人材育成の仕組みをつくることができる。

基礎知識編

1 | 心理学が取り扱う範囲

　心理学は、人や動物の行動や感情を科学的に解明しようとする学問である。心の働きの結果である行動だけでなく、自身では意識することができない心の無意識も対象となる。そのため、心理学の研究対象は広範囲にわたり、教育心理学、社会心理学、発達心理学、認知心理学、知覚心理学、感情心理学、学習心理学、パーソナリティ心理学、産業・組織心理学といくつも挙げることができる。

　心理学の研究では、日常的な問題や疑問を解明しようと常に新しい取り組みがなされ、人材育成のさまざまな手法には心理学の要素が多く含まれている。そのため、企業の人材育成担当者が心理学の知識を身につけておくことは有益である。ただし、心理学の知見を活用する際には、新しい理論だけではなく、過去に発表され、現在でも通用する理論も併せて確認、検討することが重要である。

　ここでは、人材育成や組織開発に特に関係の深い産業・組織心理学について紹介する。

2 | 産業・組織心理学とは

　産業・組織心理学は、労働者や消費者の心と行動の特性、組織で見られるさまざまな事象などの関係性を明らかにする応用心理学に位置する学問である。さらに、「組織行動」「人的資源管理」「安全衛生」「消費者行動」の４つに分類される。次ページの表は、各分野についての説明である。

「産業・組織心理学の分類」

	主なテーマ	関連のある基礎心理学領域
組織行動	・従業員の仕事に対するやる気 ・意思決定のプロセス ・コミュニケーション ・リーダーシップ など	教育心理学 学習心理学 社会心理学 パーソナリティ心理学 など
人的資源管理	・効果的な人材育成 ・組織の高い生産性 など	教育心理学 社会心理学 発達心理学 パーソナリティ心理学 など
安全衛生	・従業員の心身の健康や安全	臨床心理学 認知心理学 発達心理学 社会心理学 など
消費者行動	・消費者の心理や行動特性	社会心理学 認知心理学 など

3 | 人材育成に関連のある心理学領域

産業・組織心理学に関連のある主要な基礎心理学の一部を紹介する。

❶教育心理学

　教育心理学は、心理学領域の中でも、学校教育の現場で活かされることに焦点を当てており、学習心理学や発達心理学と重なる領域でもある。学校教育が前提ではあるものの、教育心理学が包括する学習のメカニズム、動機づけ理論など、企業における人材育成にも十分活かすことができる知見を含んでいる。例えば、期待されている子どものほうが、期待されていない子どもよりも成果を出すことを明らかにしたピグマリオン効果の考え方は、教師期待効果などともいわれ、教師が思い込むことにより子どもたちの成果に差が生まれる可能性があることを示唆している。動機づけ理論では、外発的動機と内発的動機では内発的動機のほうが効果が高く、長期的に継続することが明らかになっている（詳しくは「モチベーション」の項を参照のこと）。どちらの知見も、人間の行動特性を明らかにしたものであり、子どもに限定されることなく、知見を職場に置き換え、人材育成に活かすことが可能である。

❷社会心理学

　社会心理学は、一般的に個人の行動、組織の行動、群衆の行動、国民全体の行

動などを扱う心理学領域である。災害時や組織内、公共の場で起こる社会現象を軸にした研究と、対人コミュニケーションなど人間関係を軸にした研究がある。社会における人の動向を検討する学問であることから、行動経済学や経営学とも関連性の高い学問である。

権威ある他者の言動からの影響の受けやすさを示す実験(権威への服従原理)や、肩書きや地位を与えられることにより、その役割に合わせ、行動する人の傾向を示す実験(監獄実験)などはよく知られ、これらの実験は、置かれた状況により現れる人の行動を明らかにしている。これらの知見を適切に理解することは、組織における意思決定をする時、部下が上司と議論する時、管理職を選抜する時などに、起こり得るリスクを予測し、回避することにつながる。

現場でのFAQ

Q1 感情をうまくコントロールする方法として、どのようなものがあるのでしょうか?

A1 心理学用語にEQ(Emotional Intelligence Quotient)というものがあります。EQは「こころの知能指数」と訳され、対人能力のひとつの指標として用いられます。また、この指標の数値が高い人は、ビジネスにおいて成功しやすいとされています。その理由として、感情を上手にコントロールすることにより、状況に合った適切な行動をとることができ、さらには相手の感情を理解して行動できることから、さまざまな状況で円滑に対応できることが考えられます。EQは、実践的なトレーニングを通して開発することができます。具体的なステップは下記のとおりです。

〈STEP1〉 自分の感情を知る
(例)感情を表す語彙を増やす、自分の感情を意識的に言葉で表す、どのような状況の時に感情が生じやすいかを知る
〈STEP2〉 相手や周囲の感情を知る
(例)表情が示す感情の意味を知る、しぐさや話し方から相手の感情を推測する、人の感情が引き起こされる原因を知る
〈STEP3〉 自分や相手・周囲の感情をコントロールする方法を知る
(例)自分の感情をうまく抑えられるパターンを明らかにする、どのように働きかけると相手や周囲の感情が変化するかを理解する

Q2 従業員に活力を持って前向きに仕事に取り組んでもらいたいのですが、どのような方法があるでしょうか?

A2 動機づけに着目し、職務満足につながる取り組みを実施することで解決策を見出すことができるでしょう。次項の「モチベーション」の中の、特にハーズバーグの「二要因理論」をご参照ください。なお、うつ病などの精神的な病理が原因でやる気が出ない場合もありますので、その場合は専門家に相談することをお勧めします。

Q3 選抜型の管理職研修を実施予定です。選抜されなかった人に対するフォローはどのようにしたらよいですか?

A3 明確な選抜基準がある場合は、その基準をもとに選抜されなかった理由を説明します。その際に、管理職になる以外に期待していること、当該従業員が企業にとって欠かせない存在であること、(チャンスがまだあれば)次回もチャンスがあることを必ず伝えましょう。なお、選抜されなかった人と同様に、選抜された人に対する研修後のフォローも重要です。❷の「社会心理学」のところでもお伝えしたように、役割を与えることで態度が変化することがあります。与えられた役割を全うすることは従業員にとって大切なことではありますが、昇格したことで権威の役割だけを担い、急に態度が横柄になった場合、職場の人間関係に悪影響を与えることも考えられます。選抜時には選抜者の特性をよく把握し、謙虚さを忘れないよう選抜者によく理解させておく必要があります。

参考文献
- 『絶対役立つ教育心理学 ── 実践の理論、理論を実践』(藤田哲也編著　ミネルヴァ書房　2007年)
- Robert B. Zajonc (1968)　Attitudinal Effects of Mere Exposure, *Journal of Personality and Social Psychology, Monograph Supplement*, 9, 1-27
- 『グラフィック社会心理学』(池上知子/遠藤由美著　サイエンス社　2009年)
- 『はじめて学ぶ産業・組織心理学』(柳澤さおり/田原直美編著　岸本智美/三沢良/杉谷陽子著　白桃書房　2015年)
- 『EQ〜こころの知能指数』(ダニエル・ゴールマン著　土屋京子訳　講談社　1996年)
- 『EQマネージャー ── リーダーに必要な4つの感情能力』(デイビッド・R・カルーソ/ピーター・サロベイ著　渡辺徹監訳　東洋経済新報社　2004年)
- 『EQ　こころの鍛え方 ── 行動を変え、成果を生み出す66の法則』(髙山直著　東洋経済新報社　2003年)
- 『EQ　こころの距離の近づけ方 ── 人に強いビジネスパーソンになる』(髙山直著　東洋経済新報社　2005年)
- 『EQリーダーシップ ── 成功する人の「こころの知能指数」の活かし方』(ダニエル・ゴールマン/リチャード・ボヤツィス/アニー・マッキー著　土屋京子訳　日本経済新聞社　2002年)

015 モチベーション

> **概要**
> ▶モチベーションは、人が行動する要因であり、人の欲求と関連している。
> ▶仕事への満足、仕事へのコミットメントなどに影響を与える。

基礎知識編

1 | 外発的動機づけと内発的動機づけ

　モチベーションとは動機のことであり、人が行動する際のきっかけ、要因のことである。職場における「やる気」もモチベーションとほぼ同義である。

　モチベーションには、外発的動機づけと内発的動機づけがある。外発的動機づけの要因は、評価・賞罰・強制などの人為的な刺激によるものであり、効果は一時的であると考えられている。内発的動機づけは、行動要因が内面に湧き起こった興味・関心や意欲によるものであり、自己成長につながり、効果は長期的に継続するとされている。そのため、人材育成においては内発的動機づけの促進が行なわれることが一般的である。しかし、外発的動機づけによって行動をしているうちに、次第に興味・関心が生まれるようになり、内発的動機づけへと変化していくこともある。

2 | 代表的なモチベーション研究

❶「X理論・Y理論」マグレガー（1960）

　X理論における人間の持つ特性……人間は働くことよりも、働かないことを望む。指示されることを好み、何よりも安全性を求める。そのような人間を管理するためには、強制やアメとムチといったものが必要となる。

　Y理論における人間の持つ特性……人間はみな働くことを望んでいる。やりがいのある目標には自己統制をし、自発的に仕事に取り組もうとする。そのような人間を管理するためには、自主性の尊重や創造性を発揮できるよう環境を整えることが必要となる。

　人間の持つ特性をどのような前提において管理するべきかについて論じたもので、マグレガーはY理論に基づいて管理すべきだと提唱している。

❷「欲求階層説」マズロー（1954、1968）

人間の欲求は、5段階のピラミッドのように構成されていて、低階層の欲求が満たされると、より高次の階層の欲求を欲するとされる理論である（図1）。5階層はそれぞれ独立しており、それぞれの階層の欲求を満たそうとすることが動機につながる。

- **生理的欲求**……生きていくための基本的・本能的な欲求
- **安全欲求**……危機を回避したい、安全・安心な暮らしがしたいという欲求
- **社会的欲求**……集団に属したり、仲間が欲しいといった欲求
- **自尊欲求（承認欲求）**……他者から認められたい、尊敬されたいという欲求
- **自己実現欲求**……自己成長の欲求であり、自分自身の存在意義や価値を求める

❸「ERGモデル」アルダファー（1969、1972）

マズローの欲求階層説に関連した理論として、ERGモデルがある。これは、欲求階層説をもとに、アルダファーが提唱したモデルである。ERGモデルは、存在欲求（Existence）、関係欲求（Relatedness）、成長欲求（Growth）から構成される（図2）。欲求階層説では、低次の欲求が満たされて初めて高次の欲求があらわれるとされるが、ERGモデルの特徴は、それぞれの欲求が「同時に存在したり、並存することもあり得る」（田尾、1999）ことである。この点でより現実的なモデルということができる。

図1「欲求階層説の図」　　図2「ERGモデル」

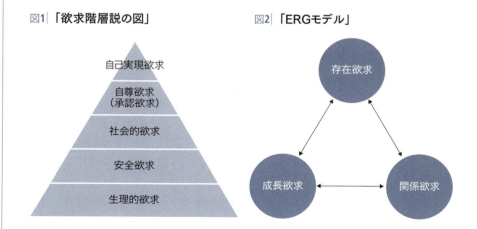

❹「二要因理論」ハーズバーグ（1966）

　二要因理論では、職務に対して満足する要因（動機づけ要因）と、職務に対して不満をもたらす要因（衛生要因）の2つがあることを明らかにしている（図3）。職場における動機づけ要因は、仕事の達成感、周囲からの承認、仕事への関心、自己成長などである。これらの要因を解消するための働きかけをすることは、仕事への満足感につながり、長期的な効果があるといわれている。一方、衛生要因として、会社の方針、賃金、福利厚生、職場での人間関係などが挙げられる。衛生要因を解消しても、不満ではない状態になるだけで満足にはつながらない。また、短期間の効果しかないため、例えば、一時的にボーナスをもらった場合、その満足感が半年後にも続いている可能性は低い。

図3 「二要因理論」

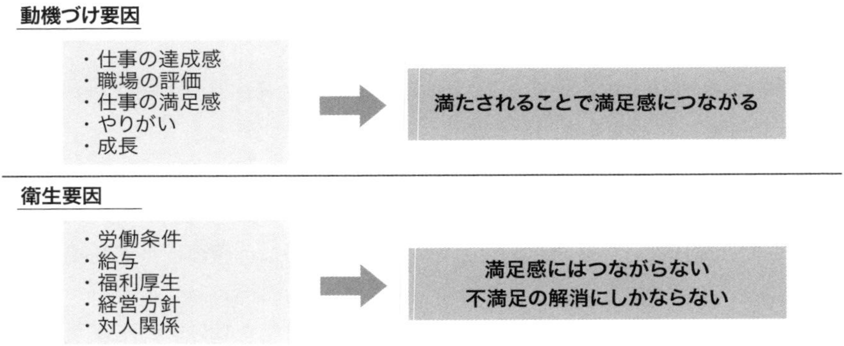

動機づけ要因

- 仕事の達成感
- 職場の評価
- 仕事の満足感
- やりがい
- 成長

満たされることで満足感につながる

衛生要因

- 労働条件
- 給与
- 福利厚生
- 経営方針
- 対人関係

満足感にはつながらない
不満足の解消にしかならない

❺「欲求理論」マクレランド（1976）

　職場における動機は、達成動機（欲求）、権力動機（欲求）、親和動機（欲求）によってもたらされるという理論である。

- 達成動機（欲求）……目標や基準を達成しようと努力する動機
- 権力動機（欲求）……他者に影響を与えコントロールしようとする動機
- 親和動機（欲求）……他者と有効な関係を築きたいとする動機

❻「職務特性理論」ハックマン、オールダム（1976、1980）

　モチベーションの要因が、職務特性にあるとする理論である。特性は次ページの5つに分類される。

① **技能多様性（Skill Variety）**……自分の持つ多様な能力を活かせる仕事かどうか
② **タスク完結性（Task Identity）**……仕事の始まりから終わりまで一貫して関わることができるかどうか
③ **タスク重要性（Task Significance）**……仕事そのものが重要視されているものかどうか
④ **自律性（Autonomy）**……自分の裁量が発揮できるかどうか
⑤ **フィードバック（Feedback）**……実施した仕事からフィードバック（手応え）が得られるかどうか

ハックマンとオールダムはこの5つの特性を満たすことによりモチベーションが引き出されると考えた。

❼「目標設定理論」ロック、レイサム（1984）

人間の動機づけは設定された「目標」によってなされるという理論である。動機づけに影響する要素を4つに分類している。

① **目標の困難度**……より高く、より困難な目標のほうが動機づけされる
② **目標の具体性**……漠然とした目標よりも具体的な目標のほうが動機づけされる
③ **目標の受容**……主体的に設定する、または、目標を受け容れたほうが動機づけされる
④ **フィードバック**……目標到達の過程で成果の水準が適宜フィードバックされるほうが動機づけされる

3 | モチベーションをマネジメントしようとする限界

一般的にモチベーションについては、「従業員のモチベーションをいかに上げるか」といった表現で語られる場合が多い。これは、従業員のモチベーションを会社や上司など周囲からの働きかけにより、コントロールできるととらえていることを意味する。しかし、デシの外発的動機づけ、内発的動機づけの研究では、外発的動機づけは適用される業務の種類が限定され効果にも限界があることが説かれている。また、モチベーションそのものをマネジメントしようとするのでは

なく、職務特性理論や目標設定理論のように、職務や目標といった仕事に焦点を当てたものが出てきている。このことは実際の職場でも、例えば上司と部下の関係の中で、称賛や叱責といったアプローチでモチベーションをマネジメントするだけでは限界があることを示している。モチベーションを高めることも重要だが、それ以前に行なうべきこととして、仕事への健全な義務感・責任感を醸成するというマネジメントが欠かせない。

現場でのFAQ

Q1 若年層の部下がより前向きに仕事に取り組むためには、どのような働きかけを行なえばよいでしょうか？

A1 紹介した複数の理論を参考にサポートをすることをお勧めします。具体的な方法として、「仕事の意義」「関係者の広がり」について理解してもらうこと、「業務改善の提案」の機会の提供がポイントです。

❶仕事の意義

仕事への向き合い方は仕事の質に大きな影響を与えます。そのため、仕事の持つ意義をしっかり伝えましょう。仕事の意義を伝えるうえで重要なことは、「組織にとっての意義」と「個人にとっての意義」を伝えることです。「組織にとっての意義」とは、その仕事は「組織の中でどのような役割や意味を持っているのか」を伝えることです。また、「個人にとっての意義」とは、部下自身にとって、その仕事経験がどのような成長機会となるのかを伝えることです。任された仕事が自身のキャリアや能力の向上にどのように寄与するのかが伝われば、仕事へ取り組む姿勢が変わります。

❷関係者の広がり

自分の仕事がどのような関係者とつながっているかを伝えることも、部下の仕事への取り組み姿勢を変化させるひとつの方法です。自分が行なった仕事は必ず次に別の誰かの手元に届けられ、それは他部署、協力会社、顧客など多岐に広がります。自分の仕事がさまざまな人につながっていることに気づくことで、仕事への意識も変わるでしょう。これまで協働する機会のなかった関係者と新たに出会うこと自体も、部下が仕事の楽しさに気づくきっかけになります。

❸業務改善の提案

上司や先輩から指示されたことを行なうだけでは、仕事に積極的に取り組む原動力として十分ではありません。業務改善を提案する機会と裁量を提供し、主体的に仕事に取り組めるように促します。仕事をコントロールしているという感覚を持ってもらうことで、仕事に前向きに取り組ませることができます。

参考文献

- Douglas McGregor（1960） *The Human Side of Enterprise*, New York, NY : MaGraw-Hill
- 『新版 企業の人間的側面 —— 統合と自己統制による経営』（ダグラス・マグレガー著　髙橋達男訳　産業能率大学出版部　1970年）
- C. P. Alderfer（1972） *Existence, Relatedness, and Growth*, New York : Free Press
- F. Herzberg（1966） *Work and the Nature of Man*, Cleveland : World
- 『仕事と人間性 —— 動機づけ‐衛生理論の新展開』（フレデリック・ハーズバーグ著　北野利信訳　東洋経済新報社　1968年）
- D. C. McClelland（1961） *The Achieving Society*, New York : Nostrand
- J. R. Hackman & G. R. Oldham（1975） Development of the Job Diagnostic Survey, *Journal of Applied Psychology*, 60（2）, 159-170
- Edwin A. Locke, Norman Cartledge, & Claramae S. Knerr（1970） Studies of the relationship between satisfaction, goal-setting, and performance, *Organizational Behavior and Human Performance*, Volume 5, Issue 2, March 1970, pp. 135-158
- 『完全なる経営』（アブラハム・マズロー著　金井壽宏監訳　大川修二訳　日本経済新聞出版社　2001年）
- 『人を伸ばす力 —— 内発と自立のすすめ』（エドワード・L・デシ／リチャード・フラスト著　桜井茂男訳　新曜社　1999年）
- 『組織行動の考え方 —— ひとを活かし組織力を高める9つのキーコンセプト』（金井壽宏／高橋潔著　東洋経済新報社　2004年）
- 『組織の心理学 [新版]』（田尾雅夫著　有斐閣ブックス　1999年）
- 『報酬主義をこえて [新装版]』（アルフィー・コーン著　田中英史訳　法政大学出版局　2011年）

016 ビッグファイブ（性格スキル）

概要

▶ビッグファイブとは人の性格を「外向性」「情緒安定性」「誠実性」「協調性」「開放性」の5つの要素で説明する理論である。
▶近年では、非認知能力として注目を浴びている性格スキルをわかりやすく定義する役割を担っている。

基礎知識編

1 性格の定義

　性格の定義は多様であるが、村上（2011）は『ブリタニカ百科事典』の定義を取り上げ、「性格とは、気分、態度、意見、対人的態度を含む思考と感情と行動の癖で、遺伝や学習の結果である。性格とは個人差のことであり、環境や社会に対する関係を観察すると把握できる」としている。同じ状況であるにもかかわらず、とらえ方や判断、行動には個人差があり、その原因のひとつが性格である。
　性格を論じる際、典型的な特徴に分け、その特徴に当てはめて性格を理解しようとするものを類型論、性格を複数の特性に分けて、特性の程度や組み合わせにより個人の性格を語るものを特性論という。性格の特性論の代表的なものがビッグファイブである。

2 ビッグファイブとは

　ビッグファイブは、5つの要素で構成された人の性格を説明する理論である。辞書から収集した人の態度や特徴に関する単語を用いて分析を重ねた結果、人の特徴として、「外向性」「情緒安定性」「誠実性」「協調性」「開放性」の5つの要素が抽出された。研究者により、ビッグファイブの解釈や命名は多少異なるが、その内容はほぼ共通しており、現在では個人の性格を包括的に測定する代表的なツールのひとつとして活用されている。
　5つの要素の特徴は、次ページの表のとおりである。

〈要素名〉	〈説明〉
外向性	自ら積極的に仕事に取り組んだり、人に関わったりする傾向
情緒安定性	ネガティブな感情に支配されず、適切に感情をコントロールする傾向
誠実性	計画性や責任感、勤勉性の傾向
協調性	相手への共感を持ち、協力して仕事を進められる傾向
開放性	新しい物事に好奇心を持ち、新たな経験に開放的な傾向

当社にて作成

3 性格は変えられるのか──「役割的性格」

性格は生涯を通して大きく変化するものではなく、今日と明日で急に変わるものでもない。しかし、社会で生きていくうえで、状況に合わせて意識的に、あるいは無意識的に自身の態度を変化させていることがある。例えば、チームワークが求められる職務にマイペースな人が就く場合、その環境に適応するためには、マイペースな性格のままでは、業務を遂行することが困難になると想定される。そのため、置かれた環境に合わせて、協調性を持って業務にあたることになるだろう。この例のように、環境に合わせて柔軟に修正された性格のことを役割的性格という。職業生活を営むうえでは、適応しなくてはならない場面が多くあり、その場面に合わせてさまざまな役割的性格を使い分けていくことが社会人として必要な技術といえる。

4 非認知能力＝性格スキルとしてのビッグファイブ

ノーベル経済学賞を受賞したヘックマンは、教育や労働の問題を検討する際に有益な考え方として、個人の「非認知能力」の役割について述べている（2013）。ヘックマンらは、複雑な専門スキルや幅広く使えるジェネリックスキルなどの「認知能力」よりも、個人特性である「非認知能力」を向上させることが人生のさまざまな場面でプラスに働くことを主張している。さらに、この「非認知能力」を「性格スキル」といい換え、ビッグファイブは性格スキルの指標として扱われている。

現場でのFAQ

Q1 性格スキルを修正するということは、性格を変えないといけないということなのでしょうか？

A1 人材育成上、重要なことは、行動や態度を柔軟に修正し、与えられた環境に適応していくことです。基礎知識編でも述べたとおり、社会人として求められることは、状況に合わせた役割を担う態度であり、根本的な性格を変えることではありません。例えば、口数の少ない内向的な人が営業職に就いた場合、普段は内向的なままでも構いませんが、お客様とお会いする状況においては、円滑に業務を遂行するために、一時的に外向性を高め、積極的に会話するよう心がけ、その場に対応することがあるでしょう。

また、性格スキルの修正と聞いて、拒否感を示す従業員もいるかもしれません。そのようなケースでは、例えば、協調性を高く保つことが難しい性格の従業員であれば、協働者に嫌な思いをさせないことの重要性や仕事を円滑に進めるうえで協調性が必要であることを説明し、協調性の高い行動を実践するよう促すとよいでしょう。

なお、性格は変わりにくいものと考えられていますが、社会における役割的性格を持つ機会が増え、年や経験を重ねることにより変化、発達し得るものでもあります。

Q2 性格スキルを高めるトレーニングとして、どのようなものがあるでしょうか？

A2 ロールプレイやケーススタディが有効です。二人一組になり、性格スキルの特性ごとに場面を設定し、どちらかが各特性の高い人の役になります。役を演じることで相手にどのような印象を与えるか、また、その役を見た時にどのような印象を持つかを知ることで、適切な振る舞い方を理解できます。また、各性格スキルの特性の高い人と低い人の行動や態度を記した文章を読み、各特性を調整することのメリットを理解する方法もあります。

参考文献
- 『性格のパワー』(村上宣寛著　日経BP社　2011年)
- 『パーソナリティを科学する ── 特性5因子であなたがわかる』(ダニエル・ネトル著　竹内和世訳　白揚社　2009年)
- 『性格の心理 ── ビッグファイブと臨床からみたパーソナリティ』(丹野義彦著　サイエンス社　2003年)
- 『医学的心理学』(E・クレッチマー著　西丸四方／高橋義夫訳　みすず書房　1955年)

- 『人事検査法 ── YG性格検査・キャッテル知能検査・クレペリン作業検査応用実務手引』(中井節雄著　竹井機器工業　1978年)
- 『性格』(詫摩武俊著　日本評論社　1998年)
- 『5因子性格検査の理論と実際 ── こころをはかる5つのものさし』(辻平治郎著　北大路書房　1998年)
- James J. Heckman, Tim Kautz (2013)　Fostering and Measuring Skills: Interventions That Improve Character and Cognition, *IZA Discussion Paper*, No. 7750

017 リーダーシップ論の変遷

概要
▶リーダーシップとは、一般的に指導者としての資質や能力、行動などを指す。
▶時代や環境の変化により、求められるリーダーシップは変化する。

基礎知識編

　リーダーシップは古くから人々の関心を集め、その源流はプラトンの『国家』やマキャベリの『君主論』などといわれており、現代に至るまで論じられているテーマである。リーダーシップ研究における代表的な理論とその変遷を以下に紹介する。

1 | 特性理論（～1940年代）

　リーダーシップ論の最も古典的な理論で、「優秀な統率者には共通する特性（生まれ持った資質）がある」という前提に立ったアプローチである。20世紀に入り、フランスの心理学者であるビネーとシモンが人間の能力差を測定することに成功したことを契機に、科学的な手法によってリーダーに共通する特性を明らかにしようとする研究が相次いだ。しかし研究が進むにつれ、個人の特性だけではリーダーシップを説明するには不十分だと判明し、研究者たちは別のアプローチを模索していくことになる。
　〈代表的な理論〉　ストッグディルの特性論

2 | 行動理論（1940年代～1960年代）

　優れたリーダーのとる行動に着目した理論であり、行動こそがリーダーか否かを決めるという、特性理論とは逆のアプローチである。リーダーとは生まれ持った特性ではなく、意識して適切な行動をとることでリーダーになれるという考え方で、当時としては画期的な理論であった。アメリカのオハイオ州立大学やハーバード大学、ミシガン大学、また、日本でも三隅二不二らにより包括的な研究がなされ、どの理論でもリーダーシップ行動を2つの軸で定義しており、「課題達成」を重視するか、「人間関係・集団維持」を重視するかという分類である。わか

りやすく汎用性も高いため、現在でもよく用いられているが、二軸に定義された行動がいかなる状況下でも有効であるとは限らないこともまた明らかになった。

〈代表的な理論〉 三隅二不二のPM理論、マネジリアル・グリッド論など

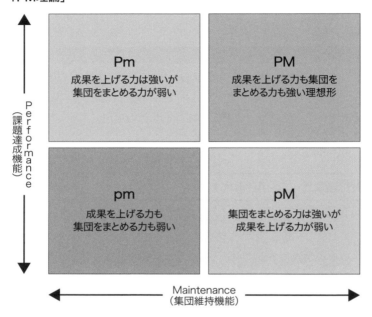

3 | 条件適合理論（1960年代〜1980年代）

いかなる状況下でも有効で普遍的なリーダー行動は存在せず、組織や集団の置かれた状況によってとるべきリーダー行動は異なるという前提に立った理論である。リーダーの特性や行動と、環境条件との関係性を明らかにしようとさまざまな研究がなされた。

〈代表的な理論〉 フィドラーのコンティンジェンシー・モデル、パス・ゴール理論、シチュエーショナル・リーダーシップ理論（SL理論）など

4 | 変革型リーダーシップ理論（1980年代〜現在）

アメリカ経済が長期間低迷し、激しく変化する経営環境の中で、組織を永続的

に発展させるリーダー行動に焦点を当てた理論である。ビジョンや戦略などの企業戦略論や、危機感を醸成したり成功体験を積ませたりするなど人間の集団心理に着目した組織行動論とリーダーシップの融合が図られた点が特徴である。

〈代表的な理論〉　コッターのリーダーシップ論、ビジョナリー・リーダーシップ、ティシーのリーダーシップ論など

5│サーバント・リーダーシップ（1980年代〜現在）

サーバントとは「奉仕者」という意味で、リーダーは相手に奉仕し、支援する者であるという概念である。グリーンリーフによって提唱された。「自身を支援者として認識する」「第一に傾聴する」「説得と対話を通じて業務を進める」「組織のコミュニティを形成しようとする」など、従来型のリーダーシップとは対照的な特徴が見られる。

〈代表的な理論〉　グリーンリーフのサーバント・リーダーシップ

6│オーセンティック・リーダーシップ（2000年代〜現在）

オーセンティックとは、「本物の」「真正の」などの意味で、直訳すれば「本物のリーダーシップ」となる。アメリカではエンロン事件を契機に、コーポレートガバナンスが重視されるようになり、リーダーには高い倫理観や道徳観が求められるようになった。オーセンティック・リーダーの特徴としては「高い自己認識」「一貫した価値観に基づく道徳的判断」「公平な人間関係の構築」などが挙げられる。

〈代表的な理論〉　ビル・ジョージのオーセンティック・リーダーシップ

本項で紹介した理論以外にも、部下の意思と成果を重視する「トランザクティブ・リーダーシップ」や組織に変革を起こす啓蒙型の「トランスフォーメーショナル・リーダーシップ」、IT時代に求められる「eリーダーシップ」といった理論が昨今では注目を集めている。

ここまで紹介したように、時代や環境の変化によって求められるリーダー像は変化していくため、企業は現在の環境下において求められるリーダーシップを過去の理論を参考にしながら独自に定義する必要があるだろう。

現場でのFAQ

Q1 | 自社の風土に合ったリーダーシップはどのように設定すればよいでしょうか？

A1 | それぞれの企業が置かれた環境は業態やトレンドで大きく異なるため、自社に合ったリーダーシップは独自に設定する必要があります。設定は次のような手順で行なうとよいでしょう。

① **自社が、いままで設定してきたリーダーシップの種類を洗い出す**
　　例）自社の次世代を担う人材として期待をかけたリーダーが持っていた能力や強み

② **①で洗い出したリーダーシップの自社への貢献度をそれぞれ評価する**
　　例）自社の変革期に高いパフォーマンスを発揮したリーダー、力を出し切れなかったリーダー

③ **自社を取り巻く外部環境や今後の経営戦略を確認する**
　　例）政治・経済・社会的な環境の変化、拡大戦略、安定成長戦略

④ **①～③で整理した情報をもとに、現在の自社にふさわしいリーダーシップを設定する**
　　例）新たな事業分野を開拓するためのイノベーション型リーダーシップ
　　　　組織の安定性を高めるためのコンセンサス型リーダーシップ

設定したリーダーシップ像は、リーダーシップ養成研修や人事評価などに展開していく必要があります。

参考文献
- 『成長する管理職 ── 優れたマネジャーはいかに経験から学んでいるのか』（松尾睦著　東洋経済新報社　2013年）
- 『ハイ・フライヤー ── 次世代リーダーの育成法』（モーガン・マッコール著　金井壽宏監訳　リクルートワークス研究所訳　プレジデント社　2002年）
- 『第2版 リーダーシップ論 ── 人と組織を動かす能力』（ジョン・P・コッター著　DIAMOND ハーバード・ビジネス・レビュー編集部／黒田由貴子／有賀裕子訳　ダイヤモンド社　2012年）
- 『サーバントリーダーシップ』（ロバート・K・グリーンリーフ著　ラリー・C・スピアーズ編集　金井壽宏監修　金井真弓訳　英治出版　2008年）
- 『ミッション・リーダーシップ ── 企業の持続的成長を図る』（ビル・ジョージ著　梅津祐良訳　生産性出版　2004年）
- 『ビジネススクールでは学べない 世界最先端の経営学』（入山章栄著　日経BP社　2015年）

018 能力モデル

> **概要**
> ▶能力モデルとは、従業員の能力を考える際のフレームワークである。
> ▶実務での能力以外にも知識やスキル、性格や情意、コンピテンシーなどさまざまな考え方があり、企業はこれらのモデルを人材要件や人事評価などの場面に活用することができる。

基礎知識編

1 社会人基礎力

　社会人基礎力とは、文字どおり現代の社会人が身につけておくべき基礎的な能力のことで、経済産業省が2006年から提唱している概念である。「前に踏み出す力」「考え抜く力」「チームで働く力」の3つの能力を柱とし、この3つの能力は12の能力要素から構成されている。以下にそれぞれの要素を示す。

❶前に踏み出す力（アクション）
　「一歩前に踏み出し、失敗しても粘り強く取り組む力」のことで、物事に進んで取り組む「主体性」、他人に働きかけ巻き込む「働きかけ力」、目的を設定し行動する「実行力」の3要素から構成される。

❷考え抜く力（シンキング）
　「疑問を持ち、考え抜く力」のことで、現状を分析し目的や課題を明らかにする「課題発見力」、課題の解決に向けたプロセスを明らかにし準備する「計画力」、新しい価値を生み出す「創造力」の3要素から構成される。

❸チームで働く力（チームワーク）
　「多様な人々とともに、目標に向けて協力する力」のことで、自分の意見をわかりやすく伝える「発信力」、相手の意見を丁寧に聴く「傾聴力」、意見や立場の違いを理解する「柔軟性」、自分と周囲の人々や物事との関係性を理解する「状況把握力」、社会のルールや人との約束を守る「規律性」、ストレスの発生源に対応する「ストレスコントロール力」の6要素から構成される。

2 | KSA・KSAOs

企業で求められる能力は、職務要件との関連からKSAと呼ばれることが多い。これはKnowledge、Skill、Abilityの頭文字をとったものである。近年では、ここにO（Others）を加え、KSAOsと呼ぶこともある。一般的にKSAOは以下の能力のことを指す。

❶ K（知識）
当該業界における業界知識や商品知識のことである。

❷ S（スキル）
コミュニケーションスキルやヒューマンスキルといった、経験などにより培われる実践的な能力を指す。

❸ A（能力）
特定の職務によらず、個人に備わった基本的・汎用的な特性で、知的能力や身体的な運動能力・体力なども含まれる。

❹ O（その他）
KSAに含まれない要素を指す。例えば、性格や態度といった要素のことで、このような項目が付け加えられた理由としては、職務の遂行能力だけではなく、組織との適合性が重視されるようになった時代背景が挙げられる。

3 | カッツモデル

管理職に求められる能力をまとめたもので、カッツにより提唱された。管理職に求められるスキルには、業務を遂行するための「テクニカルスキル」、人間関係を構築するための「ヒューマンスキル」、物事の本質を見極めるための「コンセプチュアルスキル」の3つがあり、階級が上がるにつれて求められる領域が変化するという考え方である。わかりやすく汎用性も高いため、管理職向けの研修などで参考にされることが多い。

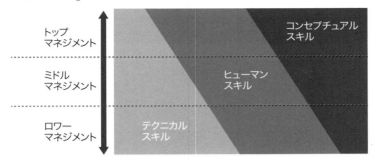

4 | 氷山モデル

　コンピテンシー理論のひとつで、人の特性は目に見えている「スキル」や「知識」といったものだけでは判断できず、水面下の特性、つまり目に見えない「動機」「価値観」「性格」などの特性が、目に見えている特性に大きく影響しているとする理論である。コンピテンシー理論の中では最も有名で、多くの企業が自社のコンピテンシーを設定する際に参考にしている（詳しくは「コンピテンシー」の項を参照のこと）。

5 | ビッグファイブ

　性格は知識などと並び、個人差を測るうえで重要な概念である。ビッグファイブとは、人の性格は5つの要素にまとめられるとする理論である（詳しくは「ビッグファイブ」の項を参照のこと）。

① **外向性**……自ら積極的に仕事に取り組んだり、人に関わったりする傾向
② **情緒安定性**……ネガティブな感情に支配されず、適切に感情をコントロールする傾向
③ **誠実性**……計画性や責任感、勤勉性の傾向
④ **協調性**……相手への共感を持ち、協力して仕事を進められる傾向
⑤ **開放性**……新しい物事に好奇心を持ち、新たな経験に開放的な傾向

6 | PM理論

リーダーシップ行動理論のひとつで、リーダーシップ行動を「課題達成（Performance）」を重視するか、「人間関係・集団維持（Maintenance）」を重視するかの二軸で定義したものである（詳しくは「リーダーシップ論の変遷」の項を参照のこと）。

7 | 21世紀型スキル

国際団体「ATC21s」が提唱する、グローバル時代に必要とされる汎用的な能力を指し、4領域10要素から構成される。

❶思考の方法
「創造力とイノベーション」「批判的思考、問題解決、意思決定」「学びの学習、メタ認知（認知プロセスに関する知識）」の3要素から構成される。新しい価値を創造する力、課題解決能力、自律的に学ぶ姿勢といったスキルのことである。

❷仕事の方法
「コミュニケーション」「コラボレーション（チームワーク）」の2要素から構成される。母国語、外国語を問わずにコミュニケーションをとり、目標達成のために協働するスキルである。

❸仕事のツール
「情報リテラシー」「情報通信技術に関するリテラシー」の2要素から構成される。技術やメディアを知り、操作できるリテラシーを持ち情報にアクセスするスキルや、情報の価値を取捨選択し活用できるスキルなどを指す。

❹社会生活
「地域と国際社会での市民性」「人生とキャリア設計」「個人と社会における責任（文化に関する認識と対応）」の3要素から構成される。多様な国や地域の文化を尊重し、生活を知り、共生し、地域の中で役割を果たしていくスキルである。

現場でのFAQ

Q1 能力モデルを自社でつくる際に注意すべき点はありますか？

A1 職種や職位、年次などによっても求められる能力は変わってきます。以下のような切り口を取り入れることにより、自社に合った人材要件の作成が可能となります。

❶スペシャリストとゼネラリスト（コースを分ける）

従業員の特性やキャリア志向によっては、スペシャリストとゼネラリストの職種・コース分けが必要となり、このような場合にはそれぞれの職種で求められる能力を大きく変える必要があります。今後はこうしたコース別の能力モデルはますます増えるでしょう。

❷守破離（レベルを設定する）

日本に古来より伝わる武道や茶道などにおける師弟関係や修行の段階を示したものです。「守」とは、師や流派の教えを忠実に守り、型を確実に身につける段階です。「破」とは、他の師や流派について研究し、改善・改良を加え、型を破る段階です。「離」とは、師から離れ独自のものを創造し、確立する段階となります。

個人のスキルの習得状況を3段階で表したもので、現代のビジネスパーソンにも通じる考え方です。

❸セルフマネジメントの5要素（若手にフォーカスする）

主に若手から中堅社員に設ける人材要件項目として、自律的に業務遂行をするためのセルフマネジメントがあります。セルフマネジメントには「目的志向」「学習」「選択」「振り返り」「感情のコントロール」の5要素が求められます。詳しくは「セルフマネジメント」の項をご参照ください。

参考文献
- 経済産業省：社会人基礎力　http://www.meti.go.jp/policy/kisoryoku/
- 『人事アセスメント論 ── 個と組織を生かす心理学の知恵』（二村英幸著　ミネルヴァ書房　2005年）
- 『コンセプチュアル思考』（好川哲人著　日本経済新聞出版社　2017年）
- 『コンピテンシー・マネジメントの展開［完訳版］』（ライル・M・スペンサー／シグネ・M・スペンサー著　梅津祐良／成田攻／横山哲夫訳　生産性出版　2011年）
- 『パーソナリティを科学する ── 特性5因子であなたがわかる』（ダニエル・ネトル著　竹内和世訳　白揚社　2009年）
- 『性格の心理 ── ビッグファイブと臨床からみたパーソナリティ』（丹野義彦著　サイエンス社　2003年）

- 『21世紀型スキル ── 学びと評価の新たなかたち』(P・グリフィン／B・マクゴー／E・ケア著　三宅なほみ監訳　益川弘如／望月俊男訳　北大路書房　2014年）

019 世代概論

> **概要**
> ▶人材育成担当者は各種理論・手法とともに、世代に関する知識を習得しておく必要がある。
> ▶人材育成の施策を実施する際には、対象となる世代の特徴を踏まえて実施することが重要である。

基礎知識編

1 各世代の特徴

生まれ育った時代によって、世代には異なる特徴があるといわれており、人材育成担当者は各世代の特徴をとらえておくことが望ましい。以下に、一般的にいわれる世代の分類と、それぞれの特徴を記す。

❶バブル世代（1965～1969年生まれ）

バブル期に社会人になった世代である。どのような状況にあっても「きっとうまくいく」と現状を楽観視する傾向があり、逆境にあっては頼れる存在だが、現状認識にシビアさが求められる状況は不得手だといわれている。社会人初期にバブル期を味わっているが、バブル崩壊後やリーマンショック以降の不況の影響を大きく受けており、現状への諦めの気持ちが他の世代に比べて強いともいわれている。

このまま静かに過ごしたいと考えている人が少なからず存在するが、最後の昭和世代ともいわれ、組織への忠誠度が高く、会社からの期待に応えたいと考える人材が多く存在する。この世代に対しては、自分の役割の変化に気づき、ベテラン従業員として組織の中でどのような役割を果たしていくかを改めて考えるために「キャリアデザイン研修」が実施されることも多く、「自身のモチベーションの再喚起」や「知識・スキルの伝承」などがテーマとして扱われる。

❷氷河期世代（1970～1982年生まれ）

バブル崩壊後の不況時に社会人になった世代である。「ロストジェネレーション」とも呼ばれ、就職氷河期で大卒者の多くが就職難民やフリーターなどの非正

規雇用者にならざるを得なかった世代でもある。不況が長引いたことで一度非正規雇用者になった人々は、なかなか経済的に親元から独立できず、その状況は「パラサイト・シングル」と呼ばれた。ITベンチャー企業が勃興した時期でもある。日本企業の特徴であった終身雇用制度や年功序列制度が崩れはじめ、自身の能力だけを頼りにしなければいけなくなった最初の世代である。1970年代前半生まれの人は「団塊ジュニア」とも呼ばれる。同年代の人口が多いことから受験競争が熾烈であり、落ちこぼれやいじめが社会問題化した。

　受験戦争と就職氷河期を突破し、また、社会人初期からビジネスモデルのダイナミックな変化を経験しており、現在40歳前後のこの世代は、組織の中核・中枢を担っている。バブル世代よりもドライで個人主義の考えが強く、メリット・デメリットといった視点で物事をとらえる傾向がある。この世代に対しては、経営幹部候補として組織運営などの視点やスキルを習得するために、選抜型の研修・教育プログラムが組まれたり、ジョブローテーションが実施されたりすることが多い。

❸ゆとり世代・さとり世代（1980年代前半～2000年代初頭生まれ）

　平成生まれの世代であり、「ゆとり世代」や「さとり世代」などと呼ばれることが多い。「ミレニアル世代」といわれることもあり、同義の言葉としてアメリカでは「ジェネレーションY」と呼ばれる。生まれた時から不況の中で育ち、長いデフレにより、贅沢品よりも低コストや実用性を重視し、好景気を知らないため上昇志向が乏しく、高望みをしない傾向が強いといわれている。

　この世代は、幼少期からデジタル機器やインターネット環境が普及しており、デジタル化された環境に慣れ親しんでいることから「デジタル・ネイティブ」とも呼ばれる。インターネット上での情報収集に熱心に取り組み、わからないことがあれば人に聞くよりもまずインターネットで検索し、事前に答えを確認してから行動する傾向がある。また、SNSの利用率が高く、ひとりになりたいが誰かとつながっていたいという欲求が強いといわれている。

　この世代には、まずは社会人としての基礎教育を行なうために、デジタルデバイスを利用した経験前学習や反転学習を取り入れることが有効である。事前に答えを知ることにより、スムーズな組織社会化や業務遂行が期待できる。一方で、事前に答えが用意されている学習内容ばかりではなく、課題解決型の研修なども実施する必要がある。グループワークなどを取り入れ協調学習型の研修にすると、より高い効果が期待できる。

現場でのFAQ

Q1 │「ゆとり世代」や「さとり世代」を育成するための重要なポイントはありますか？

A1 │ 当社が毎年実施している新入社員アンケートから見えるポイントは「キャリア形成支援」です。

　まず、将来「組織を率いるリーダーとなりたい」と考える新入社員は3年連続で減少しており、「専門性を極めたい」とする割合が4年連続で1位の結果となっています。専門家になりたい理由としては、「いざという時に専門性を生かして仕事をしたい」とする割合が増加傾向にあり、これは不況の中で育ってきた世代ならではの傾向といえます。一方で、「特にキャリアについての志向はない／まだはっきりしていない」とする割合が3年連続で増加しており、昨今の「売り手市場」と呼ばれる採用市場の影響もあり、キャリアをはっきりと考えていない新入社員が増えてきていると推察されます。

　これらの傾向から、企業には新入社員に対する一層のキャリア形成支援が求められるといえます。定期的に面談を行ない、個人のキャリア志向を尊重しつつも、成長のために必要な要素や、企業として期待している方向性を伝達するなど、個人に寄り添ったキャリア形成支援が重要です。企業としては個人の特性とキャリア志向を考慮したうえで、個人に適した教育プログラムを提供することが求められます。このような取り組みは新入社員の離職防止にもつながります。

「将来会社で担いたい役割」

- 組織を率いるリーダーとなり、マネジメントを行ないたい（管理職）
- 専門性を極め、プロフェッショナルとしての道を進みたい（専門家）
- 特にキャリアについての志向はなく、楽しく仕事をしていたい
- まだはっきりしておらず、今後決めていきたい
- わからない

「将来専門家になりたい理由」

- 専門家としてひとつの分野を追求してみたいから
- いざという時に専門性を生かして仕事をしていきたいから
- 一人で仕事をするのが好きだから
- マネジメントが自分には不得手だと感じるから
- わからない

参考文献
- 『「世代」の正体 ── なぜ日本人は世代論が好きなのか』(長山靖生著　河出ブックス　2014年)
- 『世代×性別×ブランドで切る！第5版』(マクロミル　ブランドデータバンク著　日経デザイン編　日経BP社　2017年)
- 「特集：そこそこ時代の「若手スイッチ」の入れ方」(『月刊 人材教育』2016年4月号　日本能率協会マネジメントセンター)

020 学習する組織

> **概要**
> ▶ 学習する組織とは、目的を達成する能力を効果的に伸ばし続ける組織を指す。
> ▶ 組織、およびそれに属する個人が自発的に学習するようになれば、組織は継続的に発展・拡大することができる。

基礎知識編

1 学習する組織とは

「学習する組織」とは、センゲが1990年に提唱した概念であり、目標を継続的に達成している組織が持つ要素を説明したものである。この概念は、組織の問題は分解して把握するべきという、当時の課題解決のアプローチ方法に反する形で生まれた。学習する組織が持つ大きなアドバンテージとして、上からの強制なしに組織が直面する課題を自律的に探索し、それを解決するための手法を自ら学んで実行するという点が挙げられる。仮に企業を構成する各部署が学習する組織と呼べる状態になれば、経営陣は本来の役割である企業の戦略策定に集中できる。また各部署も、逐一課題の解決策を経営層に仰ぐことなく、自分たちで進むべき方向を決定することが可能となる。こうした状況が安定的に維持される企業であれば、競合に対する優位性はさらに高くなるであろう。なお、学習する組織は、「自己マスタリー」「メンタル・モデル」「共有ビジョン」「チーム学習」「システム思考」の5つの要素からなるとされている。

❶自己マスタリー

ここでいうマスタリーとは「特別なレベルの熟達」という意味であり、これを得た人たちは自分たちにとって最も重要である結果を常に実現することができる。学習する組織の観点からいうと、この要素は個人の仕事に対する取り組みや学習意欲を指す。組織は、実態としてはあくまでも個人の集まりであり、このディシプリン（原則）は学習する組織の基盤となる。

❷メンタル・モデル

メンタル・モデルとは、人が世の中を理解する際に持つ考え方の癖や偏りとい

い換えることができる。自分がどのようなメンタル・モデルを持っているかを把握できていれば、自分の置かれている状況の変化に合わせてメンタル・モデルを修正することができる。

❸共有ビジョン

　組織が近い将来につくり出そうとする共通像やゴールのことを、学習する組織の概念の中では共有ビジョンと名づけている。この共有ビジョンを組織が持っていると人々は、そうするようにいわれるからではなく、そうしたいと思うために自発的に学習を進めるようになる。いい換えると、組織の向かうべき方向が明確であれば、人々は指示されなくても自ら学習し目標を追求しようとする。

❹チーム学習

　仮に複数の優秀な人材が組織に在籍していても、対話の習慣がなければチームのパフォーマンスは個人の成果の総和に留まってしまう可能性がある。一方で、組織全体の成果が個人の能力の積み上げを大幅に超えることがあり、このような時には組織のメンバーは互いに対話を通して効果的な協力関係を築いていると考えられる。「学習する組織」の理論では、こうした状況のことをチーム学習が進んでいる状態と表現している。

❺システム思考

　システム思考とは、要素の部分に行きがちな目を俯瞰的な位置まで持ち上げ、関連する事象の全体像をそれぞれの要素間の因果関係を意識しながら見直すことを指す。この因果関係は何かの結果が次の何かの原因になるという構図で表される。前述したとおり、学習する組織という概念は、組織の問題は分解して把握するべきという従来の課題解決のアプローチ方法に反する形で生まれており、システム思考はこの概念の根幹を支える要素である。

2 | 各要素の相互関係

　学習する組織を構成する5つの要素を見てきたが、それらのうち自己マスタリーと共有ビジョンは「志の育成」、メンタル・モデルとチーム学習は「内省的な会話の展開」とまとめられ、システム思考は「複雑性の理解」ととらえ直される。この3つのまとまりは、次ページに示すような3本脚のイスとして表され、学習す

る組織をイメージとして伝える際に用いられている。

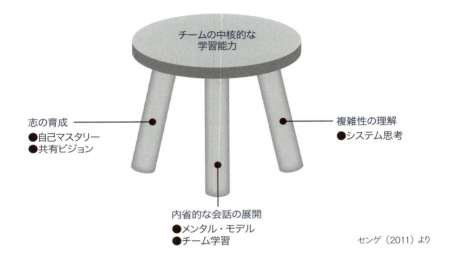

センゲ（2011）より

現場でのFAQ

Q1 「学習する組織」を構成する5つの要素を根づかせるためには、それぞれどのような取り組みを行なえばよいでしょうか？

A1 **自己マスタリー**……「特別なレベルの熟達」と説明されるとおり、個人の知識やスキルのレベルアップと関連があります。「熟達化」の項をご参照ください。

メンタル・モデル……自分が持つ考え方の癖や偏りを知るために「メタ認知」という心理的な能力を用いる手法があります。「メタ認知」の項をご参照ください。

共有ビジョン……メンバー間でビジョンを共有するためには、個人の集まりをチームとして機能させることが必要です。また、ビジョンの内容をお互いに共有する場も必要です。「チームビルディング」の項、および次ページの「ワールドカフェ」をご参照ください。

チーム学習……チーム全体で学習を進めるためには、メンバー間の対話が重要です。「ダイアローグ」の項、および次ページの「ナレッジマネジメント」「ワールドカフェ」をご参照ください。

システム思考……次ページの「全体最適思考の獲得」をご参照ください。

■ナレッジマネジメント

　チーム学習の一手法として、ナレッジマネジメントがあります。ナレッジマネジメントは、ひと言でいうと「いかに暗黙知を形式知に変換するか」ということです。暗黙知とは、個人の中で生まれるいわゆる経験や勘のような、言葉や形に表しにくい知識のことです。そのままではチームメンバーに共有することが難しいため、言葉や形で表せる形式知に変換する必要があります。暗黙知の形式知化については、「マニュアル」の項も参考にしてください。

■ワールドカフェ

　共有ビジョンとチーム学習の両方に関わるファシリテーション手法として、ワールドカフェがあります。カフェのようにくつろげる空間の中、テーブルを移りながら多くの参加者と意見を交換することから、このような名前がつけられています。ワールドカフェで取り上げられる題材は、会社の理念や方針、ビジョン、課題といったもので、これらのトピックについて自分が持っている知識や考えを出し合い、その発散（洗い出し）と収束（グルーピング）を行ないます。最終的に、参加メンバーの思いのベクトルを合わせることや、よりよい課題解決方法を編み出すことがこの手法を用いることのゴールです。一般的にワールドカフェは、1グループ4人前後、3ラウンド制で全体が90分程度になるようにセッティングされます。各ラウンドで話し合うメンバーを取り換えることで、さまざまなメンバーと意見交換でき、またいろいろな角度からひとつのテーマを考えることができます。さらに全ラウンドが終了したのちに全体としてのラップアップを行なうことで、どのような内容が主に話されていたかが参加者全員に共有されます。

■全体最適思考の獲得

　システム思考ができていない例として挙げられるのが、部分最適思考です。企業の中では、部門間のセクショナリズムという形で表れます。セクショナリズムを解消するためには、関連する部門のメンバーを集めて話し合いを行なう必要があります。話し合いの初めのうちは部分最適思考にとらわれて、自部門が被るリスクを最低限にしようという発言が多く出てくるでしょう。しかしながら、部分最適の主張の中で出てきたポイントを各部門をまたぐ因果関係として表すように促すことで、問題となっている現象を全体としてとらえることができるようになります。こうした話し合いを継続的に行なうことで、それに参加したメンバーは自然に全体最適の思考やシステム思考を身につけることができるでしょう。

参考文献

- Peter M. Senge（1990） *The Fifth Discipline : The Art & Practice of the Learning Organization*, Doubleday/Currency
- 『学習する組織 ── システム思考で未来を創造する』（ピーター・M・センゲ著　枝廣淳子／小田理一郎／中小路佳代子訳　英治出版　2011年）
- 『フィールドブック　学習する組織「5つの能力 ── 企業変革をチームで進める最強ツール」』（ピーター・M・センゲ他著　柴田昌治／スコラ・コンサルト監訳　牧野元三訳　日本経済新聞社　2003）
- 『フィールドブック　学習する組織「10の変革課題」── なぜ全社改革は失敗するのか』（ピーター・M・センゲ他著　柴田昌治／スコラ・コンサルト監訳　牧野元三訳　日本経済新聞社　2004年）
- 『ワールド・カフェ ── カフェ的会話が未来を創る』（アニータ・ブラウン／デイビット・アイザックス／ワールド・カフェ・コミュニティ著　香取一昭／川口大輔訳　ヒューマンバリュー　2007年）

第2章
制度・手法編

021 人材要件・教育計画

> 概要

▶人材要件とは企業が求める人材の基準であり、人材の採用・配置・育成などに用いられる。

▶教育計画は、人材が能力やスキルを獲得するための体系的な取り組みをまとめたものである。

> 基礎知識編

1 人材要件の設定

　企業が必要とする人材は、各社が置かれた状況によりさまざまである。業績が急速に拡大している企業であれば活動量の多い若手の営業職が必要であり、若年層が主体であるがゆえにマネジメント力の弱い企業の場合は、管理職経験のあるベテランが求められる。業種によっては既存の業務を滞りなく進められる堅実な人材が適格であり、一方で不確実な状況を切り開く人材が必要とされるケースがある。人材要件は企業が持つ経営戦略や人員計画に合わせて設定され、人材の採用・配置・育成に用いられる。設定される代表的な人材の要件は次のとおりである。

❶年齢

　企業の継続的な発展のためには、世代が断絶することなく、人材が揃っている必要がある。毎年一定の人数の新卒社員を採用することが望ましいが、好不況の関係で特定の世代が社内に不足する場合がある。将来の社内の人口構成を想定しながら、必要となる世代と人数を明らかにする。

❷業務経験

　中途採用は、主に人手が足りない部門の人材を充足させるために行なわれる。即戦力としての活躍が期待されるため、過去の業務経験が重視される。どういった業務経験を持つ人材が社内で不足しているかを吟味したうえで、必要とする人材要件を設定する。人材の再配置を行なう場合は、新しいポジションに対して望ましい業務経験をリストアップする。

❸能力・資質・意欲

年齢や業務経験は客観的な要素として設定することが可能だが、経営戦略や社風などと照らし合わせて、多くの企業は能力・資質・意欲といったソフトスキルを人材要件に設定している。能力には、対人関係能力やコミュニケーションスキルなどを挙げる企業が多いが、卓越した研究能力や未開のビジネス領域を開拓できる行動力を求める企業もある。

❹資格・免許

業種によっては、業務遂行に資格や免許の取得が必須となる。そのため、仕事に必要な資格・免許を取得していることを人材要件として設定するケースがある。資格取得を配置転換の条件にすることで、社内の人材に資格取得を促す場合もある。

❺雇用形態

業務内容によって、採用する人材の雇用形態が変わってくる。その主な種類には、すべての業務に従事する可能性がある総合職、事務作業が多くなる一般職、業務を限定した契約社員、アシスタント的な立場で作業を行なう派遣社員などがある。小売業や流通業で主要な役割を担うパートやアルバイトもある。従事する業務内容に応じて、どのような形で雇用するかを設定する。

2 | 教育計画の策定

採用・配置した人材が企業の中核として活躍するためには、適切な育成が必要である。代表的な教育施策としては定期的な研修が挙げられるが、人材育成は特別な場だけでなく日常業務も含めてトータルに行なわれる。教育計画に含まれる人材育成の手法として、以下のものが挙げられる。

❶研修

教育計画の中で多くの割合を占めるのが研修である。一般的には、年次、職種、職位別に受講計画が作成され、定期的に研修施設などで実施される。研修実施のインターバルが短すぎると、前回学んだ内容が十分消化しきれていない可能性があるため、適切な間隔を設定することが必要である（詳しくは「研修の企画」「研修の実施」「研修のフォローアップ」の項を参照のこと）。

❷部署配置・ジョブローテーション

ロンバルドとアイチンガー（2010）によると、学びの70％は業務経験によって行なわれるとされている。そのため部署配置や従事させる業務の設定は、教育計画において重要な位置を占める。社内ゼネラリストの養成を重視する企業においては、適度なタイミングでジョブローテーションを行ない、社内知識を高めさせるケースもある（詳しくは「ジョブローテーション」の項を参照のこと）。

❸OJT

現場で最も行なわれる教育が、OJT（On the Job Training）である。研修を非日常の場における学びとするならば、OJTは現場実践の中での学びになる。OJTは、主に若年層を対象に事前に設定された計画に従って行なわれる。一般的には期限、到達目標、手段が体系的に整理され、難易度を徐々に上げながら実施される（詳しくは「OJT」の項を参照のこと）。

❹ストレッチアサインメント

業務経験を積み、自分の判断で仕事を進められるレベルに到達した人材に対しては、より高度な業務を割り当てることでさらなる成長を促す。本人の力量から見てやや困難な業務をあえて行なわせるストレッチアサインメントにより、問題を解決する経験を積ませる。ストレッチアサインメントは、主に中堅・管理職層に対して行なわれる（詳しくは「ストレッチアサインメント」の項を参照のこと）。

❺部下指導

デール（1946）のラーニングピラミッドにも示されているとおり、教わるだけでなく教えることも本人の学びにつながる。中堅・管理職層には積極的に部下・後輩指導の機会を設ける。人材育成担当部門としては、中堅・管理職層の若手向け指導の様子を定期的に確認し、指導方法に困難を感じているようであれば、知識インプットのための書籍や研修を紹介するなどのサポートを行なう。

❻サクセッションプラン

次世代の経営幹部養成は、企業が持つ重要な課題のひとつである。成果を継続的に出し、将来を期待されている人材の中から幹部候補を選抜し、集中的な育成の機会を設ける。方法としては、社長と協働する機会の多いポジションに就かせる、全社を見渡す必要がある経営企画系の業務を担わせるなどが挙げられる（詳

しくは「サクセッションプラン」の項を参照のこと)。

　教育計画のポイントは、さまざまな手法を総合的に組み合わせて、企業にとって望ましい人材を育成していく点にある。一部の手法に偏ることなく、バランスのとれた教育計画を構築することが望ましい。

現場でのFAQ

Q1 | 自社が求める人材像をうまく設定することができません。人材要件はどのように決めればよいでしょうか？

A1 | 自社で活躍している人材をピックアップして基準にするとよいでしょう。活躍している人材が、どういう行動をとっているのか、どのような考えを持っているのか、取得している資格は何かといったことを洗い出します。さらにマインド、ナレッジ、スキルといった主要な要素において、その人材が持っている力を整理し、望ましい人材要件として設定します（図1）。「1 人材要件の設定」の❸で挙げた「能力・資質・意欲」といった項目は、このような切り口で整理することができます。人材像の設定は「コンピテンシー」の項も参考にしてください。

Q2 | 教育計画を策定したことがありません。まず、何から始めればよいでしょうか？

A2 | 計画がなかったとしても、人材育成に関わる施策はすでに社内で行なわれていると思います。まず、人を育てるためにどのような施策が行なわれているかを全社的に洗い出してみてください。人材育成部門が取り扱っている施策もあれば、各部門で直接育成している部分もあるでしょう。すべての施策を洗い出したら、抜けや漏れ、重なりがないか確認してください。重複する部分を整理・統合し、足りない部分は施策を追加することで、全社に育成施策をいき渡らせることができます。次いで、重点育成対象者の人数や期間を設定していくことで、戦略的な教育計画の策定が可能となります（図2）。

図1 「人材要件の主要な要素の例」

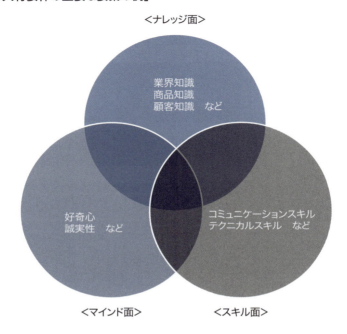

図2 「教育基本計画の例」

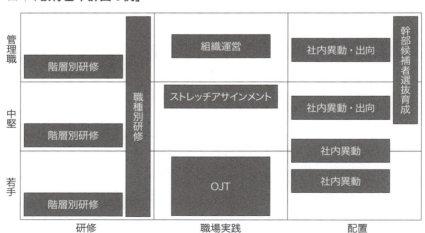

参考文献
- 『人事アセスメント論 —— 個と組織を生かす心理学の知恵』(二村英幸著　ミネルヴァ出版　2005年)
- 『組織は戦略に従う』(アルフレッド・D・チャンドラーJr.著　有賀裕子訳　ダイヤモンド社　2004年)
- M. M. Lombardo, R. W. Eichinger (2010) *Career Architect Development Planner*, 5th Edition, Lominger
- E. Dale (1946) *Audio-visual methods in teaching*, The Dryden Press

022 サクセッションプラン

概要

▶ サクセッションプラン（Succession Plan）とは、従来「後継者育成計画」のことを意味し、CEOの後継者を選定・育成することを指す。
▶ 現在では、経営幹部や管理職といった企業にとって必要不可欠なポジション（キーポスト）の後任となるリーダーを育成・確保することを指す。

基礎知識編

1 | サクセッションプランとは

　次世代の経営幹部・リーダーを育成する後継者育成計画のことを指すが、現在は「より多くの優秀な人材を育成し確保するための施策全体」を指すことが一般的である。

　なお、サクセッションプランは、文字どおり企業が存続し、発展し続けるための施策であるため、一般的な研修とは異なり、人事部門よりも経営層の強い関与のもとに進められる場合が多いことも特徴である。

2 | サクセッションプランのメリットとデメリット

　サクセッションプランを導入することにより得られる代表的なメリットとして、以下のものが挙げられる。

- 優秀な人材を早期に発掘できる
- 候補者ごとに計画された育成を行なうことで、育成効果が高まる
- 早期から選抜型の育成をすることで、人材の定着率が向上する
- 人材の配置に明確性や透明性を確保した場合、公平な人事異動が可能となる
- 外部からキーポストを採用するよりもリスクが低い

　上記のように、サクセッションプランは人材の育成・確保のために有効な施策であるが、次のようなデメリットも存在する。

- 選抜から漏れた人材は以降のチャンスに恵まれず、モチベーションが低下する可能性がある
- プログラムの定期的な見直しを行なわなければ、対象者が固定化しやすく、ポテンシャルのある人材を見落としがちになる。また、対象者の固定化が、ビジネス環境の実態や変化にそぐわなくなる可能性がある
- 選抜方法に明確性や透明性を欠くと、職場の雰囲気や社員のモチベーションに影響を及ぼす

3 | サクセッションプランの導入手順

サクセッションプランは、以下の手順で進めることが一般的である。

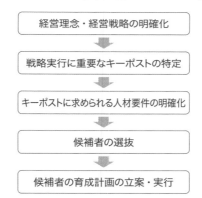

❶経営理念・経営戦略の明確化

次世代人材の経営的視点を高め、経営者意識を養うために、企業のミッションやビジョン、経営戦略を細かく明確化することが求められる。その際に、今後、新たに手がけていく事業領域や、求められるケイパビリティなどを明示することも重要である。

❷戦略実行に重要なキーポストの特定

ビジョンや経営戦略を定めた後は、キーポストの特定を行なう。現状の組織からキーポストを踏襲する場合が多いが、将来的な経営環境の変化も視野に入れ、新たにキーポストを設ける場合もある。

❸キーポストに求められる人材要件の明確化

現行の経営幹部や管理職の「マインド、ナレッジ、スキル、経験、年齢」などを分析し、要件設計を行なう。ただし、将来的には自社を取り巻く経営環境や事業そのものが変化している可能性もあるため、キーポストに求められる要件については一定期間ごとの見直しや検証が重要である。

❹候補者の選抜

選抜の方法には大きく「アセスメント方式」「他薦方式」「自薦方式」の3つがあり、企業の方針や規模などによって使い分けられる。最も用いられるのは、上司が対象者を推薦する「他薦方式」である。「アセスメント方式」は社内外のテストや指標を用いるため、候補者の能力を客観的に計測できるというメリットがある。「自薦方式」では意欲の高い人材を一定数確保しやすいなどのメリットがある。

❺候補者の育成計画の立案・実行

育成計画には、どのタイミングでどのような施策を行なうのかを記載する。期間は、基本的には長期間となる場合が多く、短いもので半年、長いものでは10年に及ぶ。育成施策はキーポストに応じて変化するが、どの施策であっても「個々人の成長と成果」を重視したプログラムにすることがポイントである。例えば、育成計画に沿って育成対象者がそれまでに経験してきた業務の範囲を超えた課題を与え、解決させることにより、育成対象者の経営的視点が高まり、より経営的な判断が下せるようになる。本人に課題のフィードバックを行なう際には、経営層がメンターとなり個別指導を実施することで、育成効果が高まるといわれている。

その他にも、定期的にアセスメントを行ない、候補者の成長過程を確認したり、アセスメントの結果をもとに候補者の入れ替えや絞り込みなども実施する。

現場でのFAQ

Q1 | サクセッションプランの進め方を教えてください。
A1 | サクセッションプランは、基本的に次のように進んでいきます。

(1) **候補者の選抜**……これまでの業績評価やアセスメント結果を用いる
(2) **候補者の育成**
① 知識インプット……リーダーシップ養成研修、経営層として必要な知識

（財務、マーケティングなど）を得るための研修など
　② 課題解決……部門内の業務効率化、部門の戦略設定とその実行など
　③ 挑戦する機会の付与……ジョブローテーション、ストレッチアサインメントなど

なお、サクセッションプランを実施する際のポイントは、次のとおりです。

- 候補者選抜の際は、現時点の人物評価だけではなく、将来の可能性や潜在能力にも着目する
- 継続的に多様な視点で観察し、各候補者の「強み」を把握したうえで適切に評価・選抜する

Q2 候補者リストはどのように作成すればよいでしょうか？
A2 ロングリスト・ショートリストの手法を用いるとよいでしょう。サクセッションプランにおけるロングリストとは、昇格する可能性のある人材全員のリストを指します。例えば、役員への引き上げを検討している場合は、部長層全員となります。ショートリストは、ロングリストを一定の条件で絞り込んだものです。絞り込みの条件としては、前述のマインド、ナレッジ、スキル、経験、年齢といった項目や、外部評価機関によるアセスメント結果などがあります。

参考文献
- 『サクセッションプランの基本――人材プールが力あるリーダーを生み出す』（クリスティー・アトウッド著　石山恒貴訳　ヒューマンバリュー出版　2012年）
- 『CEOを育てる――常勝企業の経営者選抜育成プログラム』（ラム・チャラン著　石原薫訳　ダイヤモンド社　2009年）

023 ジョブローテーション

概要
▶社員の能力開発を目的として、多くの業務を経験させるよう、定期的に職場の異動や職務の変更を行なうことである。
▶日本ならではの代表的な人材育成の手法といわれている。

基礎知識編

1 ジョブローテーションとは

　ジョブローテーションとは単なる配置転換・人事異動のことではなく、企業の人材育成計画に基づいた戦略的人事異動のことを指す。一般的にはOJTの一環として行なわれ、社員の能力開発のために多くの業務を経験させるよう定期的に職場の異動や職務の変更を行なうことである。同一部門内での職務変更を指す場合もあるが、部門間や職場の異動を指すことが一般的である。また、大企業であれば次世代の経営陣や幹部候補となる人材を育成するために、グループ企業への出向という形をとる場合もある。

「当該職能で課長を育成するために望ましいキャリア(%)」

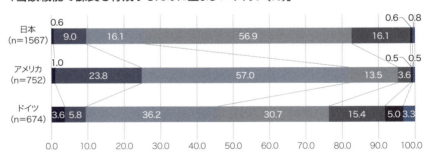

- ■ 当該職能の中で1つの仕事を長く経験する
- ■ 当該職能の中で2、3の仕事を長く経験する
- ■ 当該職能の中で数多くの仕事を長く経験する
- ■ 当該職能だけでなく、別の仕事を経験する
- ■ 数多くの職能の仕事を経験する
- ■ その他
- ■ 無回答

日本労働研究機構「国際比較：大卒ホワイトカラーの人材開発・雇用システム」(1998年)をもとに当社にて作成

ジョブローテーションは、日本ならではの人材育成の手法といわれており、終身雇用制度を前提として、同一企業内でのゼネラリスト育成を目的とする場合が多い。

新卒社員の人材配置に活用する場合には数か月ほどの比較的短い期間での異動を繰り返すことが多いが、管理職や幹部候補となる人材の育成が目的であれば、数年単位での実施となる。

2 | ジョブローテーションのメリットとデメリット

ジョブローテーションによる代表的なメリットは以下のとおりである。

- 多様な業務を経験することによって、企業・社員の双方にとって適性を見極めることができ、適材適所の戦略的な人材配置が可能となる
- 複数の部門で業務を経験することにより、企業活動を多面的に把握することができ、視野の拡大や、より高い視座の獲得が可能となる
- 部門間や職場を異動することにより社内に新たなネットワークが形成され、業務上のコミュニケーションが円滑に進むようになる。また、副産物として新たなアイデアが生まれることもある
- 単一の業務に長期間就くことで生まれるマンネリ化を防ぐことができ、従業員満足度（Employee Satisfaction）の向上や離職率の低下につながる

ゼネラリストの育成や組織を成長・活性化するため、また、ナレッジマネジメントの観点からも、ジョブローテーションは企業における人材育成の手法として有効ではあるが、以下のデメリットも存在する。

- 一定期間での異動となるため、習得に時間を費やす専門的な技能などは習得しづらく、スペシャリストの育成が困難となる
- ジョブローテーションを行なった直後は、一時的に業務スキルが低下し、業務が滞る可能性がある
- 社員側に明確なキャリアパスや専門分野がある場合、異動により社員のモチベーションを下げる可能性があり、離職につながる可能性もある
- 給与体系が職種により異なる場合は、導入そのものが困難である

3 ジョブローテーションを機能させるために

前述のとおり、ジョブローテーションは日本ならではの終身雇用制度を前提としており、企業が社員の長期雇用を保障したうえで、異動や配置を決定するという一方的なものが多いのが実情である。しかしながら、終身雇用制度は崩壊しつつあり、社員の業務に対する意識や働き方も変化してきている。このような経営環境下においてジョブローテーションを有効に機能させるためには、企業側の経営的な視点だけではなく、社員側のキャリアパスも考慮に入れ、社員個々人をどのように育成していくのかを詳細に設計することが必要となる。

近年、ジョブローテーションに代わり、企業側と社員側の希望の相違を防ぐ施策として「社内公募制度」や「社内FA制度」といった制度が注目を集めており、導入する企業も増えている。社内公募制度とは、異動や退職による空きポストや新規事業の要員などを社内から希望者を募り、人材を集めて選定する「求人型」の制度である。対して社内FA制度とは、社員が自らのキャリアやスキルに基づき、希望する部門や部署などを登録する「求職型」の制度である。自ら当該部門に売り込む場合もあれば、スカウトを待つ場合もある。

どちらの施策においても、従来型の会社主導の人事異動とは異なり、社員の希望に応じた配置を行なえるため、社員の仕事に対するモチベーションの向上や社内活性化、また、社員自らがキャリアを考える組織風土の醸成といった効果が期待できる。

現場でのFAQ

Q1 ジョブローテーションの課題や注意点は何でしょうか？

A1 ジョブローテーションを実施した際、一時的に業務スキルが低下し、業務が滞る可能性があるため、周囲に業務サポートができる一定数の人材が必要になることが課題です。比較的規模の大きい企業であれば計画を立てやすいですが、人的資源が不足している中小企業には実施の障壁が高い施策といえます。また、異動のサイクルについても注意が必要です。短期間で異動させてしまうと職務知識やスキルが身につきません。個人差はありますが、3～5年程度で異動させるのがよいという研究結果もあります。

Q2 ジョブローテーションを実施する際の進め方を教えてください。

A2 以下の進め方を参考にしてください。

(1) **対象者の選定**……年齢や勤続年数をベースにローテーション対象者を選定する
(2) **実施期間と目標の決定**……ローテーション先でどのような業務を何年で身につけさせるかを決定する
(3) **対象者への通達**……(1)で選定した対象者に(2)の内容を伝える
(4) **獲得能力の記録**……配属した部署で獲得した能力を定期的に記録する
(5) **獲得能力の確認**……(2)で設定した目標を実施期間内で達成できたかを確認する
(6) **再ローテーション**……(5)の後、本人のキャリアデザインを念頭に次の部署に配属させる

参考文献
・『会社を強くする人材育成戦略』(大久保幸夫著　日経文庫　2014年)
・「特集：その人事ローテーションは、戦略的なのか？」(『月刊 人材教育』2016年10月号　日本能率協会マネジメントセンター)
・「国際比較：大卒ホワイトカラーの人材開発・雇用システム──日、米、独の大企業(2)アンケート調査編」(調査研究報告書　No.101　日本労働研究機構　1998年)

024 OJT

> **概要**
> ▶ OJTとは「On the Job Training」の略称で、職場での実践を通して業務知識を身につける手法である。
> ▶ 研修などのOff-JTと組み合わせることで、より効果的に人材育成を行なうことができる。

基礎知識編

1 | OJTとは

　OJTは、経験豊富な職場の上司や先輩が、実際の業務を題材に助言をすることで、後輩や若年層に知識や技術を計画的に伝える育成手法である。

　業務知識や技術は、研修やマニュアルなどの座学で身につけるものもあるが、実際の業務経験からでないと学べないことも多い。ロンバルドとアイチンガーによる研究結果（2002）でも、個人の成長は、その7割が仕事の直接経験から、2割が先輩や上司からの助言によってなされるとされ、OJTは人材育成の重要な手法のひとつであるといえる。

2 | OJTの進め方

　OJTには「教えようと思っている業務が発生した際に、上司や先輩がそのつど対応方法やポイントを伝えること」という誤った考え方が存在している。OJTはあくまで計画的・意識的・継続的に行なわなければいけない。

　OJTは一般的に、育成計画の設定、業務の量と質の選定、業務遂行、内省支援の各ステップからなる。

❶育成計画の設定

　前述のとおり、個人の成長の9割がOJTに起因するといわれており、OJT対象者にどのような業務をどのタイミングで経験させるかが大きなカギとなる。そのためには、育成計画の作成が必須である。計画がないと場当たり的な指導となり、OJT対象者の継続的な成長が期待できない。なお、OJT担当者が作成した

育成計画は、職場で共有することが推奨される。共有することにより、計画に対してアドバイスをもらえたり、どのように育成を進めるかの共通認識を持つことができるためである。

❷業務の量と質の選定

次に、育成計画に沿ってOJT対象者に行なわせる業務の量と質を選定するステップに移る。与える仕事の量は、それらの仕事を行なうことで学び、業務効率などの改善が期待される程度が目安となる。一方、与える仕事の質は、本人がこれまで身につけた知識や技術をもとに工夫したり、他のやり方を思いつくことで達成できるレベルがよい。もし質・量ともに本人の力量を大幅に超えるようであれば、本人が業務遂行を諦めてしまう可能性がある。一方、本人の力量を大幅に下回るようであれば、仕事への甘えや退屈さを誘発してしまう。OJT担当者は、対象者に与える業務を見極めることが重要である。

❸業務遂行

業務遂行は、OJTの根幹となる部分である。一般的なOJTのイメージどおり、上司や先輩がOJT対象者に指導しつつ、実際の業務を進めさせる。具体的には、まず業務の概要や意義を伝えて、最初は上司や先輩がその仕事を行なっているところを観察させる。次に、横で見守りながら同じことを本人に行なわせる。ひととおりできるようになったら、最後に本人だけで進めるという手順になる。

❹内省支援

第4のステップとして内省支援を行なうことで、その業務の定着率が飛躍的に高まる。内省支援は「振り返り」と「概念化」から構成され、振り返りでは行なった業務が成功したか、あるいは失敗したかを確認させる。概念化では成功あるいは失敗の理由を探り、その背景となる原因について考察させる。このような内省支援を行なうことで、次に同じ業務に従事する際にうまくいく確率が高まり、また類似の業務への応用も期待できるようになる。内省支援については、「経験学習モデル」の項を参照のこと。

❶の育成計画をもとに、仕事の流れに沿って❷～❹のステップを繰り返し行なうことが、体系的OJTの大まかな流れとなる。このサイクルを継続的に進めることで、育成計画で設定した期間の内に、目標とする業務知識・技術・経験を身

につけさせることができる。

「OJTの流れ」

現場でのFAQ

Q1 一度に複数の仕事を任せる場合、本人にとってストレッチな業務はどの程度与えるとよいでしょうか？

A1 基礎知識編の「業務の量と質の選定」の部分で説明した、比較的質の高い業務とそうではない業務を、20：80の比率にすることをお勧めします。企業からの期待を込めてストレッチな業務を与えると、OJT対象者の自尊心が高まり、やる気も出ますが、困難な仕事ばかりの場合、心身が休まることがなく「燃え尽き症候群」といった状態になりかねません。したがって、基本的には業務全体の多くの部分を、過去に成功した、あるいは初めてであっても成功すると思われるものにするとよいでしょう。それに加えて、成功するか失敗するかがボーダーライン上にある業務を定期的に割り当てることで、OJT対象者のさらなる成長が期待できます。

Q2 ひとりで最後まで行なわせるか、途中で正しい手順を正解として教えてしまうかの判断基準を教えてください。

A2 一度でも成功したことのある業務であれば、ひとりで最後まで行なわせてください。そのようなケースの場合、OJT対象者は過去の記録、あるいは自分の記憶の中に、正解へのヒントを持っています。OJT対象者から質問がきたら、答えは教えずに助言をしてください。答えを簡単に教えてしまうと、自分で考える癖をつけることができず、結果的にOJT対象者の成長スピードを遅くしてしまいます。なお、こうした指導方法は、一般的に「コーチング」と呼ばれていま

す（「フィードバックとコーチング」の項をご参照ください）。

　一方で、まだ成功したことのない業務において、OJT対象者が明らかに自分で答えにたどりつけないようであれば、正しい手順や知識をもう一度教えてください。特に「何がわからないか、わからない」という発言が出る場合は、OJT対象者の中で手順や知識のイメージがついていない可能性があります。その場合は、OJT対象者が自ら正解を導き出すことは難しいため、早い段階で正しい答えを伝えるとよいでしょう。前述のコーチングに対し、こうした指導方法は「ティーチング」といわれています。

参考文献
- 『OJTの実際 ── キャリアアップ時代の育成手法［第2版］』（寺澤弘忠著　日経文庫　2005年）
- 『研修開発入門 ── 会社で「教える」、競争優位を「つくる」』（中原淳著　ダイヤモンド社　2014年）
- M. M. Lombardo, R. W. Eichinger（2002）　*The Leadership Machine*, Lominger

025 メンター制度

> **概要**
> ▶育成の対象者（メンティ）の業務上の悩みや課題などに対して、メンター（一般的には直属の上司以外の社員がなる場合が多い）が相談に乗り、助言を与える支援制度である。
> ▶類似する制度として、主に新入社員向けに実施される「ブラザー・シスター制度」がある。

基礎知識編

1 | メンター制度とは

　メンター制度とは、社会人歴の浅い新入社員や後輩社員（以下、メンティ）を、知識や経験のある先輩社員（以下、メンター）が支援する制度であり、一般的にメンターはメンティの直属の上司以外の社員が務める。原則としてメンターとメンティの関係は1対1で進められる。

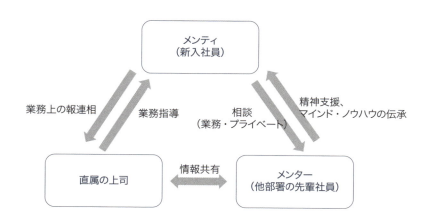

メンターの主な役割として、以下のものが挙げられる。

（1）メンティの悩みの相談に乗ることで、精神的安定の支援をする
（2）メンターの持つ技術やマインド、ノウハウを伝え、メンティの育成を図る

メンター制度はメンティの育成に主眼が置かれがちだが、メンター側を育成する施策としても有効である。メンターが得られる効果としては、メンティの指導、育成を通じての業務の習熟度向上やコミュニケーション力の向上、基礎的なマネジメント力の形成などが挙げられる。

なお、類似する制度として「ブラザー・シスター制度」がある。新入社員を同一部門の先輩社員が支援する制度で、複数名の先輩社員が教育係としてつく場合がある。

2 メンター制度の導入方法

メンター制度の導入方法には以下が挙げられる。

❶導入目的の設定

メンター制度をどのような目的で導入するのかを、初期段階で設定することが重要である。例えば、メンター制度をメンティの精神的な支援だけにするのか、業務上の問題解決支援までを想定するのか、といった点を検討し明確にする必要がある。

❷運用方法の設定

メンティとメンターの面談頻度、面談内容やメンティの状態を当該部門の責任者や人事部門へ報告・共有する方法、メンター制度を運用する期限などを設定する。

面談頻度については、業務経験が浅いほど高く設定する場合が多く、一般的には週次〜月次で行なわれる。面談内容やメンティの状態の報告は、定期的に報告書で行なう場合や、定期的にメンターと当該部門の責任者や人事部門の担当などで情報共有する場を設けて行なうなどがある。メンター制度を運用する期限は、一般的には1年程度にする場合が多い。加えて、メンター制度が目的に沿った運用になっているかを確認する時期や会議などを事前に設定しておくことも必要である。

❸メンティとなる対象者の決定

一般的には、新入社員や社会人歴の浅い若手社員が対象となる場合が多い。対象者の決定方法としては、新卒の新入社員の場合は、公平感などを考慮して全員

を対象とすることが多く、社会人経験のある中途採用の若手社員などの場合は、当該部門の責任者から対象者の推薦をとることがある。

❹メンターの選定、およびメンティとの組み合わせの決定

メンティの業務、およびスキルなどの状況と、メンターとなる社員の業務経験や保有スキルなどを考慮し、メンティとメンターの組み合わせを決定する。メンターの最終選定については、メンターとなる社員が所属する当該部門の責任者などと連携し、決定する場合が多い。なお、メンターに選ばれることは、会社から期待されている証であるとメンター側に伝えることも重要である。

❺メンティ、メンターへの説明

メンティ、メンターそれぞれに対して、メンター制度の目的やメンター制度が想定している範囲、メンター制度の運用方法などを説明し理解を図る。

❻メンター制度の運用状況の確認および改善

事前に設定した時期や頻度でメンター制度の運用状況を確認する。必要に応じてメンティやメンターから事前に意見をヒアリングするなどし、運用状況の基礎情報にする。改善の必要があれば、運用方法の修正や、メンティとメンターの組み合わせの変更などを行なう。

3 メンターの育成

メンター制度が効果を出せるかどうかは、メンターに依存する割合が大きい。選定も重要だが、メンター制度を機能させるために、通常はメンター向けの研修が事前に実施される。

メンターには、以下の点を理解してもらう必要がある。

❶組織の育成方針の理解

組織の人材育成の基本方針をメンターが理解しておくことは、メンター制度を機能させるための最大のポイントである。メンターは人材要件、人事評価項目なども併せて理解しておくようにする。

❷ メンターの役割
　メンター制度が会社やメンティにどのような影響を与えるかを理解し、メンターを担うことの納得感を高める。

❸ メンティに対する適切な姿勢
　メンティに対してどのような姿勢で臨む必要があるのかを理解する。例えば、メンティの普段の業務を把握しておく、助言する際に自分の考え方を押しつけないなどである。

❹ 他者との連携
　メンティへの対応の中で、メンター自身が対応できることには限界があるため、メンターが対応できない状況が発生した場合には、メンティの先輩や上司、人事担当者などと連携することが望まれる。

❺ プライバシーへの配慮
　メンティの状況をメンティの上司や人事担当者に報告する際には、メンティのプライバシーに配慮することが重要である。一方、業務に関する悩みなどは報告・共有する。メンティの機微な情報を開示する場合には、事前にメンティの許可を得ることが大切である。

現場でのFAQ

Q1 メンティの対象は決まっているのですが、メンターの人選に悩んでいます。どのような社員を選べばいいのでしょうか？

A1 メンターを選定する際には、メンティのキャリア志向に配慮することが重要です。会社としてメンティにどのように成長してほしいのか、また、メンティ自身はどのようなキャリア志向を持っているのかを明確にしたうえで、メンティの成長に有益に働くと思われる経験やスキルを持つメンターを選定しましょう。例えば、将来は大きなプロジェクトをマネジメントしたいと考えているメンティに、技術探求志向の強い専門家の先輩をメンターとしてつけると、メンター制度がうまく機能しない可能性があります。メンティのキャリア志向とメンターの持つスキルや経験のマッチングが重要なポイントです。

Q2 メンターには、どのような資質やスキルが必要ですか？

A2 メンターには、メンティとの直接の業務という媒介がないため、高い人間性が求められます。メンティとの信頼関係を構築するために、積極的な傾聴をベースとするコミュニケーション力、メンティを課題解決へと導くためのコーチング力、また、中立的な立場だからこそメンティが相談をする内容もありますので、守秘義務意識や高い倫理観なども求められます。これらの知識、スキル、心構えなどは体系的に学ぶことが可能ですので、メンター向けの研修を行なうとよいでしょう。

参考文献
- 『増補版 メンタリング・ハンドブック —— 導入から実践』（メンター研究会編　日本生産性本部生産性労働情報センター　2014年）
- 『メンタリング入門』（渡辺三枝子／平田史昭著　日経文庫　2006年）
- 『部下の力を引き出す メンター入門 —— "新しい師弟関係" が組織を変える』（小野達郎／杉原忠著　PHP研究所　2007年）

026 マニュアル

> 概要
> ▶ 初心者教育や業務の見直しをする際に、マニュアルは有効な手法である。
> ▶ マニュアルが利用されるためには、「わかりやすさ」を最優先に考える必要がある。

> 基礎知識編

　マニュアルは、文書の形式が一般的であるが、最近では動画を活用したマニュアルなども用いられる。マニュアルを作成する目的として、初心者教育や業務の標準化、効率化などが挙げられる。また、マニュアルは人材育成のツールとしても活用することができる。

1 | マニュアル作成のメリット

❶初心者教育に使うことができる

　マニュアルを作成することによって、業務経験のない初心者の早期立ち上がり、具体的には、「業務知識・業務内容の獲得」などが期待できる。その理由は、効率的な学習法のひとつとして知られる「スモール・ステップ法」にある。

　スモール・ステップ法とは、関連する物事を手順に分けて覚える方法のことで、物事を分けずに学習するよりも格段に学習効率が高いといわれている（池谷、2011）。関連性を持つ業務が手順に分けられ体系化されているマニュアルは、スモール・ステップ法に最適といえる。

　しかし、マニュアルを渡すだけでは学習効果は期待できない。初心者の育成で利用する際は、マニュアルに従って段階的に業務に従事させ、その業務の習得度確認テストを実施することを推奨する。

❷新しいルールの導入・浸透に使うことができる

　会社方針の変更、法律の改正などに伴い、新しいルール導入の周知、実施がしばしば必要となる。このような場合も、マニュアルを作成することが効果的である。人をあまり介さず効率的に新しいルールの伝達と浸透を行なうことができ、また、❶と同様に新しいルールを覚えさせるための教材として最適である。

❸組織・個人の知識・ノウハウを組織内で共有できる

　個人や組織の暗黙知をより多くの人に効率的に伝達できることは、マニュアル作成のメリットのひとつである。ここでいう暗黙知とは、形にしにくい個人や組織の知識やノウハウのことを意味し、例えば、ベテラン社員だけが持つ業務に役立つ知識やノウハウなど属人化されたものが該当する。マニュアルを作成することによって、暗黙知を文章や図など誰が見てもわかる形（形式知）にすることができる（「業務標準化」の項も参照のこと）。

❹業務の見直しを行なうことができる

　マニュアル作成、もしくは更新を通じて、業務の再点検と見直しを行なうことができる。その結果、業務プロセスそのものの再設計もできる。業務の見直しを通じて得られた知見をマニュアルに盛り込むことで、個人の業務遂行能力の向上も期待できる。

2｜人材育成での活用

❶マニュアル作成のポイント

　人材育成にマニュアルは大いに活用できるが、現場で使われるマニュアルとするために、以下の点を作成前に明確にする必要がある。

【マニュアル作成前に明確にするポイント】

- 「誰が何のために使うのか」を明確にする
- マニュアル化する業務範囲を明確にする
- マニュアルの形式や種類を決める
  文書形式／動画形式／写真形式／図解形式／Q&A形式　など

　使われるマニュアルのポイントは、マニュアルそのもののわかりやすさである。読み手にとって少しでも理解のできない内容があると、それだけでマニュアルは使われなくなる。マニュアルのわかりやすさへの配慮は、つくり手が思う以上に最優先すべき事項である。

　そして、わかりやすさのポイントは次の４点である。

> 【マニュアルのわかりやすさのポイント】
> ・新入社員が読んでもわかる
> ・業務の手順だけでなく、その業務の目的にも触れる
> ・図、写真、動画など、視覚に訴えかける手法を用いる
> ・専門用語や特殊な用語を用いる場合、業務未経験者でも理解できる解説をつける

　なお、マニュアルは定期的な更新が必要となる。例えば、人事異動や配置転換など、人が入れ替わることがわかったタイミングで更新することが望ましい。マニュアルの新しい読み手を具体的にイメージしながら、内容の確認と更新を行なう。マニュアルが実際の業務に即した形で更新されれば、新人育成を最もサポートするツールになる。

❷マニュアルが現場で利用されるために

　手の込んだマニュアルを作成したとしても、それを渡すだけでは人の成長にはつながらない。マニュアルを用いて教育を行なう場合は、現場指導の際に上司は必ずマニュアルを用いる、マニュアルを用いた勉強会を開催する、マニュアルの習得度を確認するテストを実施するなど、さまざまな場面で折に触れマニュアルを使用することが望ましい。

　無印良品を運営する良品計画では、店舗の販売スタッフの早期立ち上がりを目的のひとつとした「MUJIGRAM」というマニュアルが利用されている。この「MUJIGRAM」は、接客の仕方、衣料品のたたみ方、店内の清掃など、基本的な作業の意味や手順が記載され、販売スタッフはこれをもとに業務を行なう。

　「MUJIGRAM」には、上記の他に、販売スタッフを指導する立場の人のためのマニュアルも存在する。このマニュアルの目的は「誰が指導しても同じことが教えられるようにすること」とされる（松井、2013）。

　この指導用マニュアルによって、指導側は何を教えればいいのか、どのように教えればいいのかが明確となり、育成をスムーズに行なうことができる。一方、販売スタッフ側にとっても、教えられる内容が明確であり、人によって教える内容が異なるなどの問題がないため、早期の立ち上がりにつながっている。

　マニュアルを指導の基準として用いることで、人材育成を効果的に行なっている好例といえる。

現場でのFAQ

Q1 | ベテランなど、経験豊富な従業員だけが持つノウハウをマニュアルにする際のポイントはありますか？

A1 | ポイントは、「モニタリング」と「インタビュー」です。

モニタリングとは、マニュアルにしたい従業員（モデルとなる従業員）の動作を詳細に観察することです。動作分析で知られるギルブレスによると、人間の動作は18種類に集約されるといわれています。その行動には、「選ぶ」「使う」といった意識的なものだけではなく、「位置を正す」や「手放す」といったあまり意識しないような項目も含まれています。

製造業でマニュアル作成のためのモニタリングを行なう場合、「道具の選定」のような一見してわかるものだけではなく、「目線」や「複数の道具を用いる際の道具の置き場所」といった、一度見ただけでは見逃しそうな点まで観察することがポイントです。

また、モデルとなる従業員だけではなく、同じ業務に携わり、マニュアルを使用する従業員の行動を観察することもお勧めします。両者の行動を観察することで、行動の違いが明確になり、モデルとなる従業員ならではのノウハウを記録しやすくなります。

インタビューでは、モニタリングした内容について「何を行ない、次にどうしたのか」という実際の行動を質問していきます。「なぜ、そうしているのか」といった行動の背景まで、モデルとなる従業員に聞くこともポイントです。

インタビューの際、当たり前のことを聞かれるため、モデルとなる従業員が煩わしく感じる、あるいは、うまく説明できないことがあります。そのため、インタビューを行なう際は、モデルとなる従業員に対して「当たり前のことを聞く」「行動の背景や目的も質問する」といったインタビュー内容を事前に説明しておくことを推奨します。

参考文献
- 『受験脳の作り方 —— 脳科学で考える効率的学習法』(池谷裕二著　新潮文庫　2011年)
- 『無印良品は、仕組みが9割 —— 仕事はシンプルにやりなさい』(松井忠三著　角川書店　2013年)
- 『無印良品の、人の育て方 —— "いいサラリーマン"は、会社を滅ぼす』(松井忠三著　KADOKAWA/角川書店　2014年)
- 「特集：経験学習をアシストする仕組み」(『月刊 人材教育』2016年3月号　pp.36-41　日本能率協会マネジメントセンター)
- 梅村守／市川博 (1993)　「動作・時間分析 —— サーブリック分析及びPTS分析を中心として」(『理学療法のための運動生理』8 (3)　pp.159-164)

027 ストレッチアサインメント

> **概要**
> ▶ ストレッチアサインメントとは、現在の本人の力量より難易度の高い仕事を割り当てることである。
> ▶ こうした仕事の割り当てを行なうことで、本人はコンフォートゾーンから脱却し、さらなる成長が期待できる。

基礎知識編

1 | ストレッチアサインメントとは

　ストレッチアサインメントとは、現在の本人の力量より難易度の高い仕事を割り当てることを指し、従業員の能力開発のひとつの手法として人材育成の分野で広く知られている。導入事例としてゼネラル・エレクトリック社の取り組みが知られており、同社ではこの手法を人材育成のひとつの柱として用いている（八木・金井、2012）。

　また、ストレッチアサインメントは、本人の能力向上だけではなく次世代リーダーの養成という側面を持つ。例えば『労政時報』2015年9月号の記事によれば、ゼネラル・エレクトリック社は、選抜型リーダーシッププログラムの中でこのストレッチアサインメントを積極的に取り入れることで、若年時からの次世代リーダー育成を行なっている。ストレッチアサインメントでは、他者を巻き込んだ困難な業務が多く、必然的にリーダーとしての資質が問われる。

2 | ストレッチアサインメントのポイント

　ストレッチアサインメントでは、与える仕事の難易度の設定がポイントとなる。次ページの図に示すように、本人の力量に対して難しすぎる業務を与えた場合、本人は不安を感じ、早い段階で実行を諦めてしまう。一方、簡単すぎる仕事の場合は、退屈さを感じ、仕事への甘えを引き起こしてしまう。こうした状況に陥らないために、ストレッチアサインメントを行なう場合は、本人の力量を見極め、それを少し超えるレベルの仕事を与える必要がある。

3 ストレッチアサインメントの具体例

　管理職層と若手・中堅層におけるストレッチアサインメントの例として、次のような業務が挙げられる。

〈管理職層〉
- 新規事業の立ち上げ
- 大規模な業務改革
- 組織マネジメント　など

〈若手・中堅層〉
- イレギュラーな仕事への対応
- 業務改善
- 部門横断の仕事
- 後輩指導　など

　こうした仕事は、これまでの業務経験の単純な延長ととらえると解決が難しいため、自分に足りない部分を学習によって補いつつ、知識・経験・技術を最大限に活用して対処する必要がある。

4 | ストレッチアサインメントを進める際のポイント

　ストレッチアサインメントは、アサインする側とされる側のコミュニケーションの中で設定されることが多い。そのため場合によっては、本人にとって想像以上に困難な業務になることがある。業務に対する不安や諦めの気持ちを軽減するために、アサインした側からの支援が必要である。支援の例としては、本人が持ち合わせていない知識やスキルをインプットする「ティーチング」と、質問を投げかけて本人に答えを見つけさせる「コーチング」がある。また、こうした支援をするタイミングの見極め方も重要である（詳しくは「フィードバックとコーチング」の項を参照のこと）。

5 | ストレッチアサインメントから得られる成果

　ストレッチアサインメントが成功すると、仕事を与えられた本人は大きな自信を得ることになる。また、ストレッチアサインメントは、次世代リーダーの選抜という役割も担っている。どのような人材が次世代のリーダーになり得るかは、あえて困難な業務を行なわせることで判明することがある。難易度の高い仕事に対して、粘り強く取り組む、機転を利かせる、あるいは周囲から好意的な協力を得ることができる人材は、次世代のリーダー候補といえる。

現場でのFAQ

Q1 | ストレッチアサインメントを行なう際の注意点を教えてください。
A1 | 能力が不足している人材を、あえて育成の一環としてストレッチアサインメントの対象にするケースがあります。その際、本人の能力以上の役割や責任を負わせることは、かえって本人の意欲を削いだり、仕事へ取り組む姿勢をネガティブに変化させてしまったりするので、本人の能力を的確に把握しておくことが大切です。上司が関わりを持たず業務を任せたままにすることも、ストレッチアサインメントが失敗する原因となります。上司は、任せる業務の全体像を完全に理解し、業務完了までサポートすることを部下に伝えたうえで、本人と目標を共有します。状況の共有や問題発生時の対応、相談の機会など、十分な支援をしていくことも欠かせません。

　なお、本人の成長のためには経験学習など他の学習方法もあるので、必ずしもストレッチアサインメントにこだわる必要はありません。

参考文献

- 『「経験学習」ケーススタディ』(松尾睦著　ダイヤモンド社　2015年)
- 『職場が生きる 人が育つ「経験学習」入門』(松尾睦著　ダイヤモンド社　2011年)
- 『戦略人事のビジョン —— 制度で縛るな、ストーリーを語れ』(八木洋介／金井壽宏著　光文社新書　2012年)
- 『駆け出しマネジャーの成長論 —— 7つの挑戦課題を「科学」する』(中原淳著　中公新書ラクレ　2014年)
- 『ウィニング　勝利の経営』(ジャック・ウェルチ／スージー・ウェルチ著　斎藤聖美訳　日本経済新聞出版社　2005年)
- 「日本GE —— 優秀人材を選抜、キャリア早期に『ストレッチアサインメント』を与え次世代グローバルリーダーとして成長促進」(『労政時報』2015年9月　3895号　pp.56-66)

028 フィードバックとコーチング

> **概要**

▶部下との対話により成長を促す育成手法として、フィードバックとコーチングがある。
▶フィードバックは、部下の現在の状況を明確に伝えたうえで行動改善を支援するのに対し、コーチングでは質問の投げかけによって部下に自分の状態を気づかせ、とるべき行動を考えさせる。

> **基礎知識編**

1│仕事の現場における部下育成

　仕事の現場における部下育成の手法にはさまざまなものがある。代表的な方法が、業務で必要となる技術や知識を手順に従って伝達する「ティーチング」である。基本的には上司から部下への単一方向の伝達であるティーチングに対し、「フィードバック」や「コーチング」は上司と部下の間の双方向的なコミュニケーションによって行なわれる。業務経験の浅い新人や若年層に対してはティーチングが有効だが、経験を積んだ部下に対してはフィードバックやコーチングが能力開発のためには望ましい。
　部下は、上司との対話の中で、自分が至らなかった点や足りない点について気づきを得る。フィードバックやコーチングは、部下が自分自身、あるいは自分の周囲で生じたことについて考え、自律的な思考を養う機会となる。

2│フィードバック

　フィードバックの目的は、上司が部下に業務上の問題点を率直に伝えて改善案をともに考えることである。部下の問題点を指摘し、部下に自身の至らない点を自覚してもらうために、上司は事前に客観的な事実を収集したうえでフィードバックに臨む必要がある。実際のフィードバックの場面において、部下は上司の話す内容に身構えて自分の考えを表に出さなくなることがある。そのため、部下にはフィードバックの目的が問題点を指摘することではなく、今後の成長を期待するために行なうことだと伝え、そのうえで今後の行動改善についてともに検討す

る。行動改善の内容が決定した後も、上司は定期的に部下の様子をモニタリングし、行動改善が進んでいないようであれば、アドバイスなどのフォローを行なう必要がある。

部下がスムーズに指摘内容を受け入れるための具体的な進め方として「ポジティブフィードバック」という手法がある。ポジティブフィードバックは、①労をねぎらう、②よい点を伝えてから問題点を指摘する、③成長を感じた点を伝える、という順番で行なう。このような手順でコミュニケーションをとることで、フィードバックはあくまで本人の成長のために行なっていることが伝わり、指摘したポイントが受け入れられやすくなる。

3 | コーチング

コーチングは、「ある人物が、ある特定のスキル、または知識を実地に適用するにあたってのパフォーマンスの向上、または進歩を支援するプロセス」と定義される(ソープとクリフォード、2005)。コーチングでは、部下の能力の限界を決めつけず、部下のなりたい姿を支援していくことが基本姿勢となる。また、コーチする側の上司には対象となる業務の十分な知識や経験が必要である。業務に不慣れな部下は、業務の遂行においてつまずくポイントがさまざまであるため、豊富な知識や経験を用いて部下の悩みのポイントに臨機応変に対応することが求められる。

コーチングは、命令や指示によって行動を強制するのではなく、質問や問いかけによって本人に自分が向かうべき方向を決めさせる人材育成の手法である。部下自身から正しい答えを引き出すため、上司は答えを直接伝えるのではなく適切な質問を用いて部下の思考を促す。ただし、状況によってはコーチングがうまく働かないケースもあるので注意が必要である。取り組んでいる業務の経験が浅い場合、問題の解決方法について思考を促しても、知識が不足しているためにアイデアが浮かばないことがある。そのような場合は、コーチングではなく、知識をインプットするティーチングに切り替えて、対象者の育成を進めていく。

現場でのFAQ

Q1 | フィードバックとコーチングにはどのような違いがあるのでしょうか?
A1 | フィードバックとコーチングは、両者とも双方向的なコミュニケーションによって行なわれますが、次ページの表に示す相違点があり、問題の種類や場面

に合わせて使い分けられています。小さな単位と高頻度で行なう「マイクロフィードバック」という手法があるとおり、フィードバックは日常業務の中に埋め込まれ、さまざまな形で実施されます。一方、コーチングは個人面談時など時間がしっかり取れる時に行なわれる傾向があり、時間をかけて部下に自分の考えを整理させることがポイントです。このようなことから、上司は使用場面の多いフィードバックスキルを身につけるとよいでしょう。

手法名	類似点	相違点①：問題点の把握	相違点②：行動の改善
フィードバック	双方向コミュニケーション	客観的な事実をもとに上司が明示する	対話の中で出てきた案の中から、上司が主導して改善方法を決める
コーチング		上司の質問により気づかせる	上司は部下が自分で考えることを促す

参考文献
- 『職場が生きる 人が育つ「経験学習」入門』(松尾睦著　ダイヤモンド社　2011年)
- 『フィードバック入門 —— 耳の痛いことを伝えて部下と職場を立て直す技術』(中原淳著　PHPビジネス新書　2017年)
- 『ハーバード あなたを成長させるフィードバックの授業』(ダグラス・ストーン／シーラ・ヒーン著　花塚恵訳　東洋経済新報社　2016年)
- 『ヤフーの1on1 —— 部下を成長させるコミュニケーションの技法』(本間浩輔著　ダイヤモンド社　2017年)
- 『コーチングマニュアル』(S・ソープ／J・クリフォード著　コーチ・トゥエンティワン監修　桜田直美訳　ディスカヴァー・トゥエンティワン　2005年)
- 『部下を伸ばすコーチング —— 「命令型マネジメント」から「質問型マネジメント」へ』(榎本英剛著　PHP研究所　1999年)

029 ダイアローグ

> **概要**
> ▶ダイアローグ（対話）は、「議論」「討論」とは異なったコミュニケーションのあり方で、人材育成に有効なコミュニケーション手法である。

基礎知識編

1 | ダイアローグが注目されはじめた背景

現在のビジネス環境では、多様な人々がともに働き、役職やキャリアに関係なく、それぞれが持つ知識や経験をもとに、答えを新たに創造していくことが求められている。相互作用を深め、創造的なやり取りを重視するコミュニケーション法として、ダイアローグが近年注目を集めている。

2 | ダイアローグというコミュニケーションの形

ダイアローグとは、複数の人々が集まり、相互理解を深めながらやり取りを行なう創造的なコミュニケーションである。その特徴は、「相互理解を深めることを目指す」「創造的である」という2点に集約される。ダイアローグでは、意見や立場に応じて対立するのではなく、それぞれの持つ考え方や感情、価値観などの深い部分まで理解し合うことを重視する。また、誰かが持っている意見を他者に納得させたり、どちらかの意見に賛同させたりするのではなく、参加者全員で答えを生み出すことを目指す。これらの特徴が、違う意見や立場の相手に勝とうとする「議論」や「討論」とは大きく異なる点である。ボーム（2007）は、その様子を「対話以外のゲームには、勝者と敗者が存在する――私が勝てば、あなたが負けるというように。しかし、対話には、ともに参加するという以上の意味があり、人々は互いに戦うのではなく、『ともに』戦っている。つまり、誰もが勝者なのである」と表現している。

3 | 人材育成の手法としてのダイアローグ

ダイアローグという概念を用いることで、従業員同士のコミュニケーションを

デザインし直すことができ、人と人とのやり取りを人材育成の機会に変えることができる。ダイアローグ、つまり「相互理解を深める」「創造的にやり取りをする」というコミュニケーションを意識することで、上司・部下の関係性や部下の自発性向上、それに伴う育成の効率化などが期待できる。もちろん育成対象者の習熟度が低い場合には、あえて一方的にやり方や考え方を教え込むことが能力向上の近道になることもあり、育成対象者の習熟度に合わせたコミュニケーションのデザインが必要である。

4 ダイアローグを実現するために

まずは、ダイアローグを行なう場を設定することを推奨する。最終的には、従業員が必要に応じて自発的にダイアローグを行なうことが理想だが、まずは上司から働きかけ、ダイアローグを実践するために、日々の業務から離れた非日常的な場を設定するとよい。非日常的な環境に身を置くことで、普段とは違ったコミュニケーションが行ないやすくなるためである。ダイアローグという概念やその実践方法を伝えることができるという点を加味すると、まずは研修という場を設定することもひとつの近道となる。研修の場でダイアローグを理解、体感したうえで、面談や会議の場など、日常の業務の中に取り入れていくとスムーズである。なお、実践する際は、以下の行動・意識で取り組むことがポイントになる。

【ダイアローグのポイント】
・発言者の意見を受容する（否定しない）
・論理的な意見だけではなく、感情や体験にも言及する
・答えを与える、引き出すのではなく、ともに生み出す

現場でのFAQ

Q1 部下とのダイアローグはどのような点を意識すればよいですか？

A1 ダイアローグと似た手法で「コーチング」があります。コーチングとは、『広辞苑』によると、「本人が自ら考え行動する能力を、コーチが対話を通して引き出す指導術」のことです。この定義からもわかるように、コーチングはあくまでも指導をする手段であり、主体としてのコーチ（上司など）と、客体としてのクライアント（部下など）が存在します。すなわち、導く側と導かれる側が明確に存在します。

一方でダイアローグは、対話をなす人がそれぞれ主体となっており、そこに指導する側とされる側という概念はありません。ダイアローグでは、解決されていない問題について、双方の立場や事物の見え方、そして主張を深く理解し、創造的な解決策を新たに導き出すことがゴールです。そのためには、「話し合うテーマについて、どのように考えているのか」などの問いを通じて、前述のポイントを踏まえながら、目的や背景の共有からスタートすることを意識しましょう。

Q2｜会議ではダイアローグをどのように活用すべきですか？
A2｜ダイアローグが特に有効となる会議は、複数の異なる立場の人たちが関わるテーマの検討です。特に、これまで経験したことのない問題を解決する際には、部門間で意見が対立してしまうケースがあります。各部門にとっても企業にとっても、最善の結論を導き出すためには、議論により相手を説得するのではなく、立場ごとの意見を尊重し、ダイアローグにより相互の立場を深く理解し、解決策をゼロベースで検討するとよいでしょう。

　このように、ダイアローグ型会議は、新しい問題への取り組みや、新しい発想を得たい場合に効果的です。実施にあたっては、参加者に意識づけをするために、ルールを設定することが有効です。例えば、「相手を理解することから始める」「誰が言ったかではなく意見そのものを重視する」「常に目的に立ち返る」などが挙げられます。会議のファシリテーター役には、最初にルールを読み上げ、対話がかみ合わなかったり、誤解が生じたりした場合に、適宜、各々の意見を整理し、確認することが求められます。なお、参加者が共通の目的を認識することは必須です。

　一方で、プロジェクトのタスクの洗い出しや進捗状況の確認、決定事項の伝達などを目的とした会議にはダイアローグは向きません。

参考文献
- 『ダイアローグ――対立から共生へ、議論から対話へ』(デヴィッド・ボーム著　金井真弓訳　英治出版　2007年)
- 『ダイアローグ 対話する組織』(中原淳／長岡健著　ダイヤモンド社　2009年)

030 研修の企画

> **概要**
> ▶ 研修を企画する際には、人材育成担当者、受講者、受講者の上司、経営陣で認識を合わせることが重要である。
> ▶ 研修のゴールである学習目標は具体的に設定する。
> ▶ 研修の企画段階で、研修の効果測定方法も決めておく。

基礎知識編

1 │ 研修の企画とは

　研修の企画とは、研修対象者である従業員が何を学ぶのかを明確にするとともに、学びを促進するためにどのような働きかけをするとよいかを検討することである。

　ブリンカーホフ（2007）は、研修が失敗する原因の40％が研修前の準備にあると述べており、研修の企画内容が適切でなければ、企業が期待する研修の効果を得ることは難しい。

　研修で期待する効果を得るための、研修の企画の具体的なステップを下に示す。

「研修の企画のステップ」

研修の目的と対象者の設定
↓
対象者の現状分析
↓
研修の学習目標の設定
↓
研修の効果測定方法の設計
↓
対象者のレディネスの形成

2 | 研修の目的と対象者の設定

　研修の目的の設定には、人材育成担当者に加え、企業戦略を担う経営陣も参画する。自社の経営戦略に合わせた人材要件を抽出し、研修の目的と対象者を設定する。その際、人材育成担当者、対象者、対象者の上司、経営陣など、研修に関わる人々の間で、研修の目的についての認識を合わせることにより、後のステップである「学習目標の設定」での目標の具体化が可能になる。さらに、研修の実施自体が目的とならないよう意識することが重要である。必要に応じて予算や実施会場についても検討をする（研修の設計については、「インストラクショナルデザイン」の項も参照のこと）。

3 | 対象者の現状分析──スタート地点を明確にする

　研修の対象者が決まったら、受講者が持つ課題を具体的に把握する。受講者の課題をとらえるには、マインド、知識、行動などの切り口がある。例えば、研修の目的がマーケティングの知識と実践力の強化であり、対象者が入社3～5年目の若手社員となった場合、該当する研修受講予定者のマーケティングの知識がどのくらいのレベルであるかを把握し、どのレベルから教えるべきかを明確にする。必要に応じて、対象者や対象者の上司と面談し、情報収集を行なって、課題を把握する。

4 | 研修の学習目標の設定──ゴール地点を設定する

　対象者の現状分析が終わったら、研修の目的と現状を踏まえて学習目標を設定する。学習目標とは、いい換えると研修のゴール地点であり、研修が終わった時点での受講者の状態を指す。受講者の状態には現状分析と同様に、マインド、知識、行動などが挙げられる。

　前述のマーケティング研修であれば、「自社のマーケティング施策を提案できるようになる」などが学習目標となる。

　学習目標を設定する際のポイントは、受講者、受講者の上司、経営陣などの関係者が集まり、具体的な目標を設定することである。関係者間で具体的な学習目標を設定し共通認識を持つことで、研修で学ぶべき内容が明確になるため、効果的な研修の設計が可能になる。一方で、学習目標が曖昧で関係者によって認識が

異なる場合は、効果的な研修の設計ができず、学習の効果が低くなってしまう可能性がある。

具体的に学習目標を設定するためには、「目標行動」と「合格基準」を学習目標に含めるとよい。

目標行動とは、受講者に期待される行動のことで、「〜できる」の形で表現されることが多い。前述の例でいえば、「自社のマーケティング施策を提案できるようになる」が目標行動にあたる。合格基準は、どの程度できれば学習目標を達成したことになるのかを判断する基準である。

5｜研修の効果測定方法の設計

研修の企画段階で設定した学習目標に応じて、研修の効果測定方法を設計する必要がある。測定すべき研修の効果には、学習目標が達成できたかどうかだけでなく、研修実施のためにかかった費用や投じた工数に見合った効果が得られたかどうかについても考慮に入れることが求められる（詳しくは「効果測定」の項を参照のこと）。

6｜対象者のレディネスの形成

研修の効果を高めるためには、対象者のレディネスの形成が必要である。学ぶ必要性に対する認識を高めておくことで、主体的な学びが促され、研修の効果を高めることが可能となる（詳しくは「レディネス」の項を参照のこと）。

現場でのFAQ

Q1｜学習目標を設定する際に気をつけることはありますか？

A1｜次ページの表にあるような「解釈が多様になる言葉」を使っていないかを確認してください。こうした言葉を多く使うほど、誤解される可能性が高くなります。もし使っていれば、「解釈が限定的になる言葉」に替えるか、明確な行動や状態を設定します。例えば、「○○について知っている」ではなく、「○○を実施する際のポイントを3つ以上書くことができる」や、「理解度テストで、テキストを見ないで90点以上取ることができる」などの表現が適切です。研修に関わる人全員が研修のゴールについて共通のイメージを持てるように、明確に表記することが重要です。

解釈が多様になる言葉	解釈が限定的になる言葉
・○○を知っている ・○○について理解している ・○○に対する理解を深めている ・○○をわかっている ・○○が十分にわかっている	・○○について書ける ・○○を暗誦できる ・○○の差異が認識できている ・○○をつくることができる ・○○について列挙できる

メイジャー(1970)をもとに作成

参考文献

- R. Brinkerhoff(2007) Association for Talent Development
- 『インストラクショナルデザインの理論とモデル —— 共通知識基盤の構築に向けて』(C・M・ライゲルース/A・A・カー＝シェルマン編　鈴木克明/林雄介監訳　北大路書房　2016年)
- 『教育目標と最終行動 —— 行動の変化はどのようにして確認されるか』(ロバート・F・メイジャー著　産業行動研究所訳　産業行動研究所　1970年)
- 「これからも、人材育成」(『月刊 企業と人材』2013年2月号　産労総合研究所)
- 「人材育成のあり方と育成施策」(『月刊 企業と人材』2013年3月号　産労総合研究所)
- 「特集：ゼロからわかる研修内製化」(『月刊 人材教育』2014年3月号　日本能率協会マネジメントセンター)

031 研修の実施

> 概要
>
> ▶研修の実施方法は多岐にわたるため、研修の目的に合わせた方法の選定が大切である。

基礎知識編

1 | 研修の種類

　研修には、一般的な講義形式のものから、屋外に出て行なわれるものまでさまざまな種類があるため、研修の目的に応じて適切なものを選ぶ必要がある。代表的なものを以下に紹介する。

❶講演会型

　講習会や講演会、シンポジウムでよく見られる方式で、受講者は主に講師の話を聴講する。体系的な知識の獲得に適しているが、受講者が受け身になりやすいため、講師は受講者が受け身にならないように工夫をする必要がある。

❷参画型

　プロジェクトや研究会という形で研修が実施される。受講者は特定の目的のために結成されたチームのメンバーになり、目的達成に向けて活動を行なう。最終的には活動の成果物を経営陣などに向けて発表することもある。実践を通じて知識やスキルを磨く研修であり、プロジェクトマネジメントやチームビルディング、目的達成スキルの向上を目的に行なわれることが多い。こうした活動は受講者の負荷が大きくなるため、活動に対して上司や職場の理解を事前に得ておく必要がある。

❸フィールド型

　いわゆる実地研修といわれるものであり、受講者が実際に現場を訪れて学習する。一般的には、実務能力の向上を目的に行なわれ、受講者は実地活動を体験し身をもって学んでいく。例えば、製造業であれば、製造現場である工場を見学したり、販売の現場である小売店での実務を経験したりするなどが挙げられる。

2 | 研修の実施時間、参加人数

　研修の目的によって研修の実施時間や参加人数は変動する。知識の獲得を目的とする研修の場合は、実施時間は2～3時間、参加人数は数百人規模でも可能である。実務のスキル習得を目的とする研修の場合は、2～3時間から1日が多く、参加人数は30～100人程度が適切である。受講者の行動変容を目的とする場合は、実施時間は1日から数日、参加人数は30人前後が目安となる。

3 | 研修で使用する資料（スライド）の枚数

　テキストをスライドでつくる場合は、講師の話す量やスピード、ワークショップの回数とその時間によってスライド枚数が変わる。知識のインプットを目的とする場合は、講師の話す量が多くなるためスライド枚数は多くなり、行動変容やスキルの獲得といった目的の場合には、ワークショップが増えるためスライド枚数は少なくなることが多い。スライド枚数の目安については以下の表を参照のこと。

コース時間	時間あたりの予定枚数	スライドの枚数の見積もり
合計8分未満	1分につき1枚	8枚未満
8～30分	3分につき1枚	4～10枚
30～90分	3～5分につき1枚	6～30枚
90分超	8～10分につき1枚	10枚以上

カーライナー（2013）より

4 | ワークショップの種類

　ワークショップとは本来、「仕事場」や「研究会」などを意味する言葉だが、研修におけるワークショップとは受講者参加型の学習方法を指す。受講者の主体的な研修参加と研修を通じた学びを促すために、研修中にワークショップを用いることがある。ワークショップにはさまざまな種類があるが、研修でよく使われるものを紹介する。

❶ ○×クイズ

　研修テーマや研修内容に関するクイズを講師が出題し、受講者に正解（○）か不正解（×）かを答えてもらうワークショップである。受講者の「知りたい」気持ちを高めることや、楽しみながら学んでもらうことを目的に行なわれる。研修内の各テーマの冒頭でクイズを出題し、受講者に答えを考えてもらった後で、講師から正解を発表し解説を行なうと理解が高まる。1問につき5〜20分程度が目安である。

❷ ケーススタディ

　事例を考察することを通じて、問題解決に役立つ原理・原則やポイントを受講者自身が見つけだす学習手法である。一般的には、文章や映像で事例が紹介され、受講者は問題の原因や解決策を個人やグループで検討する。受講者に検討した結果を発表してもらい、講師がフィードバックをしながらポイントを整理する。実施には、議論するテーマの内容とメンバー構成のバランスが重要となる。こうしたワークショップにかける時間は60〜120分ほどが目安である。

❸ フリップトーク／ボードスピーチ

　自分の考えを紙に書き、それを相手に見せながら説明するワークショップである。考えを紙に書くためには自分の意見や考えを整理する必要があるため、受講者に自分の意見をしっかり考えてもらいたい時に行なうことが多い。紙に書くのに10〜30分、発表はひとり3〜5分、質疑応答に10〜15分ほどの時間を設ける。

❹ ロールプレイング

　受講者に特定の役割を演じてもらうワークショップである。学んだスキルを実務で実践するイメージを持ってもらうために行なわれることが多い。他にも、本来の自分とは異なる役割を演じることで、新しい視点に気づくことを目的にするケースもある。このワークショップでは役になりきることが重要であり、役の詳細な設定が必要となる。目安の時間は30〜60分である。

❺ ポスターセッション

　成果共有をしたい時に行なわれるワークショップである。一般的に、グループワークの成果を模造紙などに書き出して壁に張り、各グループの発表ブースをつくる。グループの中から1人〜複数人を説明員としてその場に残し、他のメンバ

ーはそれぞれ興味のあるグループの成果を見にいき、質問や意見交換をして回る。さらに、発表内容についてのアンケートなどを用意し答えてもらうことで、口頭での質疑応答よりも多くのフィードバックをもらうことができる。時間はブース数や参加者数に合わせて変化するが、1時間～数時間が目安である。

❻実行宣言
研修で学んだことを受講者が実務で実践することを促すために、研修の最後の場面で行なわれることが多い。研修を振り返ってもらい、明日から実践しようと思うことを各自が1つから3つ決め、隣の人やグループメンバーと宣言し合ってもらう。宣言内容を行動計画書に記入することで、宣言内容の実践状況を研修後に振り返ることができる。時間の目安はグループ全体で30分～1時間である。

5 講師に必要な要素

研修を実施する際には、講師の役割が重要となる。講師に求められる代表的な要素を以下に紹介する。

❶立ち居振る舞い
講師の立ち居振る舞いが与える印象は重要な要素である。受講者にプロフェッショナルな印象を持ってもらうためにも、服装はもちろんのこと、立ち方、歩き方、表情やジェスチャーなどの所作にまで講師は気を配る必要がある。

❷話法
受講者に研修内容を伝えるためには、話すスピードや間の取り方、わかりやすい言葉の選択などに留意しながら研修を進めることが求められる。

❸ファシリテーション
研修の主役は、あくまでも受講者である。受講者が学びやすい雰囲気づくりや、意見を発散しやすい場のデザインなど、受講者の考えや思いを引き出すファシリテーションスキルを発揮する必要がある。

❹タイムマネジメント
事前の設計どおりに研修を円滑に進めるためにも、講師はリハーサルを行なう

ことが望ましい。ただし、実際の研修では時間が前後することも多いため、時間が余ったら追加で話す内容や、時間が足りない時に割愛する内容を事前に準備しておくとよい。

現場でのFAQ

Q1 社内講師で研修を実施する際の注意点はありますか？

A1 社内講師は、講師本人のスキルアップや成長につながるというメリットがある一方で、本来の業務との兼務になる場合は負担が大きいというデメリットがあります。講師を任せたい理由や期待を本人に伝え、前向きに取り組んでもらえるようにすることが重要です。また、担当する人によって講師の質に差があると研修の効果に影響を与えるので、講師の手引きやマニュアルを作成し、リハーサルを義務化するなど最低限の質を担保する仕組みをつくるとよいでしょう。

なお、新入社員研修や管理職研修などで自社の理念や方針を理解してもらうことを目的とする場合や、安全研修や技能研修などで自社の業務内容や実情に合わせた内容にする場合は、多くの企業で社内講師を活用しています。社内講師と外部講師を研修の目的に合わせて使い分けるとよいでしょう。

参考文献
- R. Brinkerhoff（2016） Driving and Assuring Business Performance Results from Learning & Development; How to meke L&D an indispensable businesss partner, *Participant Workbook*, Japan Management Association
- 『人材力強化の研修戦略』(井上昭正著　税務経理協会　2003年)
- 『研修プログラム開発の基本 ── トレーニングのデザインからデリバリーまで』(サウル・カーライナー著　下山博志監修　堀田恵美訳　ヒューマンバリュー出版　2013年)
- 『研修設計マニュアル ── 人材育成のためのインストラクショナルデザイン』(鈴木克明著　北大路書房　2015年)
- 『伝わるデザインの基本 ── よい資料を作るためのレイアウトのルール[増補改訂版]』(高橋佑磨／片山なつ著　技術評論社　2016年)
- 『おとなの学びを拓く ── 自己決定と意識変容をめざして』(パトリシア・A・クラントン著　入江直子／豊田千代子／三輪建二訳　鳳書房　1999年)
- 『講師・インストラクターハンドブック』(中村文子／ボブ・パイク著　日本能率協会マネジメントセンター　2017年)
- 鈴木克明（1995）「『魅力ある』教材設計・開発の枠組みについて ── ARCS動機づけモデルを中心に」(『教育メディア研究』第1巻第1号　pp.50-61)

032 研修のフォローアップ

> 概要
> ▶研修を実施しただけでは期待する効果を得ることは難しく、研修のフォローアップは、研修後に知識の定着化、行動変容の実現（習慣化）などを図るための取り組みである。

> 基礎知識編

　研修のフォローアップの目的は、受講者が研修において設定された学習目標を達成することである。研修で学んだ知識、スキル、行動などの内容を定着・習慣化させるためには、以下に挙げる取り組みが有効である。

1｜報告書の作成と行動宣言

　研修実施後に受講者が研修内容をまとめ報告書を作成し、研修内容を踏まえて今後の業務でどのような行動をするかについて宣言する。受講者が研修で学んだ内容を整理することで、学習内容の定着を図ることができる。作成した報告書や行動宣言は、上司や研修を取りまとめる人材育成部門に提出することが一般的である。

「研修報告書の項目例」

〈研修で学んだこと〉
〈今後の目標〉
〈実行計画〉
1.
2.
3.
〈上司コメント欄〉

　報告書や行動宣言が提出された後には、報告書の内容が業務で活用されているか、行動宣言の内容が実践されているかどうかのモニタリングが必要である。具体的には、受講者と上司との定期的な面談において、報告書や行動宣言の内容に

ついて上司が確認し、実践状況に応じて上司側から助言することなどが挙げられる。報告書は、表の項目を満たしているとよい。

2 | 復習（確認）テストの実施

　研修実施直後から数日以内に実施する場合が多い。テストを実施することで研修内容を思い出し、学習内容の定着を図る。一定期間経過後にも、数回にわたりテストを実施すると、知識の定着化が期待できる。知識確認テストは、社内研修の場合は研修実施者が作成し、人材育成部門が実行する場合が多い。外部の研修機関を利用する場合は、研修機関が準備したテストを利用する場合がある。

3 | 上司によるサポート

　研修で学んだ内容を定着させるには、実務上でのアウトプットの機会が必要である。受講者が研修で学んだ内容を実際の業務で活用する機会をつくるために、上司は受講者の学んだ研修内容を正しく把握し、研修内容を参考に業務の割り当てを行なう必要がある。

4 | フォローアップ研修の実施

　研修実施後、一定期間経過後にフォローアップのための研修を実施する。フォローアップ研修では、前回の研修で伝えた内容の確認から始まり、実践状況の共有、実践している行動の振り返りと実践継続のための具体的な施策の検討などが行なわれる。

5 | 研修の継続

　行動変容を促すためには、前述のように定期的に面談などで上司や周囲から働きかけることも重要だが、研修そのものを複数回に分け、長期にわたり実施することも有効である。習慣や行動の改善には時間がかかるため、研修を複数回実施し、受講者が振り返りや復習を何度も行なうことで行動変容を促進することができる。

現場でのFAQ

Q1 研修受講後に報告書を提出する制度を導入していますが、なかなか効果が出ません。効果を出すためにはどのようにすればよいのでしょうか？

A1 報告書の提出制度が形骸化している原因は、多くの場合、報告書を提出しても、その内容についてのフィードバックが機能していないことにあります。

一般的には、研修受講者の上司に報告書の内容について確認してもらい、学んだ内容の実践状況についてのフィードバックを実施してもらうことが望ましいですが、上司の代わりに人材育成部門が報告内容の実践状況をモニタリングし、フィードバックする仕組みを構築することも有効です。こうすることで、人材育成部門は研修受講者の研修後の取り組み状況を把握することができ、今後の研修の改良にもよい影響をもたらします。

Q2 研修のフォローアップの仕組みを導入しようと思うのですが、仕組みをつくる際の注意点などはありますか？

A2 研修のフォローアップの新しい仕組みを導入するよりも、まずは既存の仕組みを見直し、問題点があれば修正するとよいでしょう。例えば、上司と部下との定期的な面談の中に、研修内容の振り返りや研修で行なった行動宣言の実践状況の確認を盛り込むなど、既存の仕組みの細かい修正でも効果が高まります。

参考文献

- R. Brinkerhoff（2016） Driving and Assuring Business Performance Results from Learning & Development; How to make L&D an indispensable business partner, *Participant Workbook*, Japan Management Association
- 『人材力強化の研修戦略』（井上昭正著　税務経理協会　2003年）
- 『研修設計マニュアル —— 人材育成のためのインストラクショナルデザイン』（鈴木克明著　北大路書房　2015年）
- 『インストラクショナルデザインの理論とモデル —— 共通知識基盤の構築に向けて』（C・M・ライゲルース／A・A・カー＝シェルマン編　鈴木克明／林雄介監訳　北大路書房　2016年）

033 アクティブラーニング

概要
▶ アクティブラーニングとは、学習者が能動的に参加する学習方法で、大学、高等教育、初等中等教育を中心に導入が進められている。
▶ アクティブラーニングのメリットとして、深い学びの実現、汎用的能力の獲得が挙げられる。

基礎知識編

1 | アクティブラーニングとは

　アクティブラーニングとは、学習者自身が能動的に学習に取り組む学習方法のことである。アクティブラーニングの定義は多々あるが、それらの共通点を抜き出すと、「指導者から学習者への一方的な知識伝達型ではない」「学習者が能動的に学習を行なうための要素が含まれている」の2点に集約される。このような特徴は、これまでの指導者中心の教育に対して、学習者中心の学習と表現される。つまり、指導者が「何を教えるか」「何を伝えるか」ではなく、学習者が「どのように学ぶか」「何を得たのか」に着目した学習方法である。

　学習定着率を表すラーニングピラミッドによると、従来的なインプット中心の学習方法では高い定着率は望めず、より能動的なアウトプット型の学習方法のほうが高い定着率となっている。これがアクティブラーニングが推進される理由のひとつとなっている。

2 | アクティブラーニングの方法

　アクティブラーニングとは上記のとおり、座学中心でインプット型の学習方法ではなく、学習者中心のアウトプット型の学習方法であり、その代表的な方法として課題解決型の学習が挙げられる。グループワークやディスカッション、ディベート、フィールドワークなどの手法を取り入れ、課題を解決することから学びを得ることが特徴である。

　課題解決に向けて個人や集団の知識・スキルを活用することで、それら知識の定着や新たな発想の創造などが期待できる。グループで話し合うことは、個人で

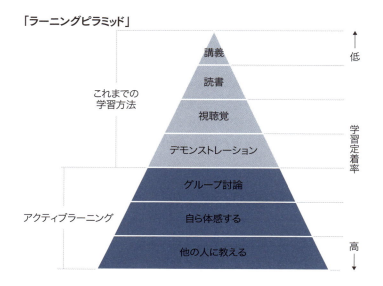

は思いつかない視点の獲得や、他者の考えを理解する力が養われるといった効果をもたらす。また、学習者が自分の意見を発信する主体性を身につけるためには、議論の場にブレインストーミングなどを導入し、意見を発散しやすくすると効果的である。このような学習方法の場合、指導する側は学習者の質問に答えたり、話し合いが円滑に進むようにしたりするなど、ファシリテーター役に徹することが重要である。

3｜アクティブラーニングのメリット

　アクティブラーニングのメリットについては、さまざまな主張がなされているが、主に「深い学びが得られる」「教科や学校を超えて活用できる汎用的能力が身につけられる」という2つにまとめられる。

　まず「深い学び」とは、表面的な知識を一時的に覚えているだけではなく、学習者がすでに持っている知識や経験と結びつけながら、新たな知識体系や解釈を構築する学びである。このような学びは、一方的な知識伝達型の学習形態では実現することが難しく、学習者自身が考えたり、他者と話し合ったりする経験ができるアクティブラーニングならではのメリットといえる。

　2つ目の「汎用的能力」とは、社会に出てどのような職業に就くとしても役立つ能力のことである。この能力は、「社会人基礎力」「キー・コンピテンシー」「21

世紀型スキル」などで定義されており、主に問題を解決する力や、他者と協働する力などが含まれている。これらも従来型の学習では身につけることが難しいものだが、アクティブラーニングを通じた課題解決型学習などを通じて身につけることができる。

現場でのFAQ

Q1 アクティブラーニングを研修などに導入する際のポイントについて教えてください。

A1 アクティブラーニングの中でも特に注目されている手法として「協調学習」を紹介します。

協調学習とは、個人ではなく集団で学ぶ学習方法です。「21世紀型スキル」のひとつとして重要視されている協調的問題解決というスキルを身につけるために有効とされています。グリフィンら（2014）はこの協調的問題解決を次のように説明しています。

（1）グループ内の他の人の考え方を理解できる力
（2）メンバーのひとりとして、建設的な方法でメンバーの知識・経験・技能を豊かにすることに貢献するように参加できる力
（3）貢献の必要性やどのように貢献すればよいかを認識できる力
（4）問題解決のために問題の構造や解決の手続きを見出す力
（5）協調的なグループのメンバーとして、新しい知識や理解を積み上げ、つくり出す力

しかしながら、このような能力を従来の教育方法で開発することは容易ではありません。そこで考案された手法のひとつが「ジグソーメソッド」です。この手法では、問いに対するヒントをあえて分解して別々のメンバーに提示し、各自がそれを持ち寄って答えを検討するスタイルをとります。具体的には、以下に説明するとおり「エキスパート活動」「ジグソー活動」「クロストーク活動」の3つのステップに分けられます。

❶エキスパート活動

仮に9人からなる集団があるとします。この9人は、出題される問題について力を合わせて答えなければなりません。エキスパート活動では、初めにこの9人

を3人ずつの3チームに分けます。そして講師は3人ずつの各チームに対して、答えを出すために必要なヒントを与えます。この時、各チームに与えるヒントはそれぞれ別のものとします。各チームは与えられたヒントをもとに、問いに答えるための議論を行ないます。同一の専門的知識を持つ集団を模擬的につくることから、このステップをエキスパート活動と呼びます。

❷ジグソー活動

エキスパート活動を終えた後、最初のチームのメンバーを分散し、改めて別のメンバーからなる3人チームをつくります。つまり、答えにつながる異なるヒントを持つ3人で新たなチームを構成します。この新たな3人チームで、エキスパート活動で行なった検討内容を持ち寄り、問いに対する答えを再検討します。バラバラの知識（パーツ）が1か所に集まる様子がジグソーパズルに似ていることから、このステップはジグソー活動と呼ばれます。

❸クロストーク活動

ジグソー活動が完了したら、最後にその結果をチームごとに発表します。チーム発表に対しては、誰でも質問することができ、議論の内容をより深めることができます。ここでの目的は2つあり、ひとつは最終的にどのような議論が主流であったかを知ること、もうひとつは主流の議論を把握したうえで、自分が個人として出した答えを改めて振り返ることです。チームを超えて全体的に自由に意見を交換する場であることから、このステップはクロストーク活動と名づけられています。

このような手法を研修に導入することで、メンバーは学びに対する能動的な姿勢や、協調的問題解決能力を身につけていくことができるでしょう。

参考文献
- 『アクティブラーニング実践 ── 現場ですぐに使える。』(小林昭文／鈴木達哉／鈴木映司著　アクティブラーニング実践プロジェクト編　産業能率大学出版部　2015年)
- 『アクティブラーニング入門 ── アクティブラーニングが授業と生徒を変える。』(小林昭文著　産業能率大学出版部　2015年)
- 『アクティブラーニングの技法・授業デザイン』(溝上慎一監修　安永悟／関田一彦／水野正朗編　東信堂　2016年)
- 『学習の輪 ── 学び合いの協同教育入門』(D・W・ジョンソン／R・T・ジョンソン／E・J・ホルベック著　石田裕久／梅原巳代子訳　二瓶社　2010年)
- 『「アクティブ・ラーニング」を考える』(教育課程研究会編著　東洋館出版社　2016年)
- 『21世紀型スキル ── 学びと評価の新たなかたち』(P・グリフィン／B・マクゴー／E・ケア著　三宅な

ほみ監訳　益川弘如／望月俊男訳　北大路書房　2014年)
・『教育×破壊的イノベーション──教育現場を抜本的に変革する』(クレイトン・クリステンセン／マイケル・ホーン／カーティス・ジョンソン著　櫻井祐子訳　翔泳社　2008年)

034 デジタルラーニング

概要
▶デジタルラーニングとは、PC、タブレット、スマートフォンなどのデジタルツールを用いた学習を指す。
▶デジタルラーニングと従来の研修や紙媒体のアナログツールを用いた学習の特徴を理解し、これらを組み合わせることで高い学習効果が得られる。

基礎知識編

1 | デジタルラーニングとは

　デジタルラーニングとは、集合型の授業・研修や紙媒体のコンテンツを用いるアナログな学習に対して、主にPC、タブレット、スマートフォンなどのデジタルツールを用いた学習のことを指す。代表的なものとして、eラーニングやモバイルラーニング、MOOCs（ムークス：登録すれば誰でも受講できるオンライン講座の総称）などが挙げられる。学習効果を高める観点から見ると、デジタルとアナログの二者択一ではなく、それぞれの特徴を理解し組み合わせて導入することが有効である。

2 | デジタルラーニングのメリット

　デジタルラーニングのメリットは、学習者と育成担当者の双方にある。学習者側のメリットとしては、時間や場所の制約が少ないという点が挙げられる。ネットワークと学習する端末さえあれば学習でき、他者とのやり取りやフィードバックもリアルタイムで行なわれることが多い。また、写真、動画、音声などをコンテンツに用いることで、読む・書く以外の方法で学習できることもメリットである。

　育成担当者側のメリットは、デジタルツールを用いることで印刷や配布をする必要がなく、低コストでコンテンツの共有・伝達ができ、また、コンテンツの追加や修正を容易に行なえる点である。さらに、学習履歴がデータとして取得できるため進捗状況の管理がしやすく、個人の学習状況に合わせた学習促進が可能なことが大きなメリットである。

3 | デジタルラーニングの手法

デジタルラーニングは、デジタルツールならではの要素を活用することで、学習効果をさらに高めることができる。デジタルによって実現できる代表的な学習手法を以下に紹介する。

❶ゲーミフィケーション

ゲームの要素をゲーム以外のものに応用する取り組みを指す。特徴として、コンテンツをクリアしていくことでレベルが上がる、ポイントを獲得できる、学習者同士でスコアを競い合うなどの要素が挙げられる。このような要素を学習に取り入れることで、学習者の動機づけや学習意欲の促進といった効果が期待できる。

❷マイクロラーニング

学習内容を分解し、1コンテンツ当たりの分量を数分程度で習得できる内容にする学習方法のことを指す。1コンテンツの学習負荷を下げることで、学習に取り組みやすくなるだけではなく、日を分けて少しずつ学習することで記憶が定着しやすくなる効果もある。

❸アダプティブラーニング

日本語では適応学習といい、学習者個々人に最適化された教材、学習内容を提供する仕組みのことを指す。「個人指導・個別指導」という形で従来行なわれてきた教育方法だが、デジタルツールを用いることで、紙などの媒体と違い、学習者の学習履歴をデータとして取得できる。個人個人の得意分野や苦手分野、テストの正答率や解答速度など、幅広くデータを蓄積することで学習者の進捗状況や知識の定着度合いが明確に把握できるようになり、これらのデータを活用することで、学習者にとって適切なタイミングで適切な学習課題を与えることができる。

4 | アナログによる補完

デジタルラーニングのデメリットとして、他者との対話や議論が困難なことが挙げられる。ビジネスでは、他者との対話を通じて自身の考えや理解を深めたり、議論を通して複数の意見をまとめることが求められる場面が多い。したがって、学習するテーマに応じて、デジタルラーニングだけではなく、集合型の研修など

のいわゆるアナログな学習方法と組み合わせるとよい。

現場でのFAQ

Q1 デジタルとアナログを組み合わせた学習のイメージが湧きません。具体的にはどのようにすればよいのでしょうか？

A1 アナログとデジタルを組み合わせた「ブレンディッドラーニング」のひとつである「反転学習」をお勧めします。

　反転学習とは、研修に必要な知識を研修実施前にインプットし、研修では主にワークショップやディスカッションなどのアウトプットに時間を割く学習方法です。研修前の知識インプットは、デジタルツールを用いることで個人の業務状況に合わせて、すき間時間で学習できます。そして、研修時にはデジタルツールでは実現が難しいワークショップやディスカッションなどを通じたアウトプットに時間を割くことで、学習内容の理解を深められます。さらに、研修後にデジタルツールを用いて研修内容を復習すれば、研修内容の定着がさらに高まります。

「新入社員研修におけるアウトプットの時間の違い（当社データ）」

従来型新入社員研修（当社実施）
研修におけるアウトプットの時間の割合
31%

	インプットの時間	アウトプットの時間
社会人としての心構え・基本行動	100分	25分
ビジネスマナー	145分	75分
振り返り・今後の行動宣言	5分	10分
知識確認テスト	―	―
合計	250分	110分

反転学習型新入社員研修（当社実施）
研修におけるアウトプットの時間の割合
89%

	インプットの時間	アウトプットの時間
社会人としての心構え・基本行動	10分	40分
ビジネスマナー	30分	200分
振り返り・今後の行動宣言	―	30分
知識確認テスト	―	50分
合計	40分	320分

参考文献

- 『教育×破壊的イノベーション ── 教育現場を抜本的に変革する』（クレイトン・クリステンセン／マイケル・ホーン／カーティス・ジョンソン著　櫻井祐子訳　翔泳社　2008年）
- 『ゲーミフィケーション ──〈ゲーム〉がビジネスを変える』（井上明人著　NHK出版　2012年）
- 『GAMIFY ゲーミファイ ── エンゲージメントを高めるゲーミフィケーションの新しい未来』（ブライアン・バーク著　鈴木素子訳　東洋経済新報社　2016年）
- 「特集：ラーニング"デジアナ"バランス」（『月刊 人材教育』2016年11月号　日本能率協会マネジメントセンター）

035 資格取得支援

> 概要
> ▶資格取得支援とは、資格取得を目指す従業員に対して、企業が取得のための支援を行なう制度のことである。
> ▶支援の形態として、資格取得費用の還付や資格保持に対する手当てなどが挙げられる。

基礎知識編

1 資格取得支援の背景

　業務に各種資格を必要とする場合、多くの企業がその取得に対して何らかの支援を行なっている。こうした支援を施策として取り入れている理由のひとつが、社内で取得者を増やし、従事できる業務の幅を増やすためである。特に資格取得が業務遂行に必須、いい換えると無資格での従事が不正業務となる場合、企業は資格取得プログラムを入社後の人材育成施策の中に最初から組み込んでいる。

　一方で、間接的な理由で行なわれている資格取得支援もある。代表的な例が、従業員の離職防止と入社希望者（新卒・中途問わず）へのアピールである。企業が自身の資格取得をサポートしてくれるのであれば、自分の能力開発、およびそれに伴う仕事の広がりが期待でき、その企業に在籍するメリットを従業員が見出せる。さらに入社を希望する応募者に対して人材育成に熱心な企業であることをアピールできる。

2 資格取得支援の現状

『労政時報』（2011年3月）の調査報告によると、45.7％の企業が何らかの形で従業員に対して資格取得の支援を行なっており、その割合は企業規模に比例して大きくなっている。

「資格取得費用の支援状況」

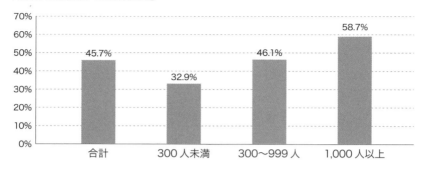

『労政時報』(2011)をもとに当社にて作成

3 | 支援の対象となる資格と支援例

　企業が従業員に提供する資格取得支援の対象は業種によって異なる。以下に、IT・製造業における支援対象とその支援方法を例として記載する。

❶ IT業の場合

　IT業に関する資格には、国の法律に基づく情報処理技術者試験などの国家資格、民間団体や企業が認定するITILやPMPといった民間資格、Oracle MasterやCCNAなど自社製品に対する技術水準を認証するベンダー資格の3種類がある。IT関連の資格は内容の見直しが多いので、常に最新の状態であることに注意する必要がある。支援方法は、対象となる資格取得後に資格取得者に奨励金を支給する方法が一般的である。

❷ 製造業の場合

　製造業に関わる職種は多岐にわたるため、対象となる資格は企業ごとに設定する必要がある。なお、支援方法には一時金を支給する方法と、資格手当を毎月支給する方法がある。

　業態ごとの資格取得支援例を示したが、奨励金や資格手当といった支援方法以外にも、次の支援方法がある。

・資格取得に必要な費用（テキスト代金、研修参加費、受検料）の還付

- 取得の成否にかかわらず、取得を目指す従業員への奨励金の支給
- 人事評価、昇格条件との連動
- 資格取得に必要な時間を優先的に確保するための、業務負荷の調整

　このように支援の方法には、さまざまなバリエーションがあるが、いずれにせよ対象となる資格の性質や各社の人事制度の状況と照らし合わせて、ふさわしい資格取得支援制度を構築することが望まれる。

現場でのFAQ

Q1 各業界における資格取得支援制度についての留意点はありますか？

A1 IT業では、特に技術者派遣を事業の中心とする場合、発注者側から職務経歴やプロジェクト経験とともに資格状況について問われます。この場合は、資格の種類や数に応じて手当てを増減させる方法があります。

　製造業や建設業では、取得が必須の資格と任意の資格に分けて制度をつくるとよいでしょう。必須資格としては、例えば、危険物取扱責任者（製造部門）、第二種電気工事士（生産技術部門）が、任意資格としてはQC検定（諸部門）や品質マネジメントシステム審査員（品質管理部門）などが挙げられます。

　そのうえで、必須資格については職務基準書や等級基準書において明示することで昇格要件などとし、検定試験については受検料は企業負担とすることが一般的です。一方、任意資格については、取得後またはコース終了時にその金額の一部を企業が負担することで本人に対する動機づけを行なうケースがあります。

　サービス業の資格も民間資格から国家資格まで多様です。例えば、金融業の従業員がファイナンシャル・プランナーや不動産鑑定士、小売業の従業員がカラーコーディネートや販売士の資格を取得するなどです。すべての資格取得を支援制度の対象とするのではなく、企業側としてあらかじめ支援対象となる資格を明示しておくとよいでしょう。

参考文献
- 「成果主義時代における福利厚生制度の現状」（『労政時報』第3623号　2004年3月　pp.13-41）
- 「公的・民間資格取得援助の最新実態」（『労政時報』第3806号　2011年　pp.72-101）
- Robert L. Katz（2009）*Skills of an Effective Administrator*（Harvard Business Review Classics）, Harvard Business School Press
- 『業種別人事制度①製造業』（岩下広文著　中央経済社　2014年）
- 『業種別人事制度④IT・ソフトウェア業』（岩下広文著　中央経済社　2014年）
- 『業種別人事制度⑤建設・不動産業』（森谷克也著　中央経済社　2014年）

036 自己啓発支援

概要
▶厚生労働省の調査では、約8割の企業が自己啓発支援を実施している。
▶自己啓発を推進するためには、現実的に実施できる体制づくりが必要である。

基礎知識編

1 | 自己啓発支援の実施

　自己啓発とは、本人の意志により行なわれる能力開発や精神面の成長を果たすための活動である。

　そのため、本来は自分自身で目的と手段を決め費用を負担して行なうものだが、厚生労働省の「平成28年度能力開発基本調査」によると、正社員の自己啓発に対する支援を行なっている事業所は80.9％と高い水準である。各企業が企業外における個人の能力開発やキャリアアップの機会を提供していることがわかる。

　企業が行なう自己啓発支援の内容は、実施比率の高いものから、「受講料などの金銭的援助」「教育訓練機関、通信教育等に関する情報提供」「社内での自主的な勉強会等に対する援助」「就業時間の配慮」である。

　なお、同調査では、企業が金銭的援助として自己啓発支援に支出した／支出予定の費用について過去3年間の実績と今後3年間の見込みを比較している。

「自己啓発支援費用の実績等　（正社員）」

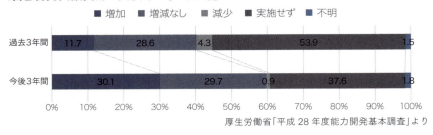

厚生労働省「平成28年度能力開発基本調査」より

　調査結果から「増加」および「増減なし」が拡大し、「減少」および「実施せず」が減少していることから、自己啓発に対して企業が支援を拡大する傾向にあることがわかる。

2 | 従業員から見た自己啓発の問題

　前述の調査結果から、企業側の自己啓発支援に対する前向きな傾向が読み取れる。しかし、支援を受ける正社員のうち「自己啓発に何らかの問題がある」と考える者は正社員で78.4％にのぼっている。

　問題の内訳は、回答率の高い順に「仕事が忙しくて自己啓発の余裕がない」（59.3％）、「費用がかかりすぎる」（29.7％）、「家事・育児が忙しくて自己啓発の余裕がない」（21.8％）、「どのようなコースが自分の目指すキャリアに適切なのかわからない」（20.4％）となっている。

3 | 企業の対応

　自己啓発を重視する企業では、人事評価の項目に自己啓発を組み込むことで従業員の動機づけを行なう場合がある。また、「仕事が忙しくて自己啓発の余裕がない」という課題に対しては、就業時間の配慮を、費用については金銭的援助を行なっている。

　なお、「どのようなコースが自分の目指すキャリアに適切なのかわからない」という問題に対しては、評価面談などで従業員に具体的なキャリアパスを明示することが有効である。自分のキャリアを具体的に描けていない従業員は、自身が何を学べばよいのかが明確ではないため、自己啓発に対する意識が低い。評価面談などの場で、上司が部下のキャリアパスづくりにともに取り組み、キャリアパスや職能要件を明示することで、部下は進むべき道や課題が明確となり、自己啓発に対する意識も高まる。

　「費用がかかりすぎる」という問題については、企業側が費用の一部を負担するのが一般的な対応である。また、企業が一括契約した教育コンテンツを従業員が安価に利用できるサービスを活用するケースも増えている。

　近年では、モバイル環境に対応した教育手法が改善されており、通勤時間などを有効利用することもできるため、時間の確保が困難な従業員に対しては、モバイルを活用した学習サービスの情報を企業側から提供することも有効である。

現場でのFAQ

Q1 | 自己啓発支援で、他の企業がどのような取り組みをしているかを教えてください。

A1 | 代表的な取り組みは以下のとおりです。

- 各種検定や研究会・セミナーについての情報提供
- 書籍購入補助
- 検定の受検料補助
- 講習や通信教育
- 語学学校などの受講費補助
- 社内勉強会の開催
- キャリア面談の実施

　ただし、支援のラインナップを増やすことと同様に、支援策の周知活動を行なうことも重要です。自己啓発支援制度の内容や利用方法については、入社時のオリエンテーションや社内掲示板などで周知することで、従業員の自己啓発に対する意識が高まります。

　また、支援制度の利用状況を定期的に振り返り、継続的に支援内容を改善していくことも重要です。従業員のニーズと支援の内容が合っていなければ、せっかく設けた支援制度も多くの従業員に利用してもらえません。各種支援策の利用状況や、利用者へのアンケート調査などから、そのまま継続する支援策、内容を改善して継続する支援策、廃止する支援策を定期的に検討してください。近年は、大学が提供する無料オンライン講座など、従業員が学べる手段が増えています。企業の人材育成担当者は、学習方法や学習サービスについての情報収集を続け、必要に応じて新たな支援策を加えていくとよいでしょう。

参考文献
- 厚生労働省「平成28年度能力開発基本調査」(2017年)

037 ワークプレイス

> 概要
> ▶仕事の拠点となるワークプレイスは、人材育成の実践の場としての機能を持つ。
> ▶テクノロジーの発展や仕事の進め方の変化に伴って、最適なオフィス配置は変遷している。

基礎知識編

1 ワークプレイスと人材育成

　日常的に業務を行なうワークプレイス（職場・オフィス）は、個人が仕事を進める場所であると同時に、企業が蓄積してきた知識やスキルを次世代に伝達する場でもある。この伝達は、OJTという形で意識的に実施されることもあれば、日々の業務の中で無意識に行なわれることもある。オフィスのレイアウトや設備の機能は働く人々のコミュニケーションのあり方と密接に関連するため、ワークプレイスは人材育成にも大きな影響を与える。

2 オフィスレイアウトのあり方

　近年新しく設立した、あるいは新築のビルに転居した企業のオフィスは綿密に設計されていることが多い。一部の企業においては業務の効率化を高めることを狙い、意識的に業務と休息の境界を曖昧にする演出がされている。

　日本におけるオフィスのレイアウトは、長らく総務や財務部門が管理を担い、コスト削減対象としてしかとらえられていなかった。しかし、スペース削減のための策として日本で生まれたといわれているフリーアドレス制は、職場内の新しいコミュニケーションを生むという副次効果が生まれている。

　2015年の『DIAMONDハーバード・ビジネス・レビュー』によると、革新的な企業は社員の交流、パフォーマンス、イノベーションを結びつけたオフィスづくりを心がけている。偶然の出会いから、新しい発想や意思決定が生まれるとの考えからである。イノベーションの創出という側面以外においても、オフィスで重要なことは対面によるコミュニケーションであることが明らかとなり、意図的に従業員同士、異なる部署の従業員が交流できる仕掛けをオフィスに導入するこ

とが、近年のオフィスレイアウトの特徴のひとつである。

3 | 最近のオフィスレイアウトの潮流

　さまざまな試行錯誤が繰り返されているオフィスレイアウトだが、近年の潮流としてコワーキングプレイスとリーダーズ・ハブについて説明する。コワーキングプレイスは、ゲーム開発系のIT企業など流行に敏感な企業が取り入れていることが多い。自分のデスクとは別に、誰もが自由に好きな時に使え、コミュニケーションがとりやすいように設計された空間がコワーキングプレイスである。机を囲むように椅子が配置されたこの空間には、会話が自然に生まれるような雰囲気がある。この場所はちょっとしたミーティングや、偶然に同席した従業員同士の自由な意見交換の場、時には従業員全員が招集される集会場としても機能する。コワーキングプレイスには、通常のデスクでは生まれ得ないような創発的な意見が出るメリットがある。

　導入企業はまだ多いとはいえないが、近年、リーダーズ・ハブというレイアウトも取り入れられている。オフィスは部署ごとにエリアを分けることが一般的だが、このリーダーズ・ハブというレイアウト方式では役職者（例えば部長）を中心に集めている。こうしたレイアウトにより役職者間のコミュニケーション量を増やすことができ、また各部署のメンバーを扇状に同心円的に配置することで、部署内のコミュニケーションの維持も可能となる。部署をまたいだ連携業務が増加する昨今において、リーダーズ・ハブのような形式は部署間コミュニケーション不足の問題を解決し得るひとつの方法といえる。

「リーダーズ・ハブの一例」

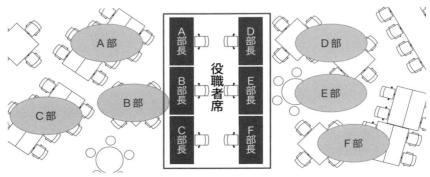

現場でのFAQ

Q1 効果的なオフィスレイアウト変更例として、どのようなものがあるでしょうか?

A1 ノルウェーの通信会社であるテレノア社の取り組みは、象徴的な事例といえます。ある時期、この会社では従業員間のコミュニケーションが自部署内に偏ってしまい、他の部署との交流が減少していました。その結果、同じ部署の従業員同士が内輪で愚痴をいい合う状況が常態化していました。この状況に危機感を覚えた経営陣が、解決策として編み出したのがコーヒーメーカーの配置変更でした。それまでは6人に1台の割合でコーヒーメーカーが設置され、従業員は毎日同じ場所で同じ部署のメンバー同士でコーヒーを飲んでいました。会社はこのコーヒーメーカーをすべて撤収し、代わりに大型のコーヒーメーカーを導入し120人が1か所に集まる環境を構築しました。こうしたレイアウト変更により、いろいろな部署のメンバーが顔を合わせる機会が増え、それまで愚痴しか出なかった部署内の内輪話が、部署をまたいだ建設的な意見交換の場に変わりました。この例はレイアウト変更を行なうことで、社内のコミュニケーションを変えることができた好例といえます。

参考文献
- 「特集:オフィスの生産性」(『DIAMOND ハーバード・ビジネス・レビュー』2015年3月号　ダイヤモンド社)
- 「特集:イノベーションを育むワーク&ラーニングスペース」(『月刊 人材教育』2015年12月号　日本能率協会マネジメントセンター)

038 人事評価制度

> 概要

▶人事評価とは、従業員による一定の期間の働きに対する会社側からの評価を意味する。
▶人事評価制度は、給与・賞与制度、昇進・昇格制度と連動するのみならず、能力開発や後継者育成にも大きく関連する。

> 基礎知識編

1 | 日本の人事評価制度

　日本の人事制度は、長らく日本的経営の三種の神器と呼ばれる「終身雇用制」「年功序列賃金」「企業別労働組合」の枠組みのもとで運用されてきた。特に年功序列賃金においては、本人の能力の多寡にかかわらず年齢とともにエスカレーター式に賃金が上昇していた。人事制度の一角をなす人事評価も制度として規定されているが、実際はほぼ全員に平均的な点数をつけるという運用が多く、従業員の成長を促すための人事施策にはなっていなかった。しかし、近年の低成長時代を生き抜くために、企業は評価制度を組織の生産性向上のための手段として使いはじめ、能力のある者には高い評価を与え、それに伴い処遇や職格を上げるという人事施策を行なっている。

　人事評価は処遇・職格を決定するための指標のみならず、評価面談の中で強みや弱みを伝えることで従業員に成長のきっかけを与える、人材育成の施策という側面を持っている。被評価者にとって、評価面談で低い評価を受けた項目は克服すべき課題として認識され、評価の高い項目はさらに伸ばすべき強みとして認識される。

2 | 人事評価の目的と評価

　人事評価の目的をまとめると下記のとおりである。

(1) 従業員の能力発揮や成果を昇給・賞与、昇格などに反映させることで、公平・公正な処遇を実現する

(2) 業務を遂行するうえで必要な能力を明確にし、評価結果のフィードバック面談などを通じて、従業員の能力開発を図る
(3) 従業員の能力や成果を把握して、配置や異動など組織運営の効率化を図る

また、これらの目的を達成するための評価軸として、以下の3つが挙げられる。

① 情意・態度……積極性や法令順守、仕事に取り組む姿勢や勤務態度 など
② 能力・コンピテンシー……業務に必要な知識やスキル、業績に結びつく行動 など
③ 成果……売上げ目標の達成度などの仕事で上げた実績 など

3 | 主な人事評価手法

人事評価の目的と評価軸は前述のとおりだが、次に問題となるのが評価方法である。以下に代表的な評価方法を紹介する。

❶「情意・態度」「能力・コンピテンシー」評価

「情意・態度」評価は仕事に取り組む姿勢や勤務態度を、「能力・コンピテンシー」評価は評価対象期間中の能力発揮を一定のルールに基づき評価する仕組みである。具体的には、評価項目と評価基準に沿って上司が部下の点数をつけていく。能力と情意の各評価の項目例として、以下のものが挙げられる。

- 情意・態度……責任感、積極性、協調性、コンプライアンス など
- 能力・コンピテンシー……知識、技能、計画力、判断力、指導力、調整力、実行力 など

❷成果評価

一定期間における仕事の成果を評価対象にするのが成果評価である。目標管理制度に代表されるこの成果評価は、期初の目標設定に始まり、期中の進捗確認、期末の達成度に対する評価と進んでいく。対象となる成果として、以下が挙げられる。

- 営業職……売上げ、利益、新規顧客開拓数 など

- **技術職**……開発件数、開発製品の売上げ、開発計画の進捗度 など
- **製造職**……不良品の低減、コスト削減、生産計画の進捗度 など

4│人事評価の注意点

　評価は、事実に基づき公正に行なうことが最大のポイントであるが、人間が評価する以上、主観が入り込み不適切な評価となってしまう可能性がある。この評価が不適切なものとなる要因を評価エラーといい、代表的なものとして以下が挙げられる。

- **ハロー効果**……被評価者のある印象に引きずられて、全体の評価が決まってしまうこと
- **中心化傾向／分散化傾向**……評価を中間的な点数に集中／極端に分散させてしまうこと
- **寛大化傾向／厳格化傾向**……評価を甘め／厳しめにつけてしまうこと
- **期末効果**……評価点をつける直近の出来事により、評価が決まってしまうこと

　人事評価を行なう際は、こうした評価エラーをできるだけ排除した仕組みを取り入れる必要がある。

5│育成の一手法としての人事評価

　前述のとおり、人事評価は従業員の育成という側面を持っており、評価面談の場も育成におけるひとつのポイントとなる。具体的には評価面談の中で上司から評価結果を伝え、本人の自己評価との間に差があれば、その差がなくなるまで評価結果の説明を行なう。こうした過程を経ることで評価に対する納得感が醸成されれば、フィードバックされた内容は本人の強み・弱みとして正しく認識される。この認識は、強みはさらに伸ばし、弱みは克服しようという動機づけにつながり、結果的に本人の成長に寄与していく。

現場でのFAQ

Q1 | 評価を通じた育成を行なう際のポイントはありますか?
A1 | ポイントは「評価の頻度」と「期待の伝達」です。

「評価の頻度」では、部下の働きぶりに対して適宜フィードバックすることを推奨します。従来の半期に１回（年２回）や１年に１回では、被評価者のパフォーマンスに対して適切なタイミングでフィードバックができないため、面談を少なくとも月１回は実施し、プロジェクト型の仕事ではマイルストーンごとのタイミングなどで行ないましょう。ミーティングでは「行動確認と修正のためのフィードバックのミーティング」であることを部下に伝えることが重要です。

「期待の伝達」では、特に期初において、評価者が評価基準をもとに被評価者のこれまでの仕事内容を実際に考慮し、組織が期待する役割、行動、成果などを被評価者に具体的に伝えることが重要です。

Q2 | 評価をする側の育成はどのように行なえばよいでしょうか?
A2 | 評価者研修を実施することを推奨します。

評価者研修では、前述の人事評価の注意点や評価者としての立ち居振る舞いなど、評価をする側として必須の知識や評価面談に必要な傾聴力、相手に納得してもらうための話し方などのスキルを学んでもらいます。

それらをもとに、学んだことを実践するロールプレイングを行ないます。このロールプレイングは、社内の評価者を集めて行なうと効果的です。ロールプレイングを通じて、評価のすり合わせができるからです。

また、ロールプレイングは次の４つのケースを標準として行ないましょう。

【ロールプレイング　評価の４ケース】
　ケース１……本人評価が高い－評価者による評価が高いケース
　ケース２……本人評価が高い－評価者による評価が低いケース
　ケース３……本人評価が低い－評価者による評価が高いケース
　ケース４……本人評価が低い－評価者による評価が低いケース

評価される側の約８割が、自分の仕事ぶりが平均以上と思っているといわれ（高橋、2010）、特にケース２のような場合では、トラブルが起こりやすくなります。このケースをロールプレイングする際は、評価者が評価内容を伝える際に被評価者がどのような態度を取るのかを確認し、対応策を考えることが重要です。

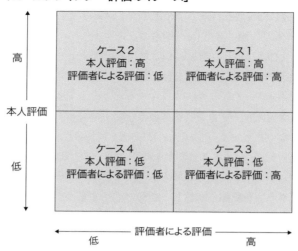

「ロールプレイング　評価の4ケース」

　また、ケース3は、「ジョハリの窓」の「盲点の窓」といわれるように、本人が気づいていないだけで組織として評価すべきケースです。本人のスキルや能力が組織に貢献していることや、組織に必要な人材であることを伝え、本人の自己肯定感や自己効力感の向上につなげましょう。本人が強みを自覚することで、仕事への自信や主体的行動といった能力の開発につながります。

参考文献
- 『人事評価の総合科学 —— 努力と能力と行動の評価』（高橋潔著　白桃書房　2010年）
- 『はじめて人事担当者になったとき知っておくべき、7つの基本。8つのおもな役割。』（労務行政研究所著　労務行政　2012年）

039 人材育成に関する法律（助成金）

概要
- ▶企業の人材育成に関して、国は雇用の安定などの観点から労働関連法規を中心に法律を定めている。
- ▶国および都道府県は、企業の人材育成を促進するため、法律などに基づき一定の条件を備えた場合に助成金を支給する制度を整えている。（※2017年4月時点）

基礎知識編

1 企業の人材育成に関連する主な法律

❶職業能力開発促進法
　本法律は、労働者の能力開発に関する基本的な理念を定めるものであり、企業における教育訓練の実施の必要性や、職業に必要な労働者の技能や知識の検定を受けさせること、職務上必要な教育訓練のための援助などがうたわれている。
　企業が労働者に対して行なう援助としては、職務上必要な資格などに関する情報提供や、教育訓練のために年次有給休暇とは別の休暇を与えることなどが挙げられる。労働者の能力開発のために、さまざまな援助をすることが企業には求められている。

❷労働安全衛生特別教育規程
　労働安全衛生法に基づく労働安全衛生規則の中で、業務に携わる労働者の安全を確保するために、危険を伴うような特別な作業に就く者に対して特別な講習や検定を受けるように定めている。
　具体的には、玉掛け技能講習、フォークリフト運転技能講習、高所作業車運転技能講習などがある。

2 企業の人材育成に関連する助成金

❶人材開発支援助成金（旧キャリア形成促進助成金）
　企業の人材開発を支援する助成金で、大別すると、教育訓練の実施に対しての

助成金（特定訓練コース、一般訓練コース）と、教育訓練に関連する制度構築に対しての助成金（キャリア形成支援制度導入コース、職業能力検定制度導入コース）とがある。

　どちらの助成金も「生産性要件を満たす場合」に助成額が増額される。助成金の申請等を行なう直近の会計年度における生産性の伸び率が、その3年前に比べて6％以上あることが条件となり、生産性は以下の計算式によって算出される。

**生産性＝（営業利益＋人件費＋減価償却費＋動産・不動産賃借料＋租税公課）
　　　　÷雇用保険被保険者数**

　教育訓練の実施に対する助成金は、Off-JT、例えば会社に外部講師を招聘して実施した場合や社外の研修を従業員に受講させた場合などにも支給される。

支給対象となる訓練		賃金助成 (1人1時間当たり)	賃金助成 生産性要件を満たす場合	経費助成 (1人当たり上限50万円)	経費助成 生産性要件を満たす場合	実施助成 (1人1時間当たり)	実施助成 生産性要件を満たす場合
特定訓練コース	Off-JT（上限1,200h）	760円（380円）	960円（480円）	45%（30%）	60%（45%）	—	—
特定訓練コース	OJT（上限680h）	—	—	—	—	665円（380円）	840円（480円）
一般訓練コース	Off-JT	380円	480円	30%	45%	—	—

（　）内は中小企業以外の助成額・助成率

　例えば、生産性要件を満たす中小企業が、特定訓練コースの中から受講料が100万円でOff-JTに300時間かかる研修を受講した場合、支給額は次のようになる。

　賃金助成……960円×300h＝28.8万円
　経費助成……受講料100万円×60％＝60万円→上限の50万円
　支給総額……<u>788,000円</u>

　制度構築に対する助成金は、中小企業が一定の要件を満たした人材育成の制度を導入した際に、一定額を助成する制度である。
　キャリア形成支援制度導入コースは、「定期的なセルフ・キャリアドック制度

を導入し、実施した場合」や「労働者に教育訓練休暇制度又は教育訓練短時間勤務制度を取得させる制度を導入し、実施した場合」に助成される。

職業能力検定制度導入コースは、「技能検定に合格した従業員に報奨金を支給する制度を導入し、実施した場合」「社内検定制度を導入し、実施した場合」「業界検定制度を作成し、構成事業主の労働者に当該検定を受検させた場合」に助成される。助成額は、以下のとおりである。

支給対象制度	助成額（1人当たり）	
		生産性要件を満たす場合
キャリア形成支援制度導入コース	47.5万円	60万円
職業能力検定制度導入コース		

❷キャリアアップ助成金

有期契約労働者、派遣労働者など、非正規労働者のキャリアアップを促進するために、正社員化や人材育成を実施した企業に対して支給される助成金である。助成対象となるコースは以下の8つである。

- **正社員コース**……有期契約労働者等の正規雇用労働者・多様な正社員等への転換等を助成する
- **人材育成コース**……有期契約労働者等に対する職業訓練を助成する
- **賃金規定等改定コース**……有期契約労働者等の賃金規定等を改定した場合に助成する
- **健康診断制度コース**……有期契約労働者等に対し、労働安全衛生法上義務づけられている健康診断以外の一定の健康診断制度を導入し、適用した場合に助成する
- **賃金規定等共通化コース**……有期契約労働者等に関して、正規雇用労働者と共通の職務等に応じた賃金規定等を設け、適用した場合に助成する
- **諸手当制度共通化コース**……有期契約労働者等に関して、正規雇用労働者と共通の諸手当に関する制度を設け、適用した場合に助成する
- **選択的適用拡大導入時処遇改善コース**……労使合意に基づき社会保険の適用拡大の措置を講じ、新たに被保険者とした有期契約労働者等の基本給を増額した場合に助成する

・短時間労働者労働時間延長コース……短時間労働者の週所定労働時間を5時間以上延長し、当該労働者が新たに社会保険適用となった場合に助成する

厚生労働省ホームページ「キャリアアップ助成金」より

❸教育訓練給付制度

本制度は、企業に対して支給される助成金ではなく、制度で対象となる教育訓練を受けた個人に対して助成金が出る制度である。看護師、栄養士などの国家資格取得に関わる講座参加費用などに対するものや、職業実践プログラムと称される自動車工学コース、ものづくり人材育成講座などが含まれる。

現場でのFAQ

Q1 助成金にはどのようなものがあり、具体的な手続きはどのようにすればよいでしょうか？

A1 助成金の種類には以下があります。

- 人材開発支援助成金
- キャリアアップ助成金
- セルフ・キャリアドック制度
- 建設教育訓練助成金
- 成長分野等人材育成支援事業
- 建設雇用改善推進助成金
- 建設業新分野教育訓練助成金
- 建設労働者確保育成助成金
- 東京都中小企業職業訓練助成制度
- 教育訓練給付制度
- 雇用調整助成金
- 短期訓練受講費
- 中小企業労働環境向上助成金
- 中小企業両立支援助成金
- 技能検定合格報奨金制度
- 教育訓練休暇等制度
- 社内検定制度

・パートタイム助成金

　具体的な助成金の内容や手続きの方法は、自治体などで異なる場合があります。厚生労働省ホームページにある「雇用関係各種給付金申請等受付窓口一覧」や「都道府県労働局（労働基準監督署、公共職業安定所）所在地一覧」「全国ハローワークの所在案内」などから各自治体の窓口に相談するとよいでしょう。また、中小企業庁が運営している中小企業の支援ポータルサイト「ミラサポ」にも補助金に関する情報が多数記載されていますので、参考にしてください。

参考文献
- 電子政府の総合窓口　https://www.e-gov.go.jp/
- 人材開発支援助成金　http://www.mhlw.go.jp/stf/seisakunitsuite/bunya/koyou_roudou/koyou/kyufukin/d01-1.html
- 厚生労働省　http://www.mhlw.go.jp/stf/seisakunitsuite/bunya/koyou_roudou/part_haken/jigyounushi/career.html
- ミラサポ　https://www.mirasapo.jp/?_ga=1.96884639.181265929.1492072439

040 CLO

> **概要**
> ▶ CLO（Chief Learning Officer）とは、人材育成に特化した部門の責任者のことである。
> ▶ 企業の経営戦略に則り、企業に必要とされる人材の育成や社員の能力開発、教育プログラムの開発などの役割を担う。

基礎知識編

1 | CLOとは

　CLOとは、「最高学習責任者」「最高人材育成責任者」「最高教育責任者」などと訳され、企業における人材育成の最高責任者のことを指す。日本では馴染みの薄い役職だが、欧米系の企業ではCEO（最高経営責任者）、CFO（最高財務責任者）、CTO（最高技術責任者）などの執行役と同様に重要視されている役職である。類似語としてはCHO・CHRO（最高人事責任者）などがある。

　日本の企業では主に人事部門が人材育成の役割を担っているが、アメリカでは人事部門から人材育成の機能・役割を切り離し、人材育成に特化した一部門の責任者としてCLOという呼称を用いるようになった。

2 | CLOの役割

　企業の人材育成責任者であるCLOが担うべき役割として、以下が挙げられる。

❶企業の戦略に連動した人材育成の方向性や施策の開発

　人材育成の方向性が企業の成長戦略と連動していなければ意味がない。米国人材開発機構（ATD）が行なった調査によると、CLOが最も時間を費やしている業務は「戦略開発」と「ビジネスサイドの幹部とのコミュニケーション」とされている。企業経営を深く理解し、経営陣と直接意見交換をしていくことで、企業の戦略と連動した人材育成の方向性や施策の開発が可能となる。

❷効果的な教育プログラムや最新の学習テクノロジーの研究

具体的に人材育成の施策を開発するためには、効果的な教育プログラムや最新の学習テクノロジーなどの、人材育成に関する幅広い知識が欠かせない。人材育成の成功事例や、日々進化する学習テクノロジーに関する情報収集力が求められる。

❸学習の重要性の浸透と効果の測定

人材育成には費用と時間がかかるため、関係者に学習で得られる効果を伝え、学習の重要性を認識してもらう必要性がある。研修の効果測定に関しては「効果測定」の項を参照のこと。

❹ナレッジマネジメントの促進

個人や企業の持つ、価値のある情報や専門知識などを管理・共有化することで、新たな知識の創造が可能となる。このような活動もCLOに求められる領域である。

3 | CLOが取り組むべきこと

CLOとして具体的に取り組むべきことは、以下の内容である。

❶企業経営の理解

前述のとおり、人材育成施策を立案するためには企業経営の理解が欠かせず、企業経営を理解するためには経営的視点と高いビジネス感覚が求められる。事業構造や業界を知るためにも、財務知識やバリューチェーンといった事業に関わる知識を身につける必要がある。また、各部門の幹部と情報交換や交渉を行なうために高いコミュニケーション能力も求められる。

❷人材育成の課題の特定

企業の戦略を理解した次は、人材育成上の課題を特定していく。企業の戦略を実行するための人材要件を明確にしたうえで、戦略の担い手となる人材がいるのか、また、現在の人材育成施策と連動しているかといった点を確認する。

❸人材育成の方針決定・施策立案・実行

課題を明らかにした次は、ギャップを埋めるための方針を決定し実行する。具

体的な施策を決定・実行するためには、戦略立案力と人材育成に関わる幅広い知識が必要となるため、本書で紹介している各種理論や制度・手法などを参照してほしい。

❹人材育成の仕組みの評価と継続的な改善

人材育成の仕組みが機能しているかどうかの評価を行なう。施策を実施した結果に問題があれば当然改善が必要となるが、現時点では問題がないように見えても、経営環境の変化などによって改善が必要となる場合もある。経営や事業の環境を常に意識することが重要である。

❺人材育成の推進体制構築

企業として人材育成に取り組むためには、各部門との協力関係が欠かせない。各部門の幹部やキーマンにもプロジェクトに参画してもらい、企業として人材育成に取り組んでいくことを発信するなど、全社的に人材育成を推進していける体制を構築する必要がある。

「CLOの基本的な役割と活動」

現場でのFAQ

Q1 | 中小企業にもCLOは必要でしょうか？

A1 | むしろ人的資源の限られている中小企業こそ、人材育成に力を注ぐべきであり、CLOは必要な役職です。ただし、中小企業において人材育成担当者が単独でCLOの役割を担うことは難しいと思われますので、上記のように推進体制を構築することを推奨します。まずは人材育成委員会などを設置し、可能であれば経営者が委員長を務めるとよいでしょう。経営者が委員長を務め、企業として人材育成に取り組むことを発信することで、各部門の幹部を巻き込みながら人材育成を推進していくことができます。体制を構築した後は、各部門の課題や現在の人材育成に関する取り組みなどを洗い出し、施策の立案や仕組みの評価・改善

などを行なっていきましょう。

Q2｜CLOには、どのような人材が適任でしょうか？
A2｜CLOは、企業経営を理解し、各部門の幹部と意見交換をしながら戦略立案や各種人材育成の施策を開発していかなければいけません。中小企業であれば、経営者、もしくは経営者の右腕と思われる人材がCLOの適任者となるでしょう。

参考文献
- 『企業内学習入門 ── 戦略なき人材育成を超えて』(シュロモ・ベンハー著　高津尚志訳　英治出版　2014年)
- 『CHO ── 最高人事責任者が会社を変える』(金井壽宏／守島基博編著　原井新介／出馬幹也／須東朋広著　東洋経済新報社　2004年)
- 『はじめて人事担当者になったとき知っておくべき、7つの基本。8つのおもな役割。』(労務行政研究所著　労務行政　2012年)
- What Does a Chief Learning Officer Do?（INFOGRAPHIC）(eLearning Mind, 2015)
  http://elearningmind.com/chief-learning-officer/
- Larry Greiner（2002）Steve Kerr and His Years with Jack Welch at GE, Journal of Management Inquiry, Vol.11 No.4, December, pp.343-350
  http://ceo.usc.edu/pdf/G0312440.pdf
- 平野光俊（2003）「戦略的人的資源管理（Strategic Human Resource Management; SHRM）」
  http://mba.kobe-u.ac.jp/old_site/square/keyword/2003/shrm_hirano.htm

第3章
経営テーマ編

041 働き方改革

> 概要
> ▶ 国が進める働き方改革は、日本の労働生産性を高めることを目的のひとつとしている。
> ▶ ワークライフバランス実現に向けた取り組みは、制度を導入するだけでなく、職場風土の改革も含めて総合的に取り組む必要がある。

基礎知識編

1 | 政府が進める働き方改革

　少子化により労働人口の減少が避けられない日本では、国家として競争力を維持・向上するために労働生産性を高めることが必要不可欠である。2015年6月末に政府から発表された日本再興戦略の三大施策のひとつ目に「未来投資による生産性革命」が唱えられた。そして、それを実施する際に何よりも重要なこととして、**「長時間労働の是正と働き方改革を進めていくことが、一人一人が潜在力を最大限に発揮していくことにつながっていく、との考え方」**が挙げられた（首相官邸『日本再興戦略』　改訂2015』）。その後、安倍晋三首相を議長とする働き方改革実現会議が設置され、2017年3月末に「働き方改革実行計画」が発表された。

　働き方改革実行計画では、「処遇改善」「制約の克服」「キャリアの構築」という三本柱が明示されている。「処遇の改善」は、同一労働同一賃金の推進などにより、どのような雇用形態であっても従業員が納得して働けるようにすることである。「制約の克服」は、長時間労働の是正や在宅勤務の環境整備などにより、ワークライフバランスを実現したい人や、育児・介護・病気の治療などと仕事を両立したい人が働きやすい環境をつくることである。そして「キャリアの構築」とは、学習する機会の提供や定年延長などにより、働く意思のある人（専業主婦や高齢者などを含む）が働ける場を得られるようにすることである。今後は、この実行計画のための法令整備などが進められる見通しである。

　人事制度の抜本的な見直しが必要になる可能性もあるため、企業は情報収集に努め、対応策を検討していかなければならない。

「働き方改革の全体概要」

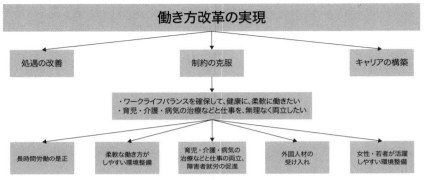

「働き方改革実行計画工程表」をもとに当社にて作成

2 企業における働き方改革

❶ ワークライフバランス支援の取り組み

　企業における働き方改革は、2000年以降に従業員のワークライフバランス（以下、WLB）を支援する取り組みとして始まった。WLBとは、仕事と生活との調和をとることである。女性に対しては仕事と家事や育児との両立を意味することが多く、男性に対しては長時間労働を是正し家事や育児などに参加する度合いを高めることを意味する場合が多い。また、仕事と自身の趣味、ライフスタイル、介護、病気の治療などとの両立もWLBである。

❷ WLB支援のための制度

　WLB支援のための制度としては、ノー残業デーの実施や残業の事前申請制度、家族の記念日に有給休暇を取得できる記念日休暇制度などが挙げられる。適正な勤怠管理や残業時間管理、有給休暇取得の支援などを行なうことで、WLBの実現を目指すことができる。また、フレックスタイム制度や在宅勤務制度などを導入し、働く時間と場所に柔軟性を持たせてWLBを支援する企業もある。

　導入した制度を利用してもらうためには、経営トップを巻き込んだ推進体制をつくり、経営トップにWLBを支援する明確なメッセージを発信してもらうことが重要である。また、管理職に対して働き方改革の研修などを実施し、各種制度を利用しやすい職場づくりを促進することも重要となる。

❸時間的制約を前提とした働き方

　働き方改革を実現するためには、組織と個人の生産性向上が必要である。組織としての生産性向上は、例えば、組織で担っている業務をすべて洗い出し、形骸化した業務や重複している業務などを廃止する、会議の廃止や時間短縮をする、社内資料の作成を削減するなどである。さらに、人事評価の見直しを行ない、長時間労働が助長されるような評価は是正し、時間当たりの生産性が評価される仕組みを整えると、個人の生産性向上への動機づけにつながる。

　組織として業務が削減されても、個人の仕事の進め方が不適切であれば、後工程に負荷がかかるなど本人や周囲への影響がある。個人の生産性向上の取り組みとしては、タイムマネジメント研修などが実施されることが多い。

❹助け合う職場づくり

　助け合う職場づくりは、例えば、誰かが突然休んでも他のメンバーが代われるように、個人が抱え込んでいる業務をマニュアル化したり、職場内でローテーションを行なって多能工化することが挙げられる。他には、職場全体で互いの業務負荷の情報共有や可視化を行ない、業務負荷が高くなっている個人がいれば業務の再割り振りをするなど、職場全体で助け合う環境をつくることも有効である。

❺取り組み状況

　実際に企業で実施されたWLB支援の具体的な取り組みでは、職場における業務削減が最も多く（77.2％）、ノー残業デーなどの意識啓発（68.0％）、有給取得の推進（61.2％）と続く。職場風土の改善に取り組む企業は36.4％、柔軟な働き方の選択肢を増やしている企業は22.9％、人事評価への「時間当たり生産性」重視の方針を取り入れた企業は15.1％にとどまっており、今後のさらなる取り組みが求められる（厚生労働省「『女性の活躍推進』にむけた取組施策集」、2016年）。

　組織としての生産性向上と助け合う職場づくりは、ともに現場の管理職が主導する取り組みである。現場の状況に合わせ、柔軟に対応しながらスピーディーに取り組めるように、管理職に裁量を与えることも重要である。

❻長時間労働是正の取り組み

　2015年以降、長時間労働是正の動きが民間企業で現れはじめた。これは、政府が生産性向上を国家戦略の筆頭に位置づけたこと、人手不足感が強まる中で労働環境是正が企業の人材確保のために避けて通れないテーマになったこと、過労

死などが社会的問題になったことを受けたものと考えられる。

　長時間労働は、日本企業に長年染みついた体質であるといわれており、その是正への取り組みは、フルタイム勤務と残業ありきの仕事の進め方と、そのもととなっている価値観を見直し、限られた時間内で効率的に成果を出せる働き方ができる環境整備を進めようとするものである。長時間労働是正の潮流は大企業から始まっており、中小企業においても今後の取り組みが期待される。

❼女性視点の活用

　前述した長時間労働是正につながると期待されているのが、女性の視点である。女性は家事や育児、介護などと仕事を両立しなければいけない場合が多い。残業することが難しいため、限られた時間の中で効率的に成果を出す働き方を実現することに対して、高い当事者意識と熱意を持っている人が多い。すでにそのような働き方を実践している女性も多数おり、ワーキングマザーの仕事の進め方から生産性向上のヒントを得て、全社で研修を行なっている企業もある。女性から長時間労働是正のためのアイデアを集めれば、男性視点が多くなる職場では気づかなかったアイデアが集まるだろう。

現場でのFAQ

Q1 長時間労働の是正を行ないたいと思っていますが、どのような取り組み方があるでしょうか？

A1 全社でルールをつくり、強制的に残業を減らす方法もありますが、ひとつのヒントとして「ブライトスポット」という考え方があります。ブライトスポットとは「お手本となる成功例」を意味し、大きくて複雑な問題に取り組む時や、問題の根本的解決が困難な場合に用いられる問題解決の手法です。まずは何か問題を抱えている組織の中でブライトスポットとなる成功例を探します。次に、その成功例の内容とその他の内容を比較し、違いを把握します。この「違い」が、成功へと導くカギとなります。

　長時間労働の是正にもブライトスポットによる問題解決手法を適用することができます。長時間労働是正の取り組みは、いきなり人事部門主導で全社施策を展開するのではなく、まずは社内のブライトスポットを探すところから始めるとよいでしょう。ブライトスポットが見当たらない場合は、少人数のプロジェクトを立ち上げて自社内でブライトスポットをつくることを目指してください。

　少人数の先駆的グループには、自分たちで働き方の現状分析と施策立案、実行、

改善を行なってもらいます。人事部門はそういったグループ活動の支援を行ないます。数か月〜1年ほど経つとグループ活動の効果が出て、成功事例として社内に認知されはじめます。自分たちも生産性を上げたいと思う部署や従業員が増えてくるはずです。そのような部署や従業員に実践していることを伝播させていき、社内での成功事例を増やしていきます。多くの人が長時間労働是正に取り組んでいるとなれば、自分も従わなければいけないという心理が働き、ますます多くの人が取り組みに加わります。このようにして、取り組みを全社に広げてください。

参考文献
- 首相官邸「働き方改革実現計画」(2017年3月28日)　本文、および行動計画
  http://www.kantei.go.jp/jp/singi/hatarakikata/pdf/honbun_h290328.pdf
  http://www.kantei.go.jp/jp/headline/pdf/20170328/02.pdf
- 首相官邸「『日本再興戦略』改訂2015 ―未来への投資・生産性革命―」(2015年6月30日)
  http://www.kantei.go.jp/jp/singi/keizaisaisei/pdf/dai1jp.pdf
- 内閣府「ワーク・ライフ・バランスのための仕事の進め方の効率化に関する調査報告書」(2010年)
  http://wwwa.cao.go.jp/wlb/research/kouritsu/index.html
- 厚生労働省『「女性の活躍推進」にむけた取組施策集』(2016年)
  http://www.mhlw.go.jp/bunya/koyoukintou/pamphlet/pdf/160701-01.pdf
- 『女性活躍　最強の戦略』(小室淑恵著　日経BP社　2015年)
- 『ワーク・ライフ・バランス支援の課題 ── 人材多様化時代における企業の対応』(佐藤博樹／武石恵美子著　東京大学出版会　2014年)
- 「日本企業における能力開発・キャリア形成―既存調査研究のサーベイと試行的分析による研究課題の検討」(『労働政策レポート』Volume11　独立行政法人労働政策研究・研修機構　2014年)
- 『ワーク・ライフ・バランスを実現する職場　見過ごされてきた上司・同僚の視点』(細見正樹著　大阪大学出版会　2017年)

042 メンタルヘルス

概要
▶メンタルヘルス不調は、企業の健全な発展を妨げる要因として、近年大きく取り上げられている。
▶人材育成担当者としても、従業員のメンタルヘルスを保つために、効果的な対応法を正しく把握しておく必要がある。

基礎知識編

1 | メンタルヘルスの問題

　企業におけるメンタルヘルスの問題は、2000年頃から深刻化の一途をたどっている。精神障害の労災補償請求件数は、明らかな増加傾向にあり、2009年には年間1000件を超えた（図1）。

図1 |「精神障害に係る請求件数および支給決定件数の推移」

厚生労働省「平成28年版過労死等防止対策白書」（2016年）より

　2013年に厚生労働省は、「2017年までにメンタルヘルス対策に取り組んでいる事業場の割合を80％以上とする」という目標を掲げている。また、2015年には労働安全衛生法が改正され、従業員数50人以上の事業場では年1回のストレスチェックが義務化された。労働災害や過労死などを減らすため、国全体が労働環境の見直し、およびメンタルヘルスの体制整備に力を入れている状況といえる。

2 企業におけるメンタルヘルス対策の現状

　2013年以降、メンタルヘルス対策に取り組んでいる事業所の割合はそれまでの40％台から大きく上昇して60％前後を推移しており（図2）、企業が取り組みを進めている様子がうかがえる。

　企業が実施しているメンタルヘルス対策は、「メンタルヘルス対策に関する事業所内での相談体制の整備（44.4％）」、次いで「メンタルヘルス対策に関する労働者への教育研修・情報提供（42.0％）」「メンタルヘルス対策に関する管理監督者への教育研修・情報提供（38.6％）」の順となっている（厚生労働省「平成27年労働安全衛生調査（実態調査）」　2016年）。

図2 「メンタルヘルスに取り組んでいる事業所割合の推移」

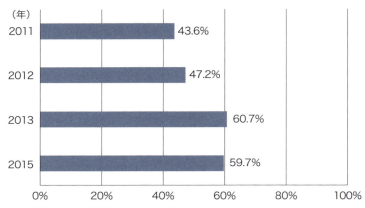

注：2011年は労働災害防止対策等重点調査の結果による
　　2012年は労働者健康状況調査の結果による
　　2014年は実態調査を実施せず

厚生労働省「平成27年　労働安全衛生調査（実態調査）」（2016年）をもとに作成

　企業が行なうべきメンタルヘルス対策の指針として、厚生労働省は「4つのケア」を示している。
　「4つのケア」の内容は以下のとおりである。

❶セルフケア
　従業員が自らのストレスに気づき、予防対処し、また企業はそれを支援すること。

例）ストレスやメンタルヘルスを正しく理解する、自分に合ったストレス発散方法を把握する、身体症状などストレスの兆候に気づく、など

❷ラインケア
管理監督者（上司）が実施するメンタルヘルス対策のこと。
例）部下の不調に気づく、労働者からの相談に対応する、職場環境を改善する、など

❸事業場内産業保健スタッフなどによるケア
事業場内の産業医、保健スタッフ、人事労務管理者が行なうメンタルヘルス対策のこと。
例）従業員の健康管理を行なう、社内におけるメンタルヘルス施策の計画・実行をする、職場復帰を支援する、など

❹事業場外資源によるケア
社外の専門機関や専門家を活用したメンタルヘルス対策のこと。
例）社外窓口による相談サービスを活用する、職場復帰支援を委託する、など

企業はこれら「4つのケア」が継続的かつ計画的に実施されるよう、関係者に対する教育研修・情報提供を行ない、さらに、職場環境などの把握と改善、メンタルヘルス不調への対応、休業者の職場復帰のための支援などを円滑に行なう必要がある。

3│企業におけるメンタルヘルス対策の課題

企業におけるメンタルヘルス対策の課題のひとつに、現実的に取り組みが進まないことが挙げられる。その理由は、「専門知識を持っている従業員がいない」「何から始めればよいかわからない」「社内専任担当者の人員確保ができない」などである。
メンタルヘルスケアは、不調が起きてから対応するのでは意味がなく、不調に陥らないよう事前に対策を行なうことで、企業と従業員の両者に利する結果につながる。求められる取り組みを次に紹介する。

❶ 社内担当者・責任者の決定と相談窓口の設置

従業員が誰に相談すればよいかがわかるように、社内での担当者・責任者を決定する。次に、産業医や外部専門機関を選定し、専門家と連絡がとれる相談窓口を設置する。なお、従業員数が50人以上の事業所では産業医の選任が義務づけられている。

❷ メンタルヘルスへの取り組みの全社周知

自社がメンタルヘルスケアに積極的に取り組んでいることを従業員に伝える。周知の方法としては、社内イントラネットへの掲載や、従業員がよく利用する場所に掲示物を張るなどがある。掲示物には窓口や利用の流れがわかりやすく記載されているとよい。また、周知の際には守秘義務を明示することも重要である。相談機関を利用した際に知り得た情報を口外しないことや、情報の取り扱い方法、保存方法・保存期間なども公開しておくと、利用者に安心感を与えられる。

❸ 従業員の専門知識の習得

メンタルヘルス制度が用意されていても、メンタルヘルスに関する正しい知識が現場に浸透しなければ、従業員のメンタルヘルス不調の早期発見や適切な対応が難しくなる。また、メンタルヘルス不調による休職者が復職する際、上司や同僚がメンタルヘルスを理解したうえで対応をしなくては、再び休職する、あるいは退職してしまう結果にもなりかねない。特に、職場で指導する立場にある管理職には、メンタルヘルスに関する知識の習得を必須にするとよい。

現場でのFAQ

Q1 従業員の精神的な健康を保つために、企業としてどのような取り組みができるでしょうか？

A1 「自分は会社に貢献している人材である」と意識してもらうことが重要です。自身が貢献できていると知ることは、仕事へのやりがいにつながります。やりがいを持って仕事に前向きに取り組むことは、免疫力を高め、ストレス耐性の向上に寄与するといわれています。また、直属の上司・部下というストレスのかかりやすい関係以外のコミュニティをつくることも有効です。例えば、ブラザー・シスター制度、メンター制度といった悩みを気軽に打ち明けやすいコミュニティづくり（詳しくは「メンター制度」の項を参照のこと）、他部署との交流を図る社内クラブ活動やランチ交流会などの取り組みがあります。

Q2 | メンタルヘルス不調を引き起こす精神的ストレスへの対処のひとつとして、「レジリエンス」を高めるという方法を聞きました。レジリエンスとはどういう意味でしょうか？

A2 | レジリエンスとは、ストレスを受けた時の復活力、あるいは回復力といった意味で使われる用語です。人間の心はゴムボールのようなものなので、多少のストレスであれば跳ね返す力で元に戻ることができます。このレジリエンスを高める手法のひとつとして、マインドフルネス瞑想法が知られています。マインドフルネス瞑想法はその名のとおり、瞑想により自分へ意識を集中させ、感情をコントロールしてストレスに対処する方法です。

　この手法ではまず目を閉じて呼吸を行ない、次に呼吸している自分に意識を集中することで外界から自分を遮断します。そうすることで、ストレスによって鋭敏になってしまった神経が落ち着き、結果として心に穏やかさを取り戻すことができるとされています。強いストレスがかかっている時は、概してそのストレスの原因を直視し過ぎる傾向がありますが、マインドフルネス瞑想法はストレス要因から自分を引き離す働きを持つといえます。ストレスの原因から少しでも離れたり、ストレスの原因を客観視したりすることができれば、自分が小さなことにとらわれていた、あるいは自分が気にしていたことは実は思っていたほどの問題ではなかったと気づくことができ、ストレスを軽減させるきっかけになります。なお、マインドフルネス瞑想法の源流ともいわれる日本古来の座禅や黙想といった手法も、ストレスへの対処法として参考になるでしょう。

参考文献
- 厚生労働省「平成28年版過労死等防止対策白書」(労働基準局総務課過労死等防止対策推進室　2016年)
- 厚生労働省「平成27年度過労死等の労災補償状況」(労働基準局補償課職業病認定対策室　2015年　p.15)
- 厚生労働省「平成27年　労働安全衛生調査（実態調査）」(政策統括官付参事官付賃金福祉統計室　2016年　p.6)
- 厚生労働省『第12次労働災害防止計画』(労働基準局安全衛生部計画課　2015年　p.14)
- 厚生労働省『職場における心の健康づくり〜労働者の心の健康保持増進のための指針〜』(厚生労働省独立行政法人労働者健康福祉機構　2012年　pp.4-7)
- 『レジリエンス　復活力 — あらゆるシステムの破綻と回復を分けるものは何か』(アンドリュー・ゾッリ／アン・マリー・ヒーリー著　須川綾子訳　ダイヤモンド社　2013年)
- 『世界のエリートがIQ・学歴よりも重視！「レジリエンス」の鍛え方』(久世浩司著　実業之日本社　2014年)
- 『リーダーのための「レジリエンス」入門』(久世浩司著　PHPビジネス新書　2014年)
- 『レジリエンスの教科書 — 逆境をはね返す世界最強トレーニング』(カレン・ライビッチ／アンドリュー・シャテー著　宇野カオリ訳　草思社　2015年)

043 健康経営

概要
▶従業員の健康の維持・増進は経営の主要な課題のひとつである。
▶「健康経営」は、企業の業績向上や企業価値の向上につながる取り組みである。

基礎知識編

1 健康経営とは

　日本では、高齢化が加速度的に進んでいることなどを背景に、政府が「国民の『健康寿命』の延伸」というテーマを日本再興戦略の中で掲げている。その中の取り組みのひとつとして「健康経営」がある。
　経済産業省の「健康経営銘柄」に関する資料によると、「健康経営」とは、

「従業員等の健康管理を経営的な視点で考え、戦略的に実践することです。企業理念に基づき、従業員等への健康投資を行うことは、従業員の活力向上や生産性の向上等の組織の活性化をもたらし、結果的に業績向上や株価向上につながると期待されます」

と説明されている。昨今のニュースなどでも取り上げられる労働環境の実態と相まって、健康経営は企業経営におけるテーマのひとつとして注目が集まっている。

　健康経営の推進は、上記の観点以外にも、労働者人口の減少に対する有効な取り組みである。労働者人口の減少により今後さらに採用活動が難しくなることが予想されるため、従業員一人ひとりの健康な状態を維持し、長く勤めてもらうことによる労働力の確保は、人材育成や採用と同様、企業が継続的に発展するために欠かせないからである。また、労働契約法第5条に定められている、安全配慮義務の順守という観点からも企業にとっては避けては通れないテーマである。

2 健康経営のメリット

　企業にとって、従業員の健康維持・増進を行なうことは、医療費の適正化や生産性の向上、さらには企業イメージの向上につながることであり、そうした取り組みに必要な経費は単なる「コスト」ではなく、将来に向けた「投資」であるととらえられている（下図）。

「健康投資のイメージ図」

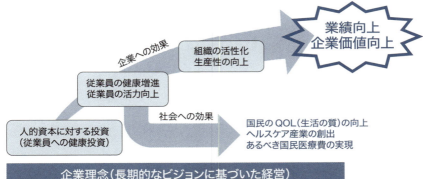

経済産業省『企業の「健康経営」ガイドブック〜連携・協働による健康づくりのススメ〜(改訂第1版)』(2016年)より転載

　従業員の健康に配慮する際に、健康と生産性に関する「プレゼンティーズム」と「アブセンティーズム」の考え方が参考になる。
　プレゼンティーズムとは「何らかの疾患や症状を抱えながら出勤し、業務遂行能力や生産性が低下している状態」のことであり、アブセンティーズムとは「病欠、病気休業」と説明される（岡本・高山、2016）。
　特にプレゼンティーズムには、今後ますます注意が必要である。アメリカの調査研究によると、プレゼンティーズムに伴う損失がアブセンティーズムの何倍にもなるという結果がある。プレゼンティーズムの代表例がメンタルヘルス不調である。メンタルヘルス不調の場合も発症した健康不全に対処することはもとより、いかにメンタルヘルス不調そのものを予防していくかという考え方が重要になる（詳しくは「メンタルヘルス」の項を参照のこと）。

3 | 健康経営の推進手順

　健康経営を推進するためには、経営者の強力なリーダーシップのもと組織として取り組んでいくことが重要である。組織として取り組んでいく際の推進手順を以下にまとめる。

(1) 最高健康責任者（CHO：Chief Health Officer）の任命
　一般的には人事・総務部門の責任者が任命される。

(2) 体制づくり（産業保健の専門人材との連携や管理職の協力体制の構築）
　社内の体制は、人事・総務部門だけで体制をつくるのではなく、事業部などを巻き込んだ部門横断の体制をとることを推奨する。

(3) 企業として健康経営に取り組むことを発信
　最近では、健康経営のみに絞り込んだ社内報を創刊するケースも見られる。

(4) 自社の健康状態の把握
　健康診断の受診状況、ストレスチェックの結果などを会社全体かつ時系列で把握する。

(5) 成果目標の設定
　会社全体としては、健康診断受診率の向上、メタボ比率の低下などがある。この他に、一人ひとりの従業員に健康目標を持たせる場合もある。

(6) 制度・施策の実行
　健康経営に取り組むための仕組みづくりを行なう、あるいは健康増進のプロジェクトを実施する。

(7) 目標達成状況のチェックと制度・施策の改善
　健康は従業員それぞれで個人差があるため、年に一度だけのチェックよりは、年複数回のチェックを推奨する。制度・施策に関しては、取り組み状況のよい部門のアイデアを収集し、共有するなどの工夫が欠かせない。

現場でのFAQ

Q1 ｜ 従業員の健康状態を測る代表的な指標を教えてください。

A1 ｜ 健康診断の受診率、ストレスチェックの実施率、喫煙者の人数、体調不良による一人当たりの欠勤日数、一人当たりの労働時間、有給休暇の取得率などが代表的な指標です。

Q2 ｜ 具体的な取り組みにはどのようなものがありますか？

A2 ｜ 大企業を中心とした取り組みでは、「健康経営銘柄2016――選定企業紹介レポート」（経済産業省）が参考になります。

　レポートでは、次のような取り組みが紹介されています。

- 従業員が健康を意識し、健康増進に取り組むための冊子などの作成
- 全社でのウォーキングイベントの実施
- 健康管理ができている従業員の表彰
- 健康に資する活動にポイントを付与し、ポイントが貯まれば景品を贈呈
- 全従業員に対する肺年齢チェック
- 人間ドックの受診年齢の拡大

これらの取り組みをまとめると、次の3点になります。

①健康状態の確認
②健康への意識向上
③全社的な健康イベントの実施

参考文献
- 『「健康経営」推進ガイドブック』（岡田邦夫著　経団連出版　2015年）
- 『健康経営はじめの一歩 はじめの一歩は自社を知る事～企業の健康度を見える化し職場を活性化～』（岡本和士／高山光尚著　学術研究出版　2016年）
- 『人材マネジメントの大転換 「健康戦略」の発想と着眼点』（大和総研経営コンサルティング本部編　中央経済社　2014年）
- 経済産業省ホームページ「健康経営銘柄」
  http://www.meti.go.jp/policy/mono_info_service/healthcare/kenko_meigara.html
- 経済産業省「企業の『健康経営』ガイドブック～連携・協働による健康づくりのススメ～（改訂第1版）」（商務情報政策局ヘルスケア産業課　2016年）
  http://www.meti.go.jp/policy/mono_info_service/healthcare/kenkokeiei-guidebook2804.pdf
- 「中小企業の健康経営」（「日本公庫総研レポート」No.2015-6　2015年9月）
  https://www.jfc.go.jp/n/findings/pdf/soukenrepo_15_09_01.pdf

044 ダイバーシティ

> **概要**
> ▶ ダイバーシティとは「多様性」のことであり、ビジネスではさまざまな背景を持った人材を従業員として雇用するという意味で使われている。
> ▶ 人口減、市場の多様化、CSR対応といった環境の中で、企業は多様な人材を雇用し育成する必要に迫られている。

基礎知識編

1 | ダイバーシティが注目される背景

現在の日本の企業は、これまでよりもさらに多様性のある人材を雇用・育成しなければならない。生産年齢人口は大きく減少しており、従来の採用要件では人材の確保が困難になっている。また、多様化する市場に対応するためにも、さまざまな経歴を持つ人材を雇用・育成することが重要となる。CSR（企業の社会的責任）の観点からも、ハンディキャップを抱えている人材やフルタイムの勤務が難しい人材を雇用することは、企業の義務になりつつある。

2 | ダイバーシティを進めることのメリット

雇用する人材の多様化は、受け入れ態勢の整備など企業にとってコストを高める要因になるが、メリットも数多くある。例えば採用する人材の候補を広げて採用数を増やすことで、現在大きな問題となっている人手不足を解消することができる。また、背景の異なる人材を組織に取り入れることは、組織の活性化につながる。さまざまな背景を持つ人材が集まることで、既存の事業にいままでとは異なる観点が加わり、これまで気づくことがなかった事業の構想が生み出される可能性がある。企業は人材の多様化を、社会的責任を果たすためのコストとするのではなく、戦略的な事業展開の一環としてとらえることが望ましい。

3 | ダイバーシティ2.0行動ガイドライン

以上のような状況に置かれた企業に対して今後の方向性を示すために、「ダイ

バーシティ2.0行動ガイドライン」が2017年3月に経済産業省から発表された。「ダイバーシティ2.0行動ガイドライン」は、表に示す7つの要素を具体的なアクションとして設定している。ダイバーシティへの取り組みは、経営層、管理職、従業員を含めた全社的な関わりが求められることが読み取れる。

「ダイバーシティ2.0行動ガイドライン　実践のための7つのアクション」

① 経営戦略への組み込み
　◆ 経営トップが、ダイバーシティが経営戦略に不可欠であること（ダイバーシティ・ポリシー）を明確にし、KPI・ロードマップを策定するとともに、自らの責任で取組をリードする。

② 推進体制の構築
　◆ ダイバーシティの取組を全社的・継続的に進めるために、推進体制を構築し、経営トップが実行に責任を持つ。

③ ガバナンスの改革
　◆ 構成員の多様性の確保により取締役会の監督機能を高め、取締役会がダイバーシティ経営の取組を適切に監督する。

④ 全社的な環境・ルールの整備
　◆ 属性に関わらず活躍できる人事制度の見直し、働き方改革を実行する。

⑤ 管理職の行動・意識改革
　◆ 従業員の多様性を活かせるマネージャーを育成する。

⑥ 従業員の行動・意識改革
　◆ 多様なキャリアパスを構築し、従業員一人ひとりが自律的に行動できるよう、キャリアオーナーシップを育成する。

⑦ 労働市場・資本市場への情報開示と対話
　◆ 一貫した人材戦略を策定・実行し、その内容・成果を効果的に労働市場に発信する。
　◆ 投資家に対して、企業価値向上に繋がるダイバーシティの方針・取組を適切な媒体を通じ積極的に発信し、対話を行う。

経済産業省「ダイバーシティ2.0行動ガイドライン」（2017年3月）より

4｜ダイバーシティを支える人材

　企業がダイバーシティに取り組む際の代表的な方法として、「女性活躍」「高年齢者活用」「外国人活用」などがある（詳しくは、本書のそれぞれの項を参照のこと）。それ以外にもダイバーシティを支える人材は、家庭で介護に関わっている従業員、性的マイノリティ、派遣社員、障がい者、病気療養から復帰した従業員

など多岐にわたる（前川ら、2015）。企業は、雇用する従業員の多様性に合わせて、受け入れ態勢を整える必要がある。

5 ワークライフバランス・働き方改革との関係

人材の多様性は、現在並行して問題となっているワークライフバランスや働き方改革と密接な関係を持つ（佐藤・武石、2017）。子育て中や介護中の従業員などは時間に明確な制約があるため、必然的にワークライフバランスを念頭に仕事への取り組みを考えなければならない。時間の自由が利きにくいことは、業務遂行上のデメリットととらえられがちであるが、こうした従業員一人ひとりの多様な背景や制約は、全社の働き方を見直すよいきっかけにもなる。企業は、ダイバーシティの推進と併せて、ワークライフバランスや働き方改革の問題に取り組むことが望まれる。

6 ダイバーシティ教育

ダイバーシティは個人の思想・信条にも関わるため、従業員の意識改革はハラスメント対策などと併せて人権教育の一環として取り扱われるケースが多い。人権に対する意識の醸成はCSRの重点対象にも含まれており、企業として今後積極的に取り組んでいくべき領域である。

現場でのFAQ

Q1 最近、よく耳にする「ダイバーシティ＆インクルージョン」とはどのような意味でしょうか？

A1 多様な人材を受け入れ、さまざまな価値観や意見を尊重することにより、組織の競争優位性を高めるビジネス戦略です。ダイバーシティ＆インクルージョンをうまく取り入れることで、多くのメリットを生み出すことが認識されているため、道徳面や倫理面だけでなく、優れた経営戦略のひとつとして世界が注目しています。なお、多様な人材の雇用と育成に焦点を当てた企業戦略をダイバーシティマネジメントと呼びます。

参考文献
- 経済産業省「ダイバーシティ2.0行動ガイドライン」（2017年）
  http://www.meti.go.jp/press/2016/03/20170323001/20170323001-3.pdf

- 『この1冊でポイントがわかる ダイバーシティの教科書』(前川孝雄／猪俣直紀／大手正志／田岡英明著 総合法令出版 2015年)
- 『ダイバーシティ経営と人材活用 —— 多様な働き方を支援する企業の取り組み』(佐藤博樹／武石恵美子著 東京大学出版会 2017年)

045 女性活躍

> **概要**
> ▶女性活躍が必要とされる背景には、労働力不足の解消とダイバーシティの実現を求める動きがある。
> ▶女性活躍のためには、就業継続支援、キャリア開発支援、管理職の意識改革の3点がポイントとなる。

基礎知識編

1 女性活躍が必要とされる背景

女性活躍が必要とされるマクロ的背景には、労働力の補完、ダイバーシティ（多様性）の実現という2つの理由がある。

❶労働力の補完

日本では少子高齢化が急速に進んでおり、労働力の中核をなす15歳から64歳の人口である生産年齢人口が減少している。

この労働力人口の減少は、GDPの低下、生産人口世代が負担する社会保障費の増大など、日本経済に大きな影響を与えると考えられており、その打開策のひとつとしてより多くの女性に働いてもらいたいという流れが生まれている。

❷ダイバーシティの実現

現在、企業が競争力を維持し高めていくためには、ダイバーシティが欠かせないと考えられており、政府もガイドライン「ダイバーシティ2.0」を策定して啓蒙に取り組んでいる。女性はダイバーシティ実現の重要な要素としてとらえられ、例えば、商品開発などに女性視点を取り入れるなど、さまざまな動きがある（詳しくは「ダイバーシティ」の項を参照のこと）。

上記の理由から、「女性の活躍推進」は政府の成長戦略の中核に置かれ、女性の就業率を上げる、女性の定着率を上げる、管理職に占める女性の割合を増やすなどの目標が掲げられている。

「女性の活躍推進」をより具体的な行動として進めるために、2016年4月に女

性活躍推進法が施行された。施行に伴い、従業員301人以上の事業主は、自社の女性採用比率や勤続年数の男女差、労働時間の状況、女性管理職比率などの女性活躍推進の各指標について、状況と課題を把握したうえで数値目標を含む行動計画を策定し、外部に公表することが義務づけられた。なお、従業員300人以下の事業主は努力目標となっている。また、女性活躍推進法に基づいた認定制度「えるぼし」なども始まっている（「えるぼし」とは、一般事業主行動計画の策定、および策定した旨の届出を行なった企業のうち、一定の基準を満たし、女性の活躍推進に関する状況などが優良な企業について、厚生労働大臣の認定を受けることができる制度のこと）。

2 女性活躍に関する企業の取り組み

女性活躍の取り組みは、就業継続支援とキャリア開発支援、管理職や職場の意識改革の3つの切り口で行なわれることが多い。

❶就業継続支援

女性は第一子の妊娠・出産を機に6割が離職するといわれており、女性の年齢別労働力率の推移を見ると、30代前半でグラフが凹んでいる。いわゆるM字カーブである。これは、女性が男性よりも出産というライフイベントに影響を受けやすいこと、「男性は仕事、女性は家庭」といった性役割意識が日本では根強いことなどが原因といわれている。

しかしながら、M字カーブの凹みは年々ゆるやかになってきている。これは晩婚化などの影響もあるが、ライフイベントにかかわらず働き続ける女性が増えていることにも起因する。

こうした状況を受けて、企業による就業継続支援の内容は、働く女性に対する仕事と家庭との両立支援が目立つようになった。両立支援のポイントは、①就業時間や場所の融通が利くこと、②長時間労働ができなくても評価されることである。①に関しては、例えば、時短勤務制度やフレックスタイム制度などにより、家庭の事情に合わせて柔軟に勤務時間を変えられるようにすること、在宅勤務が可能な仕組みやITインフラを導入することなどが挙げられる。制度や技術の導入で実現可能な①に比べ、②を実現するには大きな労力が必要となる。長時間労働を前提とした組織のあり方や仕事の進め方を抜本的に見直す必要があり、また、人事部門だけでなく職場全体で取り組む必要があるためである。しかし、ワーキ

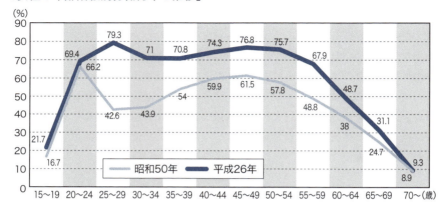

内閣府男女共同参画局「男女共同参画白書平成27年版」より抜粋
「労働力率」は、15歳以上人口に占める労働力人口(就業者＋完全失業者)の割合を指す

ングマザーにキャリアの行き詰まりを感じさせる最も大きな要因は「長時間労働を評価すること」であることを考えると（※1）、❷についての取り組みを進めていくことが女性活躍推進の今後の課題といえる。

※1：当社調査によれば、将来のキャリアに行き詰まりを感じているワーキングマザーのうち、長時間労働を評価する雰囲気が職場にあると答えた人の割合は約4割にのぼる。

❷キャリア開発支援

日本では女性管理職の割合の低さが問題となっていることを受け、女性に対しキャリア開発支援が行なわれることが多い。具体的な支援の内容は、個別のキャリアプランを本人と上司とで作成する、面談などによりキャリアアップに関する不安を払しょくする、職位ごとに女性同士の交流の場を設ける、ロールモデルとなる女性の働き方を紹介することなどが挙げられる。

また、企業としては産休・育休を取得した女性に早期に復職してもらい、復職後はスキルを磨きながら活躍してもらうことが重要である。そのため、産休・育休を取得する女性に対してもキャリア開発支援を行なう必要がある。例えば、産休前には上司とのキャリア面談や自社の育児支援策の紹介をする、産休・育休中には定期的にコンタクトをとる、研修や会社イベントへの参加を促す、復職後にはキャリア面談を行なう、先輩のワーキングマザーとの交流の機会を設ける、復職研修を行なうなどの取り組みがある。

❸管理職の意識改革

　女性活躍を進めていく中で、このテーマは女性だけの問題ではなく、上司や職場の問題でもあると認識されるようになっている。例えば、女性は管理職になりたがらないといわれることが多いが、入社5年目に女性の昇進意欲が最も減退することが指摘されている（浜屋・中原、2017）。つまり女性の昇進意欲は、入社後に徐々に低くなる傾向がある。その原因はさまざまあるが、管理職が女性に抱く固定観念がバイアスとなり、女性部下に重要な仕事を任せないケースもある。例えば「女性は仕事で苦労するより家庭を守るほうが幸せだ」と考えている上司は、「女性は結婚すると仕事を辞めるので育成する甲斐がない」と思い、成長の機会を無意識的に男性ばかりに与えてしまう可能性がある。（※2）

　また、仕事と育児を両立しながら働く女性部下に対し、「仕事と育児の両立は大変だろうから、簡単な仕事をするほうが本人も喜ぶだろう」と上司が過剰な配慮を行なった結果、仕事と子育ての両立はできるものの、昇進・昇格とはほど遠い補助的な業務しか与えられない状況に陥る場合がある。そのような状況になった女性は、「私は期待されていない」「将来の展望が見えない」と失望し、職場を去ってしまう可能性がある。

　このような事態の背景にある「女性とはこうあるべき」という管理職の思い込みを是正していくことが、女性活躍推進のために必要である。

※2：当社調査によれば、「男性のほうが仕事の割り振りや評価の面で優遇されていた」と感じている女性は45％にのぼる。

現場でのFAQ

Q1 ｜ 女性活躍を推進すると、不公平感をおぼえたり、女性に対する逆差別ではないかという声が社内から聞こえてきます。そのような人たちの理解を得るにはどうしたらよいのでしょうか？

A1 ｜ ある特定の人に対する支援策は「優遇策」と見られてしまい、不公平感が生まれてしまいます。そこで、女性活躍の推進は、皆が働きやすい職場づくりにつながることをわかりやすく説明し、全従業員にとって利益があることを理解してもらうとよいでしょう。また、女性だけではなく、男性も含めて子育てに関心のある社員や介護などで勤務時間に制約を抱える社員を公募し、生産性向上委員会などの名称でプロジェクトを立ち上げるとよいでしょう。

Q2 ｜ 管理職の意識改革は、どのように行なっていけばいいでしょうか？

A2 | まずは、働く女性をめぐる現状とトランジションにおける男女差を理解してもらうことから始めるとよいでしょう。

働く女性をめぐる現状とは、年々M字カーブがゆるやかになり共働き世帯が主流になっていること、男性よりも女性のほうがいまの会社で長く働き続けたいと思っていることなどです。

トランジションとは、主に昇進や異動などによって「役割が移行すること」を指します。例えば、実務担当者からリーダーに昇進する際、男性は会社から認められたことに喜びを感じますが、女性はなぜ自分がリーダー候補になったのかを気にし、自信のなさも加わって昇進を逡巡する姿が多く見受けられます。また、男性が思っている以上に、女性は「ビジネスで成功した女性は妬みを買いやすい」と感じており、昇進をためらう要因のひとつになっています。そのような女性に対しては、上司による細やかな説得が昇進を受け入れる決め手になります。さらにリーダーから管理職になった時の課題感にも男女差があり、男性管理職は部下同士の協力体制づくりや社内人脈の活用などのネットワーク構築に課題を感じますが、女性管理職は新たなビジネスモデルの構想といったことに課題を感じます。

働く女性の現状や思いを理解し、男女差も理解することで、管理職にとっての「当たり前」は実は思い込みであったことに気づいてもらうことが大切な第一歩です。

Q3 | 女性活躍を進めるためにはロールモデルは必要でしょうか？ 自社には、ロールモデルになるような**女性管理職**がまだいません。

A3 | 当社調査によれば、女性管理職の６割が「その人の一部分（よい面）だけをお手本にしたい人がひとり、もしくは複数人いる」と回答しています。つまり、完璧なロールモデルがいなくとも、仕事の進め方の面では○○さんをお手本にしよう、部下育成については△△さんをお手本にしようといった具合に、さまざまな人のよいところだけを取り入れている人が多いことがわかりました。また、ロールモデルが社外にいると答えた人も４割にのぼります。このことから、たとえ社内に理想的なロールモデルがいなくとも、深刻な問題ではないといえるでしょう。重要なことは、さまざまな場で他者とともに学ぶ機会を提供し、お手本にしたい部分を見出せる人と出会うきっかけを与えることです。

参考文献
・トーマツ イノベーション（現・ラーニングエージェンシー）×東京大学中原淳准教授の共同研究『女性の働くを科学する』プロジェクト

- 『女性活躍推進 —— 法対応と課題解決Q&A』(労務行政研究所著　労務行政　2016年)
- 『なぜ、女性が活躍する組織は強いのか —— 先進19社に学ぶ女性の力を引き出す「仕組み」と「習慣」』(麓幸子／日経BPヒット総合研究所編　日経BP社　2014年)
- 『女性活躍の推進 —— 資生堂が実践するダイバーシティ経営と働き方改革』(山極清子著　経団連出版　2016年)
- 『女性活躍の教科書 —— 明日からできる「輝く会社の人材戦略」』(麓幸子／日経BPヒット総合研究所編　日経BP社　2016年)
- 『女性が活躍する社会の実現 —— 多様性を生かした日本へ』(加藤久和／財務省財務総合政策研究所編著　中央経済社　2016年)
- 『ジェンダー経済格差 —— なぜ格差が生まれるのか、克服の手がかりはどこにあるのか』(川口章著　勁草書房　2008年)
- 『企業力を高める —— 女性の活躍推進と働き方改革』(阿部正浩／麓幸子／今野浩一郎著　経団連出版編　経団連出版　2014年)
- 『女性が活躍する会社』(大久保幸夫／石原直子著　日経文庫　2014年)
- 『人事部と女性のための女性活躍推進アドバイス』(植田寿乃著　経営書院　2009年)
- 『育児は仕事の役に立つ ——「ワンオペ育児」から「チーム育児」へ』(浜屋祐子／中原淳著　光文社新書　2017年)

046 高年齢者活用

概要

▶一般的に高年齢者は55歳以上65歳未満、高齢者は65歳以上と定義される。
▶生産年齢人口が減少する中、働き手として高年齢者活用が注目されている。
▶高年齢者雇用安定法の趣旨に則りながら、企業側は経営メリットを高年齢者雇用から享受すべく、役割明示やモチベーション維持などの施策を実施する必要がある。

基礎知識編

1 │ 背景

　日本の人口は、2008年の1億2808万人をピークに減少に転じている。国立社会保障・人口問題研究所の推計（2012年）によると、2048年には1億人を割り9913万人になるとされている。なお、労働政策研究・研修機構の推計（2015年）によれば、特段の施策を打たなかった場合には、労働力人口は2014年時点の6587万人から2030年には5800万人にまで減少するとされている。また、全人口に対する生産人口の割合は、2013年時点の62.1％から2060年には50.9

「2010〜60年の年齢3区分別人口」

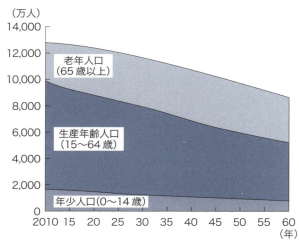

（注）出生中位・死亡中位
（資料）国立社会保障・人口問題研究所「日本の将来推計人口（平成24年1月推計）」（2012年）

％となると予想されており、働き手一人当たりの社会保障負担が増加することが懸念されている。

政府は、少子化対策、女性活躍推進、外国人の活用など、労働力の獲得に対する施策を検討しており、その中のひとつが高年齢者活用である。

2｜改正高年齢者雇用安定法

改正高年齢者雇用安定法が2013年4月より施行された。この改正は、「急速な高齢化の進行に対応し、高年齢者が年金受給開始年齢までは意欲と能力に応じて働き続けられる環境の整備」を目的としており、高年齢者本人が希望すれば、65歳まで安定した雇用を確保する仕組みをつくることを求めている。

改正高年齢者雇用安定法のポイントは、以下の3つのいずれかを企業が実施しなければならない点である。

- 65歳までの定年の引き上げ
- 65歳までの継続雇用制度の導入
- 定年の定めの廃止

企業側が継続雇用制度を選択した場合、心身の故障や勤務状況の不良など、客観的かつ合理的な理由がない限り、希望者全員を継続雇用の対象にする必要がある。この場合、最低賃金などの法規を満たすことを前提に、フルタイム、パートタイム、嘱託などの雇用形態や労働時間、待遇などは企業側と当事者との間で決めることができる。しかし、再雇用時の業務としてまったく別の職種を提示したことが、継続雇用の実質を欠くと裁判所が判断したことが過去にある。就労条件の提示は企業側に一定の裁量はあるものの、高年齢者雇用安定法の趣旨に即したものであるかという点には注意が必要である。

3｜高年齢者活用の実務上のメリット

高年齢者を活用するメリットとして、一般的に以下が挙げられる。

- 高年齢者を現場の働き手とすることで、人員不足を軽減できる
- 長年の経験に裏打ちされたノウハウや技術を若い人材に伝承できる

このようなメリットを享受するうえで必要となる、高年齢者活用のポイントは以下の３つである。

❶期待する役割・業務内容の設定と伝達、職場環境の整備

　製造業や建設業の場合、高年齢者活用には、人員不足の軽減という直接的な効果だけではなく、若年層への熟練技能の伝承といった人材育成上の役割が大きく期待される。経験の蓄積により学んできたノウハウなど、若手中堅への適切なアドバイスも期待される。一方で、ITやサービス業においては技術革新のスピードが速いため、高年齢者が蓄積してきた知識やスキルでは対応できない場合もある。高年齢者を活用するためには、高年齢者に適切な業務が自社にあるかどうかの詳細な業務分析が必要となる。

　ある製鉄業では、高齢技術者で技能伝承チームを結成し、若手中堅社員への技術伝承を専門に行なう役割を課し、自らの業務に誇りを持たせている。ただしこのような場合、若手の受けてきた教育手法は高年齢者世代とは異なるため、高年齢者に対して基礎的な「教え方教育」を実施しておくことがポイントである。

❷就労条件の整備と評価・処遇の制度面での整備

　高年齢者の中には65歳までフルタイムで働きたい人もいれば、健康上の理由や家庭の事情などによりパートタイムや時短で働きたい人もいる。企業側は、高年齢者個々のニーズに合わせた就労条件を揃える必要がある。

　高年齢者の給与処遇条件は一律に設定するのではなく、本人の知識、スキル、能力に合わせて行なう必要がある。年齢によって一律に賃金を管理することは、能力主義・成果主義の観点からも差別と受け取られかねないため、会社への貢献度に応じて正当に評価される人事制度の設計を検討しなければならない。

❸能力開発支援

　企業内ルール、コンプライアンス、情報システムなど、時代に応じて変化する知識やスキル習得の場の提供は、企業側の責務と考えられ、高年齢者も受講の対象とするべきである。雇用継続に向けての社員の意識醸成は60歳になってからでは遅く、50代前半から今後のキャリアのあり方を検討する機会を提供する必要がある。これについては、50代からのキャリア目標を設定させ、社内外で自分のどのような強みを活かして社会に貢献していくのかを熟考させ、アクションプランを作成させるプログラムが一般的である。本人側も、自分自身に制約を課

さず、生涯現役という意識で継続的な能力開発に取り組むことが求められる。

現場でのFAQ

Q1 高年齢者活用に取り組む際のポイントはありますか？
A1 定年後、雇用延長により「嘱託」とする企業が多いと思います。この場合、企業側が「現役社員とは異なる」という姿勢を示すことで、高年齢者のモチベーションが低下するケースがあります。また、高年齢者は健康面の不安を抱えていることがあります。以上のことから、高年齢者のモチベーション維持と健康状態を踏まえた勤務体系を構築することがポイントです。

具体的には、以下が挙げられます。

1．高年齢者のモチベーション施策を検討し、導入すること
2．高年齢者と若年社員との役割分担を工夫すること
3．高年齢者の健康状態に配慮した就業形態を導入すること

モチベーション施策としては、例えば社内資格としてのマイスター制度の導入があります。若手中堅社員への技術指導者としての役割と責任を明確にすることにより、職場における高年齢者の存在感と自負心の向上が期待できます。また、高年齢者も含めた従業員の相互コミュニケーションの場、例えば世代を超えた懇談会などを提供するのもよいでしょう。

若手社員との役割分担については、業務工程を細分化・可視化し、必要に応じて工程を再設計し、作業上の役割分担を実施します。安全面での配慮が必要な工程は若手社員に任せ、高年齢者の特長を活かした配置を心がけます。

Q2 高年齢者を人員不足軽減の手段として活用する場合、どのように推進すべきでしょうか？
A2 就労条件の整備からスタートするとよいでしょう。具体的には、高年齢者に委ねる業務・作業を明確にし、評価基準を設定して処遇ルールを整備します。処遇は高年齢者一律ではなく、現役時代と同様に一人ひとり適切に評価し、フィードバックをすることで、双方が納得できるものにします。

高年齢者を社外から採用する場合は、戦力化が図れるように、教育システムを整備する必要があります。高年齢者の教育は、現場の管理監督者の裁量に委ねず、全社的な取り組みとすべきでしょう。同時に、社内に世代の壁ができないような

雰囲気をつくることも大切です。若手社員と高年齢者との親睦の場を意図的に設け、職場において相互に助け合う文化を醸成します。高年齢者から意見を収集する仕組みをつくり、職場改善に活かすとともに、現役社員から出た意見を高年齢者にフィードバックをする方法もあります。さらに経営者は、高年齢者活用が大切な人材戦略である旨を繰り返し会社全体に伝えるべきでしょう。

Q3 | 高年齢者活用の具体的な取り組み事例を教えてください。
A3 | ある小売業では高年齢者の雇用延長につき、以下の取り組みを実施しています。

1. 体力や能力など個人差を尊重し、年齢一律での処遇は実施しない。
2. 本人の勤務希望を尊重して配置を行なう。
3. 定年後も働き慣れた同じ職場で勤務することを原則とする。これにより業務中の事故などを極力抑える。
4. 本人に特別問題がなければ、65歳まで賃金水準は変更しない。
5. 常に毎日の業務改善を求め、この点については年齢の区別はしない。

参考文献
・厚生労働省「高年齢者雇用安定法Q＆A（高年齢者雇用確保措置関係）」
　http://www.mhlw.go.jp/general/seido/anteikyoku/kourei2/qa/
・厚生労働省「雇用政策研究会報告書」（2014年2月）
　http://www.mhlw.go.jp/stf/houdou/0000036753.html
・独立行政法人高齢・障害・求職者雇用支援機構「高齢者雇用に関する事例集」
　http://www.jeed.or.jp/elderly/research/employment_case/
　http://www.jeed.or.jp/elderly/research/employment_case/case12_h24.html#header
・独立行政法人労働政策研究・研修機構「平成27年労働力需給の推計」（2015年）
　http://www.jil.go.jp/press/documents/20151216.pdf

047 外国人活用

> 概要
> ▶外国人従業員の数は、年々増加する傾向にある。
> ▶受け入れ側の体制が整うことで、外国人従業員の企業への定着率は高まり、実力が発揮できるようになる。

基礎知識編

1 | 外国人労働者の受け入れ状況

　厚生労働省の調べによると、外国人労働者数は年を追って増えており、2017年の調査結果では、2016年10月末現在の外国人労働者数は108万3769人となり、100万人を突破した。日本の人口の概ね100人に1人は外国人労働者ということになる。国籍別では中国人が最も多く（外国人労働者全体の31.8％）、次いでベトナム人、フィリピン人、ブラジル人の順となっている。また、外国人労働者を雇用する事業所数は17万2798か所で、最近は毎年10％以上増えている。

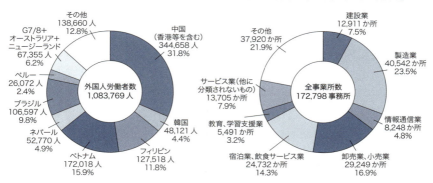

厚生労働省「『外国人雇用状況』の届出状況まとめ（平成28年10月末現在）」（2017年）

2 | 従来の外国人労働者像

　増加の一途をたどる外国人労働者だが、従来は研修生として入国し、技術者と

して日本の製造業を支えているというイメージが強かった。日系ブラジル人が技術者として北関東の自動車産業に貢献してきたケースが、わかりやすい例といえる。また、外国人労働者は法外に安い賃金で雇われているイメージも残っている。これは「外国人研修制度」という枠組みが悪用された結果であり、報道などで過去に大きく取り上げられてきた。こうした問題は、関係する法令の改正などで状況が是正されている。

3 現在の外国人労働者の実態

前述のようなイメージがある外国人労働者だが、現在は日本に学生として入国した留学生を多くの企業が正社員として雇用するケースが増えている。留学生の特徴として次のようなものがある。

(1) 個人の権利意識が強く、自己主張がはっきりしている
(2) 「安定性」「継続性」などの長期的な志向ではなく、いま何をすべきかなど、短期的な志向が強い
(3) 論理的思考力や表現力が強く、自己主張や自己PR力に優れている

4 外国人材を採用する際の注意点

人手不足の日本において、上記の特徴を持つ外国人材は魅力的だが、採用にあたっては注意が必要である。外国人が日本の会社に就職するためには「専門人材」であることが条件となるが、この定義が解釈によって異なることがあり、入国管理局から在留資格の停止という措置がとられることもある。そのため受け入れ側の企業は、採用した外国人材が専門的な業務に従事していることを証明できる体制を常に整えておく必要がある。

5 外国人材活用のための土台づくり

採用上の問題をクリアしたとしても、実際に採用を始めると新たな問題が生じてくる。初めて外国人材を採用することになった企業は、まずは少人数から始めるケースが多く、社内で外国人は数人という状況が生じる。そのため受け入れ側である会社や部署は、社内マイノリティである外国人材が疎外感を抱かないよう

にする必要がある。

　日本特有のハイコンテクスト文化も、外国人材の受け入れにあたっての障壁になる場合がある。日本人は、「阿吽（あうん）の呼吸」「以心伝心」などの言葉に代表されるような、互いを察するコミュニケーションをとることが多いが、外国人にとってはこの慣習は理解しにくいことがある。外国人材が戸惑わないように、社内のコミュニケーションの方法を改める必要がある。

　休日の過ごし方も含めて、メンター的な立場の社員を置くこともひとつの方法である。メンターと外国人材の会話の内容は、仕事のことでも仕事外のことでもよく、継続的なコミュニケーションをとることがポイントである。日々の挨拶から始め、互いの国の文化や週末の過ごし方について会話することで距離感を縮めることができる。

現場でのFAQ

Q1 外国人材を初めて雇用しましたが、どのようなトレーニングカリキュラムを設定するとよいでしょうか？

A1 日本語能力をさらに伸ばす必要がある人材には、企業内での実施、あるいは補助を出し語学研修を実施するとよいでしょう。テキストの中のケース、シチュエーションは日本文化特有の状況を紹介していることが多いので、この学習を通して日本文化やビジネス慣習への理解を高めることも期待できます。外国人のみを対象とした研修を受講してもらうのもよいでしょう。

　研修では、日本のビジネスの進め方を「コンセンサス重視型」と特徴づけ、この特徴を持つに至った日本の歴史や文化を伝えます。また、コンセンサスが重視されるビジネス環境の中で身につけるべきスキルとして、フォロワーシップの発揮や報連相の重要性を理解してもらいます。外国人社員だけが集まる研修では、日本人が周りにいるオフィス環境では実施が難しい悩み相談なども可能になります。外国人社員が持つ不満や不安をつかむことは、外国人材の早期離職防止にもつながります。

参考文献
- 厚生労働省「『外国人雇用状況』の届出状況まとめ（平成28年10月末現在）」（2017年）
  http://www.mhlw.go.jp/stf/houdou/0000148933.html
- 『グローバル戦略成功の要 グローバル人材 採用・育成・制度 開発ガイド』（加賀博著　カナリア書房　2013年）

048 グローバル人材

> **概要**
> ▶グローバル化を担う人材は、語学力はもとより未知の世界でビジネスを切り開くための素質・知識・能力を身につけている必要がある。

基礎知識編

1 | 日本企業の海外展開

　経済産業省の調べによると、2013年度時点での日系企業の現地法人数は2万3927社であり（経済産業省、2014）、約400万社存在する日本企業のうち（総務省統計局、2016）、200社に1社は海外に展開していることになる。また、海外に進出する企業は年を追って増加しており、従来の製造業、卸売業、運輸業だけでなく、サービス業、IT業も積極的な海外展開をしている。

2 | グローバル展開を担う人材

　企業の海外進出の流れの中で問題となるのが「誰がこのグローバル展開の担い手になるのか」すなわち、「グローバル人材の確保・登用・育成」という点である。グローバル人材というと語学力が注目されるが、実際は語学力のみではグローバル化を担う人材としては十分ではないと認識されている。例えば、経団連が2015年に行なった調査では、「グローバル事業で活躍する人材に求められる素質・知識・能力」として、1位「海外との社会・文化、価値観の差に興味・関心を持ち、柔軟に対応する姿勢」、2位「既成概念にとらわれず、チャレンジ精神を持ち続ける」、3位「英語をはじめ外国語によるコミュニケーション能力を有する」という順番となっており、語学力より未知の世界でチャレンジするためのマインドが上位となっている。

3 | グローバル人材に必要とされる資質

　上述した経団連の調査で上位に挙がっているマインド、すなわちグローバル人材に必要とされる資質について、本名ら（2012）は、①知的資本、②心理的資本、

「グローバル事業で活躍する人材に求める素質・知識・能力」

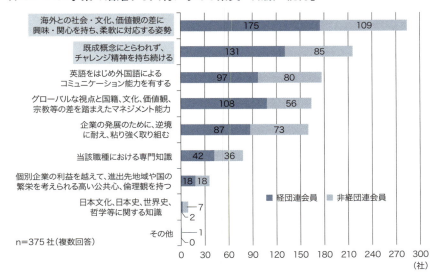

日本経済団体連合会「グローバル人材の育成・活用に向けて求められる取り組みに関するアンケート結果」(2015年)より

③社会的資本から構成される「グローバル・マインドセット」を紹介している。それぞれの資本の具体的な説明と各資本を構成する要素は以下のとおりとなる。

❶知的資本

　国際ビジネスに関する知識や学習能力のことで、自分のやり方がグローバルレベルでどれだけ通用するかを理解する能力。

- グローバルビジネスの理解……世界的な動向、グローバルな業界の動向、グローバルな顧客の行動、競合他社が注目しているニーズや商習慣、地域ごとの戦略的リスクの違いなどに対する深い理解
- 複雑性の認知……選択肢の多さに対して躊躇することなく、多くの変数を含んだ複数のシナリオをつなぎ合わせる能力
- コスモポリタン的な思考……世界各地の文化、歴史、地理、政治・経済システムに対する強い関心

❷心理的資本
異文化への寛容さと変化への順応力、つまり新しいアイデアの受容力。

- **多様性への情熱**……世界各地の探索、異文化体験、新しい方法の導入に対する強い嗜好
- **冒険心**……予測不能で複雑な環境を歓迎し、その中で生き抜く能力
- **自信**……自己信頼性、ユーモアのセンス、新しい状況の中でリスクをとる勇気、高いレベルの活力、異質な環境下で消耗するのではなく、むしろやる気になれる能力

❸社会的資本
人脈を築き人々を束ね、バックグラウンドや見解が異なるステークホルダー（同僚、顧客、サプライヤーなど）に影響を与える能力、すなわち、自分とは異なる人々との間に信頼関係を築く力。

- **異文化への共感**……他国の人々と心情的につながり、関わっていく能力
- **知的影響力**……さまざまな意見をとりまとめ、合意を形成し、信頼を維持する能力、同僚や上司だけでなく、将来的な関係性が不透明な人々ともネットワークを築く能力
- **外交的手腕**……相手の言い分に耳を傾け、自分とは異なる人々と気さくに会話し、話し上手よりも聞き上手であること

4 | 赴任先の国情と必要とされる知識・能力の関係

どの国に赴任するとしても、基本的に必要な資質はグローバル・マインドセットに集約されるが、より詳細には赴任する国の政治・経済・社会的状況に応じて必要とされる知識や能力が異なってくる。

❶欧米各国
欧米各国では、日本と同じレベルの商業活動が期待できる。一方で、こうした国々における契約や取引に関する法律、商習慣は高度かつ複雑な場合があるので、正しい知識と理解が必要になってくる。また、相手が歴史のある国の場合、自国に対して強い誇りを持っていることがあるため、相手国の文化や伝統に興味・関

心を示す姿勢が、相手との信頼関係をさらに深めることにつながっていく。

❷アジア諸国

経済的な発展は目覚ましいが、まだ国力として先進国に及ばないアジア諸国では、法令が未整備なケースがある。そのため、取引相手がどのようなルールや慣習に則って商業活動を行なっているかを見極める能力が、取引の成否を分けるポイントになることがある。

❸その他の国々

首都や主要都市は発展していても、地方に行くとまだ生活レベルが高いとはいえない諸国では、ビジネスは基本的に人同士の信頼関係によって成り立っていることが多い。こうした国に赴任する人材は、一個人として相手から信頼される能力が求められる。この環境下で手に入れた商業的権利は競合他社の参入障壁にもなり、安定した商業活動の土台となる。一方で、個人的関係に根差した納入業者の選定などの不正行為につながりやすいため、十分な注意が必要である。

5 │ グローバル人材の確保・育成

以上のような資質が求められるグローバル人材だが、その確保と育成についてはどの企業も苦戦しているのが現状である。海外での業務経験がある人材を即戦力として中途採用する方法もあるが、そうした人材はそもそも希少であり、見つけることは困難である。時間・手間・コストはかかってしまうが、社内で候補者を選定し、育成する方法を考える必要がある。

現場でのFAQ

Q1 │ グローバル人材を育成する場合、どのようなトレーニングプログラムを設定すればよいでしょうか？

A1 │ まず、コンプライアンス、マーケティング、財務といった、会社全体に関わる知識を身につけてもらうとよいでしょう。海外赴任の際には、現地での役職が現在よりも高くなるケースが多く、現地の人手不足から業務範囲が広がってしまうこともあるためです。また、特に先進国以外の法整備が進んでいない国・地域に赴任する場合は、贈収賄・粉飾決算・横領といった不正対策も重要になっていきます。

これらに加えて、グローバル・マインドセットを醸成するトレーニングも赴任前に行なえるとなおよいでしょう。異なる文化で育ってきた者同士がひとつの目的に向かって協業する場合、多少の軋轢は避けることができません。事前にそうした状況を打破する心構えを伝えておくことで、現地へ溶け込むスピードが速くなることが期待されます。なお、赴任者自身が不安を感じている場合もあるので、語学力強化もメニューに加えるとよいでしょう。まずは英語を、できればそれに追加して赴任先の言語を定期的に学習する機会を用意することを推奨します。

Q2 │ **海外赴任の予定がない従業員には、グローバル人材としてのトレーニングは不要でしょうか？**

A2 │ 海外赴任の予定がない従業員も、部署や職種によってはグローバル人材としての活躍が求められます。現在では、サプライチェーンが世界中に張り巡らされており、製造拠点や業務委託先が日本国外にあることが少なくありません。取引先や協働する業者が海外にある企業では、国内に在籍する従業員も業務上の能力のひとつとして海外対応力を持っているとよいでしょう。

参考文献
- 経済産業省「第44回海外事業活動基本調査（2014年7月調査）〜2013年度における海外現地法人の動向〜」（2014年）
  http://www.meti.go.jp/press/2014/03/20150331002/20150331002.html
- 総務省統計局「日本の統計2016」（2016年）
  http://www.stat.go.jp/data/nihon/index2.htm
- 一般社団法人 日本経済団体連合会「グローバル人材の育成・活用に向けて求められる取り組みに関するアンケート結果」（2015年）
  https://www.keidanren.or.jp/policy/2015/028_honbun.pdf
- 『企業・大学はグローバル人材をどう育てるか ── 国際コミュニケーションマネジメントのすすめ』（本名信行／竹下裕子／三宅ひろ子／間瀬幸夫編　アスク　2012年）

049 イノベーション人材

> **概要**
> ▶不確実性の高い現在のビジネス環境において、現状を打開する能力を持つイノベーション人材の採用、および育成は企業において必須の事項である。
> ▶イノベーションは、突出した人材の能力に頼るだけでなく、さまざまな才能を持った人材を集めることでも可能になる。

> **基礎知識編**

1 | イノベーション人材の特徴

イノベーション人材の定義にはさまざまなものがあるが、クリステンセンら(2012)は、イノベーション人材が持つスキルとして次の5種類を挙げている。

スキル名	説明
関連づける力	まったく異なるアイデアや経験を関連づける
質問力	現状に意義を唱える質問をする
観察力	人類学者のように世界を観察し、洞察を得る
ネットワーク力	さまざまな背景や経験を持つ人たちとネットワークを持つ
実験力	実験を何度も繰り返し、有効な解決策を編み出す

クリステンセンら(2012)をもとに当社にて作成

新しい事業を創造できる人材の必要性が経済産業省による調査・報告(経済産業省、2011、2012)で指摘されているとおり、イノベーションを担う人材の採用と育成は、企業が常に直面している課題のひとつである。日本企業は長らく同質性の高い人材の採用や育成を行なってきたため、異質であるが特徴的な能力を持つ人材の採用や育成については、現在においても試行錯誤しているといえる。

イノベーションを一手に引き受ける突出した人材が確保できない場合は、以下のタイプの人材を揃えることでイノベーションを進めることができるとされている(ケリーとリットマン、2006)。新たな事業を進める際に、イノベーションを特定の人材に頼るのではなく、情報収集、土台づくり、実行力のそれぞれに長けた人材でチームを構成し、対応していくという考えである。

キャラクター		説明
情報収集をする	人類学者	観察する人
	実験者	プロトタイプを作成し改善点を見つける人
	花粉の運び手	異なる分野の要素を導入する人
土台をつくる	ハードル選手	障害物を乗り越える人
	コラボレーター	横断的な解決法を生み出す人
	監督	人材を集め調整する人
イノベーションを実現する	経験デザイナー	説得力のある顧客体験を提供する人
	舞台装置家	最高の環境を整える人
	介護人	理想的なサービスを提供する人
	語り部	ブランドを培う人

ケリーとリットマン（2006）をもとに当社にて作成

2 | イノベーション人材の採用

　従来の人材採用では「コミュニケーション力」や「実行力」などが採用基準として用いられることが多かったため、前述の特徴を持つ人材が組織に入る機会は多いとはいえなかった。イノベーション人材を積極的に確保するためには、企業が求める人材の要件を見直す必要がある（詳しくは「人材要件・教育計画」の項を参照のこと）。

　人材要件として新たな基準を設けることによって、企業には従来とは異なるタイプの人材が増えることになる。こうした人材は自身でも新しい事業創造の担い手になる一方で、周囲にもそれまでにはない新しい影響を与え、結果的に企業全体がイノベーティブな雰囲気を持つきっかけにもなる。

　仮にイノベーション人材を採用することができず、新たな事業を任せる人材を確保できない場合は、一時的に外部の専門家を有期契約で雇用するという方法もある。近年では、組織に所属することなくフリーランスとして自分の専門性を発揮する人材が増えているため（『DIAMONDハーバード・ビジネス・レビュー別冊』2015年5月号）、状況によってはこうした人材に業務を外注することも視野に入れる必要がある。

3 | イノベーション人材の育成

　人手不足が顕著な現在の環境において、そもそも人材の採用は困難であり、さらにイノベーティブな能力を持つ人材の確保はますます難しい状況である。そのため採用に頼るだけではなく、企業内の既存の従業員をイノベーション人材として育成することが必要になる。

　採用における人材要件として設定していなくても、前述した特徴のうちのいくつかを潜在的に持っている従業員が在籍している可能性があり、例えばアセスメントや従業員向けの能力測定サーベイによって存在を明らかにすることができる。また、入社後の経験によってイノベーション人材としてのスキルを身につけた人材が育っている可能性もある。自薦や他者推薦によって潜在的なイノベーション人材を絞り込み、集中的に能力向上のトレーニングを受けさせることによって企業内にイノベーション人材を増やすことも、今後の企業の取り組みとして必要である。

　一方、イノベーションを担う人材は「育てる」のではなく、「育つ」のを待つという考えがある（大久保、2014）。若手従業員を中心に自ら状況を切り開かなければならない環境で仕事をさせ、イノベーションに必要なスキルを自己開発させる。イノベーション人材としての素質が見られる従業員には、さらに難易度の高い業務を割り振り、企業のイノベーションに必要なスキルを高めさせる。ただし、そうした能力を高めていくと他のメンバーとの間に考え方の開きが出てしまうことがあるため、組織の中でスムーズに仕事を進める能力も、トレーニングによって並行して身につけさせることが望ましい。

現場でのFAQ

Q1 | イノベーションに必要な能力を高めるための環境とは、具体的にどのような場面・状況でしょうか？

A1 | 企業がイノベーションを進める代表的な例として、新規事業や新商品の開発が挙げられます。開発に関する業務は、まさにイノベーションに必要な能力を高めるための環境に該当します。

　新たな分野へ進出する場合、さまざまな背景を持つ人々と積極的に関わりながら幅広く情報を集め、それらをもとにアイデアを生み出さなければなりません。さらに、一見、関連がなさそうなアイデア同士をつなぎ合わせ、新たな発想を導き出すことが求められます。また、新領域への進出は他部署の抵抗を伴うことが

あるため、他部署からの協力を引き出すことも必要です。事業や商品の開発を行なう素地ができたら、試行錯誤しながら具体的に開発業務を進めることになりますが、ここではたとえ失敗しても途中で投げ出すことなく何度も試す諦めない力が必要となります。

　若手人材による新規事業や新商品の開発業務を、組織全体でサポートする体制をつくることも重要です。例えば、経営トップ自らが企業のイノベーションに対する思いを全社に対して表明したり直接薫陶を与えたりすることで、若手人材は、企業は常にイノベーションを生み出さなければならない存在であることを強く意識します。また、開発チームのリーダーや先輩が、特許や知的財産の取り扱いに関する注意事項といった、過去の開発案件において経験的に身につけてきた知識やポイントを事前に伝えることで、イノベーション人材が開発業務の中でつまずくリスクを軽減することができます。さらに新たなアイデアの創出などを人事考課に反映することは、開発を推進することの動機づけとなり、イノベーティブな能力を高める機会を増やすことにつながります。

参考文献
- 経済産業省「フロンティア人材研究会報告書」（2012年3月）
  http://www.meti.go.jp/policy/economy/jinzai/frontier-jinzai/chosa/innovation23.pdf
- 経済産業省「新しい事業を創造するための企業内の人材マネジメントの在り方を考える研究会報告書」（2013年3月）
  http://www.meti.go.jp/policy/economy/jinzai/frontier-jinzai/chosa/innovation24Report.pdf
- 『イノベーションのDNA ── 破壊的イノベータの5つのスキル』（クレイトン・クリステンセン／ジェフリー・ダイアー／ハル・グレガーセン著　櫻井祐子訳　翔泳社　2012年）
- 『イノベーションの達人！── 発想する会社をつくる10の人材』（トム・ケリー／ジョナサン・リットマン著　鈴木主税訳　早川書房　2006年）
- 「特集：人材の未来、教育の未来 ── 10年後の世界で通用する働き方・学び方」（『DIAMOND ハーバード・ビジネス・レビュー別冊』2015年5月号　ダイヤモンド社）
- 『会社を強くする人材育成戦略』（大久保幸夫著　日経文庫　2014年）

050 IT人材

> 概要
>
> ▶ ITの進化に伴い、IT人材に求められる役割は拡大しており、企業は競争力を高めるためにも、IT人材の採用・育成に取り組む必要がある。

基礎知識編

1 | IT人材の必要性

　世界的にITは進化し続けており、ビッグデータ、IoT、人工知能（AI）、VR/AR、Fintechなどの新しい技術の実用化が進んでいる。これらの技術は、従来のように業務の自動化や効率化の手段のみならず、自動運転や仮想通貨に代表される新しい商品やサービスを開発するための手段としての利用が拡大している。

　さらに国内においても、内閣に設置されたIT総合戦略本部の「世界最先端IT国家創造宣言」で、IT人材の確保支援やIT人材育成の仕組みの検討を取り組み内容として挙げていることから、IT人材の確保・育成が国家的な課題であることが改めてわかる。

2 | IT人材の動向

　ITが進化するにつれて、IT人材に求められる役割も変化している。従来、IT人材に求められていた役割は、システムの構築や既存システムの維持・運用などであった。しかし近年は、このような役割のみならず、ITを活用した全社最適な業務改革や新たな価値を創造するサービス・商品の提案まで求められるようになった。

　しかし、経済産業省の「IT人材の最新動向と将来推計に関する調査結果」によると、ITユーザー企業において積極的なIT活用を促進する「攻めのIT人材」について8割以上の回答者が不足していると感じている。このことから理想と現実のギャップが見てとれる。

「『攻めのIT投資』を促進する人材の不足状況」

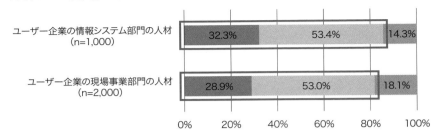

経済産業省「IT人材の最新動向と将来推計に関する調査結果について」(2016年)をもとに当社にて作成

3 | IT人材の確保・育成

　IT人材を確保・育成するには、まずは企業の競争力を高めるためのIT戦略を立案したうえで人材要件を定める必要がある。ユーザー企業におけるIT人材の人材要件を定める際には、ITを活用する際に求められる業務とそれを実行するために必要な能力やスキルを体系化したIPA（情報処理推進機構）の「iコンピテンシディクショナリ」や「ITスキル標準（ITSS）」「情報処理技術者試験」などを参考にするとよい。

　その際、IT人材の確保・育成については量の確保と質の向上の両方に課題があるため、2つを分けて考える必要がある。

❶ 量の確保について

　量の確保については、既存のIT人材の活用と新規のIT人材の獲得の2つの解決方法がある。

① 既存のIT人材の活用

　既存のIT人材の活用については、今後、割合が高くなるとされる50代以上のシニアIT人材と、IT人材の4分の1を占める女性IT人材の活躍が期待される。

　シニアIT人材については、新しい知識やスキルへの対応力が低い場合、それらのアップデートを促す必要がある。例えば、レガシーなプログラミング言語しか使用できないのであれば、新たなプログラミング言語を習得

することが求められる。また、このような取り組みに対して意欲的ではない人材に対しては、意識を改革するために自身のモチベーション喚起などをテーマとしたキャリアデザイン研修を実施することが有効である。

女性IT人材が活躍するためには、定着率の向上が課題となる。女性が長期的なキャリアパスを描けるように、出産・育児による休職後でも継続して活躍できる制度の整備や長時間労働の是正、女性が働きやすい環境づくりのために管理職や職場の意識改革を行なうことが求められる（詳しくは「女性活躍」の項を参照のこと）。

② IT人材の新規獲得

専門技術を持つ新卒社員や経験豊富な中途社員の採用ができれば理想的だが、多くの企業がIT人材の不足を感じているため採用競争は激しくなっており、経験者の採用は容易ではない。そのため、採用の幅を広げ、非IT人材の第二新卒や外国人材などを採用し、社内で育成する仕組みを構築することが重要である。IT人材の初期育成はOJTにより行なわれることが一般的である。しかし、社内での人的資源の投入が困難であれば、外部の研修機関などを利用し、短期間で集中的に育成するという方法もある。近年は、IT人材育成に対する国や自治体からの助成金も整備されており、制度を活用すれば、企業が実際に負担する費用は小さくなる（詳しくは「人材育成に関する法律（助成金）」の項を参照のこと）。

❷ 質の向上について

質の向上については、日々進化する技術に伴い、IT人材に対して求められるスキルや能力もより高いレベルになるため、企業としては学習機会と成長機会を提供することが求められる。

まず、学習機会の提供には、社内外を問わない研修や勉強会といった場の提供や、実務を通してのベテラン社員からの技術伝承などが挙げられる。

他には、従業員が自発的に技術力の向上を目指せる制度を整備する方法もある。企業の中で資格や試験に挑戦することに対する支援制度を構築することで、IT技術を高めやすい環境をつくり出すことができる。IT技術には関連する多種多様な資格や試験が用意されており、難易度のレベルも細かく設定されている。

また、成長機会の提供には、新しい技術が必要な開発案件にアサインし、仕事を進めながら質の向上を目指す方法がある。仕事を割り当てられた本人にとって

はストレッチな状況になるかもしれないが、技術の習得が必須のため、業務完遂後には結果的に新しい技術が身についていることになる。未経験の業務を進める中で新技術を習得した経験は、本人の自信となり、別の技術を習得する際の前向きな姿勢につながる。

現場でのFAQ

Q1 これからのIT人材に必要なスキルはどのようなものになるでしょうか？
A1 プログラミング言語や開発の進捗管理手法など、システム開発に直接関連する知識・技術の習得はもちろん今後も必要ですが、システム開発以外のスキルの習得が今後のIT人材には求められます。

例えば、現在多くのIT企業の技術者が営業担当とともに顧客先に赴き、開発案件について直接顧客と話し合う機会を持っています。若手社員には、相手の発言から相手が求める内容を把握したり、相手にこちらの意図を正しく伝えるという、基本的なコミュニケーションスキルが必要となりますし、中堅以上の社員であれば、関係者を集めた会議を円滑に進めるためのファシリテーションスキルが必要となります。

システムに投入する費用が飛躍的に高まっている現在、企業におけるシステム部門の重要性が増しています。システム開発の成否は企業の業績に直結するため、ユーザー企業のIT部門の人材には、自社の業界や事業構造に関する経営的な知識、IT投資やシステム開発の費用対効果を見極めるための財務的な知識などが求められます。また、企業が持つ各種システムを刷新するなどの場合には、IT部門の人材は経営層に提案を行なう機会があります。現状をわかりやすくまとめて伝えるプレゼンテーションスキルや、業務改善を提案するための企画立案スキルがあるとさらに望ましいといえます。

参考文献

- 「世界最先端IT国家創造宣言」（高度情報通信ネットワーク社会推進戦略本部　2016年　p.16）
  http://www.kantei.go.jp/jp/singi/it2/kettei/pdf/20160520/siryou1.pdf
- 「IT人材白書2016」（情報処理推進機構IT人材育成本部編　情報処理推進機構　2016年）
  http://www.ipa.go.jp/files/000052198.pdf
- 『その「エンジニア採用」が不幸を生む —— 良い人材を見つけ、活躍してもらうには何が必要か？』（正道寺雅信著　技術評論社　2016年）
- 『攻めのIT戦略』（NTTデータ経営研究所編著　NTT出版　2015年）
- 『i コンピテンシ ディクショナリ ポケットハンドブック』（情報処理推進機構 IPA著　情報処理推進機構編　情報処理推進機構　2015年）
  https://www.ipa.go.jp/jinzai/hrd/i_competency_dictionary/download.html

- 経済産業省「IT人材の最新動向と将来推計に関する調査結果について」(2016年)
  http://www.meti.go.jp/policy/it_policy/jinzai/27FY_report.html

051 デザイン経営

概要

▶企業経営における「デザイン」とは、単に商品やサービスの造形を決めることではなく、ユーザー視点・顧客視点で事業の各プロセスを設計し実行することである。

▶市場において他社との差別化を図るためには、技術力の向上やIT活用などと同様に「デザイン」という視点が必要となる。

基礎知識編

1 | デザインとは

デザインという言葉の意味は、『広辞苑』第5版によると以下のようになる。

①下絵。素描。図案。
②意匠計画。生活に必要な製品を製作するにあたり、その材質・機能および美的造形性などの諸要素と、技術・生産・消費面からの各種の要求を検討・調整する総合的造形計画。

日本では一般的に①の意味で使われていることが多く、これは狭義のデザインである。デザインという言葉を広義でとらえた場合には、②の「各種の要求を検討・調整する総合的造形計画」が本質的な意味合いとなる。つまり、ユーザー視点・顧客視点での機能や造形美を検討し、計画・実行をすることがデザインの領域であるといえる。

2 | デザインの重要性

これまで多くの企業が経営手法の中核として、技術力や販売方法に注力してきた。しかしながら、モノをつくれば売れる時代は終わり、商品やサービスのコモディティ化が進む現在の経営環境下において、イノベーションを創出するため、また、競合との差別化を図るためにデザインは必要不可欠な要素となっている。欧米では企業戦略を達成するために、事業や戦略の各プロセスにデザインの視点

を取り入れることが有効であるとの認識が高まっており、ビジネススクールなどにおいて、経営幹部や幹部候補に対してデザインの教育が行なわれている。このようにデザインを重視し、デザインを競争優位性の重要な要素ととらえる経営がデザイン経営である。

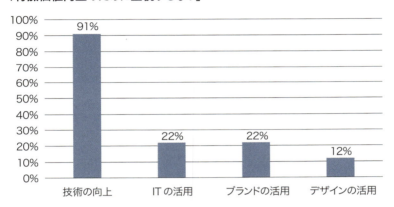

「付加価値向上のために重視するもの」

経済産業省製造産業局「戦略的デザイン活用研究会報告」(2003年)をもとに当社にて作成

3 デザイン経営に必要な要素

　デザインを経営に取り入れるためには、大きく「経営幹部のデザインへの理解」と「デザイナーが関わる領域」の2点が重要となる。

　まず、経営幹部のデザインへの理解についてだが、デザインを狭義でとらえている傾向が強く、経営に取り入れようとしている企業は多くはない。このような場合、ビジネスにおいてデザインが求められる領域についての認識を改める必要がある。同業他社や類似したビジネスモデルを持つ企業がデザインに経営資源を投入し、成功を収めた事例などを参考にしてデザインに対する理解を深める必要がある。

　次に重要となるのが、デザイナーが関わる領域である。事業戦略の各プロセスにデザインは必要であり、特に「コンセプト」「商品」「購買プロセス」の分野でデザインが必要となる。「コンセプト」のデザインとは、商品やサービスの市場における位置づけや購買ターゲット層、販売方法や価格の設定などである。これらは、いわゆるマーケティング活動の上流プロセスといえる。「商品」のデザインは従来

の領域ではあるが、ユーザー目線での機能や造形美をデザインに落とし込むことが求められる。「購買プロセス」のデザインでは、商品を販売するために有効な顧客接点をデザインする必要があり、消費者の購買プロセスの全体像の構築や、実店舗の空間デザインなども対象となる。このように、デザイン経営におけるデザイナーには、経営戦略やマーケティングに関わる知識、また、顧客志向などの幅広い知識の習得が求められる。

現場でのFAQ

Q1 デザイン経営に取り組むには何をすればいいですか？
A1 まずは、全従業員がデザイン経営への理解を深める必要があります。学習する内容は、対象者ごとに変えることを推奨します。

例えば経営幹部であれば、デザインを経営に取り入れることの重要性を理解することが必要です。デザイン経営の事例というと、アップルや日産自動車、サムスン電子などの大企業が目立ちますが、中小企業でも経営にデザインを取り入れ成功した事例は数多くあります。それらの事例を学び、自社の戦略や事業、製品やサービスにどのようにデザインを取り入れ、活かすことができるかを考え、デザインに対する意識を大きく変える必要があります。

デザイナーであれば、前述のとおり、経営的な知識やマーケティングの知識の習得が必要です。また、人によってはデザインとアートの違いを認識する必要もあるでしょう。デザインとは、自分の個性を表現するためのアートではなく、「生活に必要な製品を製作するための総合的造形計画」のことを指します。生活に必要な製品を製作するためには、繰り返しになりますが、マーケティングに関する知識や顧客志向が欠かせません。

現場の従業員であれば、まずは基本的なデザインの知識について学び、デザインの重要性を知る必要があります。デザインの定義や基本的な原理原則、また、デザイン思考などについて学ぶとよいでしょう。このような知識を身につければ、デザイナーとの業務上の連携が円滑になります。

参考文献
- 『経営学者が書いたデザインマネジメントの教科書』(森永泰史著　同文舘出版　2016年)
- 『デザインマネジメント』(田子學／田子裕子／橋口寛著　日経BP社　2014年)
- 『デザインマネジメント ── 事例で学ぶデザインの効果と活用術』(杉野格著　丸善出版　2013年)
- 「特集：デザイン思考の進化」(『DIAMONDハーバード・ビジネス・レビュー』2016年4月号　ダイヤモンド社)
- 経済産業省「戦略的デザイン活用研究会報告」(2003年6月)

052 MOT

> **概要**
> ▶ MOTとは「Management of Technology」の略称であり、日本語では「技術経営」といわれている。
> ▶ ものづくり立国である日本においては、自社が持つ技術を経営資源として有効活用できる人材の育成が求められている。

基礎知識編

1 | MOTとは

　製造業に分類される企業において、技術の高さは市場における競争力の源泉であり、企業存続の根幹となる。一方で、技術そのものだけでは競争優位性を築くことは難しく、開発した技術を用いて顧客にとって魅力的な商品やサービスを提供しなければならない。MOT（Management of Technology）は、自社が持つ技術を経営戦略に活かす管理手法であり、それを行なう担い手を育成することを目的のひとつとしている。

2 | MOTの重要性

　特許の出願数から見ても日本企業の技術力の高さは明らかだが、技術を経営資源として活用する点においては後れを取っているのが現状である（名取、2015）。人材面で見ても、自社が持つ技術を開発・生産部門の中で適切にマネジメントできる人材は存在するが、技術を企業経営に結びつけることができる人材は多いとはいえない（延岡、2006）。

　日本企業が技術を経営に活かし切れていないひとつの理由として、技術習得と経営知識習得の教育体系の乖離が挙げられる。技術部門の従業員の多くは、自社が持つ技術を洗練し、それを新たな商品開発に活かすための訓練を十分に受けている。一方、経営管理部門に配属されている従業員は、企業全体の状態を経営数字としてとらえる手法を身につけている。しかし、どちらの部門の従業員も相手部門の領域の知識をあまり持っておらず、技術力を経営戦略に的確に反映することが難しい状況になっている。

本来ならば、自社が持つ技術的な強みをもとに新たな市場を戦略的に開拓することが企業経営のひとつの形であるが、技術部門と経営管理部門の連携の弱さが企業の競争力を高める際の足かせとなっている。このような状況を打開するためには、技術と経営を結びつける発想を企業に定着させ、それを行なえる人材を育成するというMOTの考え方が重要である。

3 MOTにおける不確実性の認識

　MOTを導入する際に重要となるのが不確実性の認識である。不確実性には「技術」「顧客ニーズ」「競争環境」の3種類があり、これらが存在することを前提に技術にまつわる経営戦略を策定することで、企業の競争力をさらに高めることができる（延岡、2006）。

❶技術の不確実性
　技術開発は試行錯誤の連続のため、新技術が確立するまでの期間やかかる費用を事前に予測することは難しい。技術系従業員であれば、こうした不確実性は業務の中で体得できるが、技術系以外の従業員は技術開発のリスクとしてこの不確実性を認識する必要がある。技術開発に関わる過去の実績の記録や社内での経験の蓄積が、次の開発案件の見通しを立てる際の参考になる。

❷顧客ニーズの不確実性
　十分な事前調査を行なったとしても、顧客のニーズを完全に読み取ることは難しい。顧客は必ずしも最新の技術を必要とせず、デザインの斬新さのみで商品を選択するわけでもない。時には、導入コストや使いやすさなどが商品選択のポイントとなるため、技術に関わる人材は、技術の洗練度が必ずしも商品の競争力につながるわけではないことを認識する必要がある。顧客のニーズに迅速に対応するために、顧客ニーズの把握と自社技術の有効性の分析を常に行なう必要がある。

❸競争環境の不確実性
　技術力のみで生き残ることが難しい3つ目の要因として、競争環境の不確実性がある。新たな発明により強みと思っていた技術が突然時代遅れになる、他社の進出により競争が激化し市場が魅力的でなくなることがあるためである。また、技術的には優っているにもかかわらず、デファクトスタンダード（業界標準）を

取ることができなかったために、市場から締め出されてしまう可能性もある。自社の技術のレベルを高めることだけに集中するのではなく、業界や市場を含めて社会全体の動きを常に把握しなければならない。

4 | MOTの導入と人材育成

技術部門と経営管理部門の連携が弱いという企業の問題を解消するひとつの方法として、技術職の人材に経営的発想を身につけさせるという方法がある。例えば、マサチューセッツ工科大学には「Management of Technology」というコースがあり、入学条件として技術系のポジションでの業務経験を設定している。授業内容は、一般的なMBAコースに技術系のクラスが加わるといったものであり、こうしたコースを受講することで、技術系の従業員に経営的な視点を持たせることができる。また、技術系の従業員に若手の時代からマーケティングなどの知識を伝えることで、技術的知識に偏ることなく技術を企業経営全般の中でとらえる習慣を身につけさせることが可能となる。

「MOTとMBAの関係」

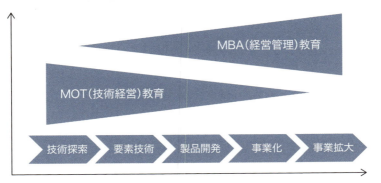

松田（2003）をもとに当社にて作成

現場でのFAQ

Q1 技術部門全体に経営的な発想を持たせるには、どうすればよいでしょうか?

A1 開発生産に関わるQCD（Quality、Cost、Delivery）のみならず、需要予測や売上げ予測を技術部門に行なわせる方法があります。こうした取り組みを通じて、技術の洗練のみに注力するのではなく、常にマーケティングに意識を向けさせるとよいでしょう。営業部門と連携して売上げに対する責任を分担して持たせることもひとつの方法です。営業部門と協働することで顧客の声が身近になり、新たな商品開発のヒントを得ることにもつながります。

Q2 さまざまな技術開発を行なっているにもかかわらず、経営に活かし切れていません。どのような対策があるでしょうか?

A2 所属部門に関係なく、誰もが参加できる商品開発コンテストを実施するという方法があります。せっかく開発した技術も、商品に使われない限りは社内で埋もれてしまいます。社内に偏在する隠された技術を従業員が持ち寄ることで、新たな商品が生まれる可能性が出てきます。

商品開発コンテストでは、部署を超えた有志のメンバーでチームをつくり、さまざまなアイデアを出し合います。技術系の従業員は、自分たちの技術が顧客にどのように価値を提供しているかを実感し、営業やマーケティング部門の従業員は自社の技術を改めて知ることで営業・販売戦略を練り直すことができます。企業全体でアイデアを生み出す雰囲気が出てくれば、技術開発と経営の距離がさらに縮まります。

参考文献
- 『中小企業のための技術経営（MOT）入門 ——"つよみ"を活かすこれからの企業経営モデル』（名取隆編著　同友館　2015年）
- 『MOT[技術経営]入門』（延岡健太郎著　日本経済新聞出版社　2006年）
- 『図解 実践MOT入門 —— 技術を新規事業・新商品につなげる方法』（出川通著　言視舎　2014年）
- 松田修一（2003）「今、なぜ技術系人材への経営教育（MOT）が必要か」『情報管理』Vol.46　No.4　pp.242-252）

053 知的財産

> 概要
> ▶知的財産戦略の推進は日本の国家戦略のテーマのひとつである。
> ▶知的財産権制度の活用は「知的財産権の保護に対する取り組み」と「知的財産権の侵害に対する取り組み」がある。
> ▶「知的財産権制度の理解」はコンプライアンスや情報セキュリティ同様、企業にとってこれから注力すべき教育テーマである。

基礎知識編

1 | 知的財産権制度

　知的財産権制度とは、「知的創造活動によって生み出されたものを、創作した人の財産として保護するための制度」のことである（特許庁ホームページより引用）。

　世界に先駆けた本格的な人口減少社会を背景に、日本政府は「新たな有望成長市場の戦略的創出」というテーマを日本再興戦略の中で掲げており、その中の取り組みのひとつに「知的財産戦略の推進」がある。

　知的財産権制度に関する取り組みは、特許庁の「特許庁ステータスレポート2016」によると、以下のように説明されており、知的財産権制度の活用が年々促進されていることがわかる。

「出願年別に見たとき、特許出願件数や審査請求件数は近年漸減傾向であるものの、特許登録件数は17万件前後を維持しており、特許登録率（特許出願件数に対する特許登録件数の割合）は増加傾向にある。このことから、出願人が特許出願及び審査請求にあたり厳選を行うことが根付き、企業等における知的財産戦略において量から質への転換が図られつつあることが窺える」

「出願年別で見る特許出願・審査請求・特許登録等の推移（1990－2015）」

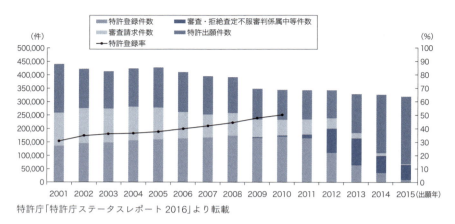

特許庁「特許庁ステータスレポート2016」より転載

2 知的財産の種類

　知的財産権制度は、創作意欲の促進を目的とした「知的創造物についての権利」と、商標権や商号といった使用者の信用維持を目的とした「営業上の標識についての権利」に大別され、それぞれ以下の項目がある（特許庁ホームページより）。

【知的創造物についての権利】
　① 特許権
　② 実用新案権
　③ 意匠権
　④ 回路配置利用権
　⑤ 育成者権（種苗法）
　⑥ 営業秘密

【営業上の標識についての権利】
　① 商標権
　② 商号
　③ 商品表示、商品形態

3 │ 知的財産権の保護と侵害

　昨今は、知的財産に関するニュースも数多く報道されており、企業における知的財産権制度の活用に対する関心はますます高まってきている。知的財産権制度の活用については、自社のノウハウを他社から守り、適切な利益を得ることにつながる「知的財産権の保護」という観点と、企業活動の中で他社のノウハウを誤って利用してしまう「知的財産権の侵害」という2つの観点がある。知的財産権の保護という観点での各企業における取り組みは、前述のとおり年々高まっているが、知的財産権の侵害に対する取り組みは、今後さらに意識していかなければならない課題である。知的財産権を侵害してしまった場合、訴訟問題に発展し企業の信用問題につながる可能性があるため、コンプライアンスや情報セキュリティと同様に、全従業員への教育を徹底していくべきテーマである。

4 │ 知的財産権の侵害を防止する教育の取り組み

　知的財産権制度に関する教育の取り組みには以下のものがある。

❶外部講師を招いた研修の実施
　一般的には弁理士、弁護士、研修会社などに外部講師を依頼し研修を実施する。

❷国や地方公共団体が開催している外部研修への参加
　特許庁のホームページに、国や地方公共団体が開催している研修が月ごと・地域ごとに紹介されている。

❸自社の事例を活用したケーススタディの実施
　業務上で知的財産権侵害の可能性がある事例をクイズ形式などで出すと、従業員も理解しやすい。

❹社内イントラネットなどの活用
　自社の知的財産に関するトピックスをまとめ、社内イントラネットなどを通じて情報発信をする。ポイントは継続することであり、一度の情報量は少なくても、継続的に情報発信をすることで認知と理解を高めることが重要である。

5 | 知的財産権の活用

　知的財産は守ること（クローズ）によりシェアの維持ができる一方で、開放すること（オープン）によってマーケット規模の拡大にもつながるため、オープンとクローズを使い分けている企業も存在する。保有技術の一部をオープンすることで市場を拡大・活性化し、残りの保有技術をクローズすることで参入障壁を形成する。高い市場シェアを維持できれば大きな売上げと利益を享受できる。このように、知的財産権は保護するだけではなく、戦略的に開放することも活用事例のひとつである。

現場でのFAQ

Q1 ｜ 知的財産に対する取り組みを推進するためのポイントを教えてください。
A1 ｜ ポイントは以下の3つです。
(1) 経営テーマとして「知的財産」に取り組むことを発信する
　　知的財産が企業の利益やレピュテーションに大きな影響を与えることを伝え、企業として取り組むことを全従業員に発信します。
(2) 人事評価項目に知的財産権制度の理解に関する項目を追加する
　　追加する項目として、知的財産に該当する自社技術の把握や、知的財産管理技能検定などの資格取得による加点項目、違反行動に対する減点項目などがあります。
(3) 新入社員研修などの初期段階から従業員教育を実施する
　　知的財産権はコンプライアンスや情報セキュリティと同様に、問題が発生した際には訴訟問題にも発展する重要テーマのため、早期から従業員教育を行なっていくことを推奨します。

Q2 ｜「知的財産権の侵害」に関する事例を教えてください。
A2 ｜ 商品名や企業名がすでに存在しているにもかかわらず、それらを使用したことにより訴訟問題に発展したケースがあります。
　この場合、損害賠償や商品の廃棄、サイト情報の公開停止、企業名の変更などの対応をしなければなりません。他にも、産地偽装や画像・文章の引用、ロゴマークの流用などの侵害もあります。また、他社の知的財産の侵害だけでなく、自社内でのトラブルなどもあります。

Q3 知的財産権は海外でも適用されますか？

A3 属地主義の原則により、海外の知的財産権はその国内にしか及ばないため注意が必要です。

　属地主義の原則とは、「国際司法上、法の適用範囲や効力範囲を定めるにあたって、その適用を場所的な要素によって定め、あるいはその効力をそれが制定された領域内に限定して認める主義」のことをいいます（特許庁委託事業「外国産業財産権侵害対策等支援事業」ホームページより抜粋）。

参考文献
- 『知的財産戦略 ── 技術で事業を強くするために』（丸島儀一著　ダイヤモンド社　2011年）
- 『知財戦略のススメ ── コモディティ化する時代に競争優位を築く』（鮫島正洋／小林誠著　日経BP社　2016年）
- 特許庁ホームページ
  https://www.jpo.go.jp/indexj.htm
- 特許庁「特許庁ステータスレポート2016」
  http://www.jpo.go.jp/shiryou/toukei/pdf/status2016/0101.pdf
- 特許庁委託事業「外国産業財産権侵害対策等支援事業」ホームページ
  http://www.jpo.go.jp/index/kokusai_doukou/iprsupport/index.html

054 CSR

概要

▶CSRとは「Corporate Social Responsibility」の略称であり、日本語では「企業の社会的責任」と呼ばれる。
▶企業は利益を追求するだけではなく、社会を構成するメンバーの一員として社会に対して責任を負うことが求められており、社会的責任に関する従業員教育が行なわれている。

基礎知識編

1 | CSRとは

　企業は利益を追求するための存在だが、同時に雇用や環境負荷など社会に対して幅広く影響を及ぼしている。そのため、企業は社会の一員としての社会的責任を果たすべき（伊吹、2014）というのが、CSRの基本的な考えである。日本の企業には、戦後、企業不祥事や環境問題で社会全体から厳しい目を向けられてきた過去がある。こうした背景から日本におけるCSRは、主に「法令順守」「社会貢献」「環境対応」の3つの領域で発展してきた（川村、2015）。

❶法令順守

　談合や不正経理、食品の産地偽装などが発覚した結果、社会が企業を見る目は厳しいものとなった。社会からの厳しい視線は経営への打撃にもなり、市場からの撤退を余儀なくされたケースもある。企業の経営者たちは企業存続のためにも、法令順守（コンプライアンス）に取り組むことになった（詳しくは「コンプライアンス」の項を参照のこと）。

❷社会貢献

　企業は力をつけていくにつれて利益を蓄積するようになり、社会は利益を潤沢に生み出す企業に対して社会への還元を求めるようになった。企業側もイメージ向上を狙い、慈善事業や芸術支援を行なうようになった。また、産業の少ない地域に工場などを設置することで、雇用を創出するという社会貢献を行なうようになった。

❸ 環境対応

　高度経済成長期において企業が私的利益を優先した結果、重大な公害問題が相次いで生じた。企業への公害問題の責任を問う声は古くから強く、企業は住民運動や抗議活動の対応に追われた。こうした背景から、日本企業は早くから環境対策に取り組み、公害防止技術や高エネルギー効率技術など各種の環境対応技術を高めている。

2 | CSRの展開

　前述のように、現在まで複数の領域にわたり取り組まれてきたCSRだが、いままでの取り組みは個別領域への対応であり、企業全体としての視点が十分でないという問題があった。したがって現在は、CSRを経営戦略に融合させていくことに注目が集まっている（伊吹、2014）。CSRは、いままでは企業を守るためのひとつの手法と見られていたが、今後は企業のアイデンティティを確立するといった経営上の戦略的手段になると考えられる。

　CSRを経営戦略に組み込む際のひとつの方法として、ステークホルダー視点の導入がある。企業を取り巻くステークホルダーには、企業自身、従業員、株主、顧客、協力会社、地域社会などがある。事業を推進するにあたって、各ステークホルダーの利害関係を鑑みたうえで、事業の持続可能性を検討することが望ましい。

3 | CSRの国際規格としてのISO26000

　「法令順守」「社会貢献」「環境対応」は、社会の要請により日本の企業が独自に取り組んできた領域であり、世界的に見たCSRとはやや趣きが異なる。日本国内のみの企業展開であれば独自の活動も可能であったが、より進んだグローバルな環境下では、CSRも国際的な基準を意識する必要があり、世界標準として用いられるようになったのがISO26000である。ISO26000は、7か条とそれに付随する参考文献と附属書からなり、企業が取り組むべき中核主題として、次ページの図に示す7つの項目を挙げている。グローバル展開する企業には、国際的な活動のためにこのISO規格の取得や準拠が求められている。

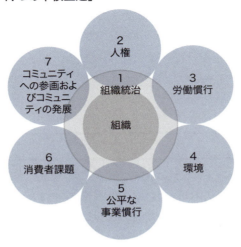

「7つの中核主題」

ISO/SR国内委員会（2011）をもとに当社にて作成

4｜従業員とともにあるCSR

　企業戦略として設定したCSRも、従業員が行動を起こさない限り力を発揮しない。CSRを組織に浸透させるための方法として、企業が持つ理念との統合が挙げられる（海野、2009）。多くの日本企業は理念の中で社会貢献を掲げており、従業員も自分たちの仕事の目的のひとつとして社会貢献を意識している。こうした基本的な考えをもとに、企業は従業員を巻き込み、環境への取り組みや地域社会への貢献といった具体的なCSR活動をともに行なうべきである。

現場でのFAQ

Q1｜CSRの取り組みにおける注意点として、どのようなものがあるでしょうか？

A1｜CSRの取り組みが、自社内で完結しないケースもあることを意識する必要があります。仮に自社のコンプライアンス対策が万全であっても、業務発注先の企業がコンプライアンスに抵触する行動をとっていた場合、社会はその責任の一部が発注者側にもあると認識します。自社が構築しているサプライチェーン全体が、社会への責任を果たしているかを確認する必要があります。

Q2 CSRと似た概念として、CSVという考え方があることを知りました。CSVとはどのようなものでしょうか？

A2 CSVとは「Creating Shared Value」の略称であり、日本語では「共有価値の創造」と訳されます。2011年にポーターによって提唱されました。企業が社会的責任を果たすという点ではCSRの考え方と変わりませんが、CSVは企業が社会的責任を果たしつつ、競争力を同時に高めることをポイントとしています。

大手自動車メーカーによる電気自動車の開発と販売は、CSVのわかりやすい例といえます。排気ガスの排出を抑えるという点で、電気自動車は環境によい製品といえます。一方、消費者は、環境問題に関心がある、あるいは燃費がよいという点から、これらの製品を購入します。その結果、電気自動車を製造するメーカーは、環境保全という社会貢献を行ないつつ、収益を上げる状況をつくり出すことができます。CSVの考え方では、企業と消費者と社会全体という三者がともに利益を得られる状態を目指すべき姿と設定しています。

参考文献
- 『新版 CSR経営戦略』（伊吹英子著　東洋経済新報社　2014年）
- 『CSR経営パーフェクトガイド』（川村雅彦著　ウィズワークス　2015年）
- 『企業の社会的責任（CSR）の基本がよくわかる本――取り組む理由から業務に組み込む工夫まで実践のためのポイント35』（海野みづえ著　中経出版　2009年）
- 『日本語訳 ISO26000：2010――社会的責任に関する手引』（ISO/SR国内委員会監修　日本規格協会　2011年）

055 コンプライアンス

概要
▶コンプライアンスは、現代の企業経営にとって、ＣＳＲやリスクマネジメントの観点から重要視される経営テーマのひとつである。
▶コンプライアンス違反を防ぐためには、制度の構築だけでなく、従業員一人ひとりのコンプライアンス意識の醸成が必要である。

基礎知識編

1 | コンプライアンスに関する社会情勢

　コンプライアンスというキーワードが日本で使用されるようになったのは、1980年代後半頃からだといわれている。コンプライアンスに関連する問題は企業経営そのものに大きなダメージを与える場合も多い。帝国データバンクの「2015年度 コンプライアンス違反企業の倒産動向調査」によれば、2015年度のコンプライアンス違反を原因とする倒産件数は289件で、コンプライアンスの問題により倒産にまで至ってしまうケースが増えている。

　近年、グローバルに展開する企業の数も多く、業務の推進手順が進出先の国の法令に抵触していないか、関連する法令の知識は最新であるかなどの確認が必要である。

2 | コンプライアンスのとらえ方

　コンプライアンスという言葉は本来、「命令や要求を受け入れる」「人の期待にすぐに応える」といった意味を持つ。コンプライアンスを狭義でとらえた場合、「法令順守」となるが、本来の意味である「命令や要求」「人の期待」を考慮すると、コンプライアンスが想定する範囲はより広くなる。近年は、企業におけるコンプライアンスは、法令順守だけでなく、社会的な要求や期待を体現することも想定されている。

「コンプライアンス違反倒産件数」

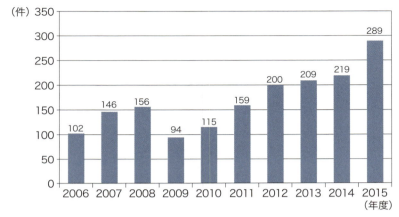

帝国データバンク「2015年度 コンプライアンス違反企業の倒産動向調査」より

3 企業におけるコンプライアンス制度構築のポイント

❶コンプライアンス制度の対象領域の設定

コンプライアンス制度は一般的に、事件や不祥事を発生させないための仕組みとして構築される。制度構築をするうえで考慮すべき発生し得る事件や不祥事の対象として、法令違反のみを対象とする場合と、法令違反以外のリスク（例：過失による社内の機密情報の紛失など）も含める場合がある。後者の場合、リスクマネジメント制度と呼ぶのが一般的である。

❷関連する法規制の特定

関連する法令には以下のものが挙げられる。

① 事業活動そのものに関わる法令の例

　民法、会社法、独占禁止法、著作権法、不正競争防止法、個人情報保護法など

② 消費者に関する法令の例

　消費者基本法、消費者契約法、特定商取引に関する法律、製造物責任法など

③ 従業員に関する法令の例
　　労働基準法、労働契約法、男女雇用機会均等法、公益通報者保護法など
④ その他、インターネットに関わる法令などの例
　　不正アクセス禁止法、特定電子メール法、刑法（業務上横領罪、背任罪、有印私文書偽造罪など）など

　該当する法令を一度把握したとしても、法令の改正だけでなく、新規事業の立ち上げや事業の改革、商品、サービスの改善などにより適用される法令が変わる。適用される法令を継続的に確認する体制を構築する必要がある。

❸リスクの特定と対応

　まずは、自社の事業活動で発生し得る法令違反、事故、不祥事といったリスクの洗い出しを行なう。洗い出されたリスクを、発生した際に企業に与える影響の大きさと発生可能性の2つの視点で判断する。そのうえで、洗い出されたリスクへの対応方針を決定する。
　リスクへの対応方針には、リスクの低減、リスクの回避、リスクの移転、リスクの受容（保有）が挙げられる。

- **リスクの低減**……リスクの発生可能性を下げることである。例えば、グローバル展開をしている企業であれば、各国の法律や条例などに抵触しないように、海外赴任をする従業員に対して教育を実施するなどである。
- **リスクの回避**……リスクの発生要因をなくすことである。想定されるリスクの大きさによっては当該業務を廃止する、もしくは事業そのものから撤退することも考慮する。例えば、災害の多い地域や治安の悪い地域に自社の事業所や工場などがある場合、リスクを回避するために安全と思われる場所に移転するなどである。
- **リスクの移転**……リスク発生時の影響を他の方法でカバーすることである。例えば、考え得るリスクに備えられる保険があれば加入し、リスク発生時の損失を充当する、もしくは業務の一部を外部委託し、リスクが発生した場合には契約により損害賠償といった形でリスクを移転するなどである。
- **リスクの受容（保有）**……発生頻度が低く、リスクの影響が小さい場合や、リスクの重要性に比べてリスクへの対応コストがかかる場合などに、リスクを認識するだけに留めて対策を行なわないことである。

上記のように、リスクを洗い出し対応方針を決定した後に、仕組みの構築や技術的な対策を行なう。決定された対応方針は関係者に告知し、必要であれば新たに社内規定に加えることも考慮する。

❹リスク対策の運用状況のモニタリングとフィードバック
　リスク対策が社内で運用され、効果を出すためには、リスク対策の運用状況をモニタリングし、運用に関わる従業員にフィードバックすることが必要である。
　具体的には、運用される部門によるチェックリストなどに基づいた自己チェックおよび自己チェック内容の確認や、業務監査の一環として、内部監査部門による内部監査の実施などである。自己チェックや監査の結果は、運用している部門に必ずフィードバックをし、改善を進める。

4｜企業倫理実現の努力

　コンプライアンスに関する制度構築をいかにしようとも、実践するのは個々の従業員である。コンプライアンスの問題を発生させないだけでなく、企業として社会的な要望や期待に応えるためには、法令や規定などを順守し、企業倫理の実現を目指す必要もある。企業倫理を実現するため、企業は多くの経営資源をコンプライアンスに関わる方針の設定、行動指針の策定およびそれらの浸透に投入しなければならない。

現場でのFAQ

Q1｜コンプライアンスの具体的な教育方法にはどのようなものがありますか？
A1｜コンプライアンスの教育方法として、以下が挙げられます。自社での取り組みの参考にしてください。

（1）**コンプライアンス研修の実施**……従業員を集め、研修を実施する。研修内容にはコンプライアンス違反が会社にもたらす影響、従業員が順守すべきことなどが含まれます。1年に1回以上は実施するなど、定期的に実施するのが一般的です。
（2）**コンプライアンスに関するeラーニングの実施**……従業員を一堂に集めての研修実施が困難な場合に、コンプライアンスに関するeラーニングを実施します。従業員のコンプライアンスに関する理解度を高めるために、コ

ンテンツの最後に学んだ内容の確認テストを行なう場合もあります。
（3）**コンプライアンスカードの作成、配布**……コンプライアンスの考え方や守るべき規定、リスク発生時の対応方法などを名刺サイズのカードなどにして配布し、従業員に携帯させます。従業員に伝えたい内容が多い場合は小冊子の形式をとる場合もあります。

　上記の例は、全従業員に基礎的な教育をするには有効です。しかしながら、職位や職種によって学ぶべき範囲は変わりますので、対象者をセグメントして個別に研修を実施することを推奨します。例えば、管理職向けにはセクハラ・パワハラの研修を実施する、海外赴任者には現地の法律や条令に関しての教育を行なう、新規事業としてB to Cのビジネスを展開する場合には消費者関連の法令を学ぶ、といった形で対象者別に研修を実施することで、受講者の当事者意識を醸成することができ、研修の効果が高まります。

参考文献
- 帝国データバンク「2015年度 コンプライアンス違反企業の倒産動向調査」
  https://www.tdb.co.jp/report/watching/press/pdf/p160402.pdf
- 経済広報センター「第19回 生活者の"企業観"に関する調査報告書」
  https://www.kkc.or.jp/data/release/00000116-1.pdf
- 『初級ビジネスコンプライアンス──「社会的要請への適応」から事例理解まで』（郷原信郎編著　元榮太一郎ほか著　東洋経済新報社　2009年）
- 『コンプライアンスの実践知識』（浜辺陽一郎著　PHPビジネス新書　2016年）

第4章
研修編

056 研修のトレンド

概要

研修は社会から影響を受けるものである。研修で取り扱う内容に加え、研修の実施方法も従来とは異なるものが登場している。

研修キーワード	
働き方改革	ダイアローグ
女性活躍	バイトサイズ
生産性向上	性格スキル
ダイバーシティ	アクティブラーニング

基礎知識編

1 | 管理職向け

管理職向け研修は、管理職に着任したばかりの社員や、すでに管理職として活躍している社員を対象にした研修である。

組織のマネジメントについて学ぶことが一般的であるが、最近では、プレイングマネジャー(部下の育成・指導と現場での実務の両方を担う管理職)の育成を目的としたプレイングマネジャー研修や、働き方改革のキーパーソンが管理職であるという理由から、働き方改革をテーマにした研修のニーズが高まっている。また、部下の考えや能力を引き出すスキルの習得を目指すコーチング研修など、人材育成の担い手としての研修も実施されている。現在は、コーチングよりも有効な手段として、相手との「対話」により、新たな気づきや着想、解決策などを探るダイアローグをテーマとした研修も注目されるようになった。

なお近年は、管理職の早期育成の重要性から、管理職候補者向け研修やサクセッションプランと連携した選抜型の研修も実施される機会が増えている。

2 | 若手・中堅社員向け

若手・中堅社員向けの研修は、ビジネスに必要なスキル(コミュニケーションスキルなど)や知識(財務、コンプライアンスなど)をテーマとしたものが多く、

数時間から1日単位で実施される。

近年は、これから携わる業務に必要となる知識やスキルを事前に学習する「経験前学習」や、高い成果につながる行動（コンピテンシー）を習慣化するための研修、より基盤となる能力である性格スキル（ビッグファイブなど）を向上させるための研修なども実施されている。

また、チームで仕事をすることの意義や、チームで仕事を進めるための方法を理解するためにチームビルディング研修が実施されることも多い。研修では、主にメンバー同士の相互理解、人間関係構築などについて学ぶ。最近では、従来のメンバー同士の相互理解や人間関係構築といった内容だけでなく、働き方改革に代表される生産性向上の取り組みとして、生産性をチームで高めるための研修も実施されている。

3 | ダイバーシティ

現在のトレンドとしてはダイバーシティ（多様性）に関する研修が増えている。多様性を理解し受容することを目的にする点は同じだが、国や地域間の文化の違い、女性活躍、高年齢者活用、LGBT、多様な働き方など、ダイバーシティ研修で扱う範囲が拡大している。

4 | 研修時間

従来の研修は1日単位で実施されることが多かった。研修を階層別で実施し対象者を一堂に集める場合、日単位のほうが都合がよいことが理由のひとつとして挙げられる。しかし、研修に対しても生産性の向上が求められるようになり、研修時間のバイトサイズ化（研修時間を1〜2時間程度にすること）が進んでいる。

5 | 研修のスタイル

現在でも、多くの研修が教室型で実施されている。しかしながら、従来型の知識やスキルの伝達だけではなく、受講者の気づきや行動変容、受講者同士による創造性の発揮などが求められるようになり、研修にもさまざまなスタイルが出てきている。意見交換や発表を中心とする「セッション形式」、協働と相互啓発をテーマにした「ピアラーニング」、受講者がそれぞれ持つ知識や情報を教え合い

ながら共通の課題解決を目指す「ジグソーメソッド」、新たな着想を得るためにグループメンバーを入れ替えながら対話を繰り返す「ワールドカフェ」などである。なお、eラーニングやモバイルラーニングと、従来の教室型の集合研修を組み合わせた「ブレンディッドラーニング」と呼ばれる研修も広がりつつある。

057 内定者研修

研修が実施される背景／研修の対象

　内定者研修は、主に「ビジネス知識の事前インプット」と「内定辞退防止」を目的として行なわれることが多い。基本的なビジネスマナーや会社の仕組み、仕事の基本などの知識を事前に学習することで、内定者側は社会に出るに際して抱えている迷いや不安を払拭することができ、企業側は入社後のスムーズな立ち上がりが期待できる。

　また、内定者研修を通じて定期的に内定者と接触することで、企業理解の向上や同期意識の醸成などの効果も期待でき、内定辞退防止にもつなげることができる。

研修で主に伝えるべき内容

1 | 学生と社会人の違い

　責任、お金、身だしなみ、言葉遣い、人間関係、時間管理などにおける、学生と社会人の違いを提示し、社会人としての考え方や責任、仕事のやりがいなどを理解してもらう。学生気分を切り替え、社会人としての自覚を持って入社することで、仕事に対する向き合い方が変わる。

2 | 社会人としての心構え

　社会人として望ましい考え方や社会人として求められる行動を知ってもらうことを目的とする。伝える要素として、健康管理、時間厳守、情報収集、ビジネスコミュニケーション、主体性、ルール・マナーなどが挙げられる。それぞれの要素について、必要性や目的、具体的な行動例を伝えることで、内定者の行動変容につなげることができる。

　社会人にとっては当たり前のことでも、学生にとっては初めて知ることが多いため、「知っているだろう」と決めつけずに、一つひとつ丁寧に伝えることが重要である。

「学生と社会人の違い」

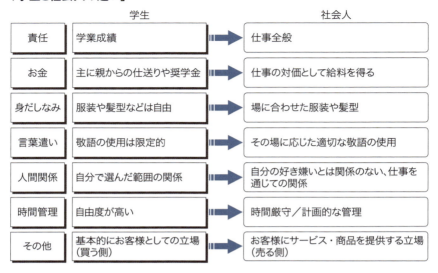

3 | 基本的なビジネスマナー

　基本的なビジネスマナーとして、挨拶、身だしなみ、宴席でのマナー、席次などについて伝える。挨拶や身だしなみに関しては、就職活動を通じてすでに知識のある学生が多いが、宴席でのマナー、席次などの知識は学生時代の経験では身につかないことが多いため、一から伝えることが必要である。

4 | 情報の取り扱い

　社会人になるにあたり、業務で知り得た情報の取り扱いについての注意点を、情報セキュリティやコンプライアンスの観点から伝える。この際、SNSの使用についての注意点を伝えることも重要である。

5 | 会社の仕組み

　就職活動を通じて、各企業の事業内容や求めている人材像についての知識はあるものの、会社の仕組みについての知識は少ない学生が多い。社会人になるうえで、会社にはどのような部門があり、それぞれどのような活動を行なっているの

かを知ることは、入社後に自分が担うべき役割を認識するための重要な要素のひとつである。

6 | 研修を通じてのポイント

ポイントは、「目的の伝達」と「アウトプット（実践）」である。研修で学ぶ知識や行動がなぜ必要なのか、目的や意義を最初に伝えることで、内定者の行動変容を促すことができる。また、内定者研修であっても通常の研修と同様に、アウトプットをする機会を設けることが重要である。研修で学んだ内容を実践することで知識の定着率が高まる。

7 | その他の手法

内定者研修は、知識のインプット型研修以外にも通信教育、eラーニング、モバイルラーニングなどの手法と組み合わせて理解を深めたり、復習を促したりすることで、より効果が高まる。また、内定者に課題を与え、チーム単位で取り組むような施策も、内定者の学びを深めるうえで有効である。副次効果として、内定者間の同期意識が醸成され、内定辞退の防止などにつながる。

058 新入社員研修

研修が実施される背景／研修の対象

新入社員研修は、新入社員に「学生」と「社会人」の違いを具体的に認識してもらい、社会人を始めるにあたって必要な基礎的なビジネスの知識を習得してもらうために実施されることが多い。新入社員研修の実施期間は会社によって異なり、数日から数か月程度までさまざまなバリエーションがある。

研修で主に伝えるべき内容

1 | 社会人のマインドセット

入社直後の新入社員研修では、社会人としての基本的な心構えを理解してもらう。

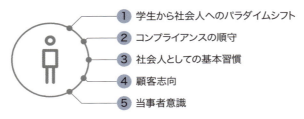

「社会人のマインドセット」
1. 学生から社会人へのパラダイムシフト
2. コンプライアンスの順守
3. 社会人としての基本習慣
4. 顧客志向
5. 当事者意識

❶学生から社会人へのパラダイムシフト

人間関係や言葉遣い、身だしなみなど複数の項目について、学生と社会人の違いについて理解してもらう。人間関係を例に挙げると、学生は自由に好きな人とだけ付き合えばよい場合が多いが、社会人の場合は組織の中で誰とでも協調性を持って仕事をする必要がある。社会人は「自分中心」ではなく、「相手中心」の考え方が求められる。

❷コンプライアンスの順守

コンプライアンスの定義やコンプライアンスの種類など、コンプライアンス自体の説明を行なうだけでなく、自身の行動・言動が企業全体にどのような影響を与えるのかを理解してもらう。コンプライアンスを自分事としてとらえられるよ

うにするために、コンプライアンス違反をした場合に自社にどのような影響があるのかを考えることも有効である。

❸社会人としての基本習慣

新入社員の1年間で身につく習慣は、その後の社会人人生に大きな影響を与える。そのため、新入社員期間中によい基本習慣を身につける必要がある。よい基本習慣の具体例として、「早起きをする」「朝食を食べる」「毎朝、新聞を読む」などが挙げられ、これらを身につける理由やメリットを理解してもらう。

❹顧客志向

新入社員といえども、企業の一員として顧客の期待を常に意識して行動しなければならない。顧客と接する機会のある職種に限らず、顧客と接する機会のない職種においても、すべての行動が最終的に顧客につながっていることを伝えることで、顧客志向の大切さを全新入社員に理解してもらう。

❺当事者意識

社会人は、各人が会社の代表として振る舞う必要がある。当事者意識を持たないことによって生じる軽率な行動は、個人の評価を下げるだけでなく、企業全体の評価を下げる可能性がある。また、管理部門の新入社員の場合も、自分のミスは同僚（上司、先輩社員など）に影響があることを理解しなければならない。一方で、当事者意識を持って仕事をすることができれば、業務に対して積極的に取り組めるようになり、本人に対する周囲からの信頼も高まる。これらのことを具体的な例を用いて説明し、一人ひとりが、仕事に対して当事者意識を持つ必要があることを認識してもらう。

2 │ 社会人に必要なビジネスマナー

社会人に必要な「身だしなみ」や「席次」「名刺交換」などのビジネスマナーについて、その必要性も含めて理解してもらう（詳しくは「ビジネスマナー」の項を参照のこと）。

3 | 会社についての理解

　社会人としての常識を学ぶことと並行して、入社した企業のことを知る必要がある。そのために、企業の成り立ちや企業理念を理解してもらう。企業に所属する組織人として、共通の目的（理念）を持って仕事を進めることは重要である。特に企業理念や行動指針を設定している場合は、その理念や指針が実務上で判断に迷った際のよりどころとなり得るため、新入社員にしっかりと浸透させる。

　また、企業独自のルール（商品ルール、事務処理ルールなど）についても説明する。その際にはルールの内容をただ伝えるだけでなく、なぜそのルールが存在するのかという理由も伝える。そうすることで、新入社員はルールについての理解を深め、規範意識をより高めることができる。

4 | 職場についての理解

　職場見学を行なうことで、各職場がどのような仕事をしているのか、またどのような雰囲気なのかを知ってもらう。同じ企業で働く従業員の仕事内容や、職場の雰囲気を知っていれば、配属後に他部署と円滑なコミュニケーションをとることができる。製造業などで自社工場がある企業では、工場で体験実習を実施するケースが多い。

5 | 基本スキルの習得

　職場に配属されてしばらく経過した後、業務に関連する知識やスキルを習得するための研修を行なう。
　新入社員のうちに身につけておくべき知識・スキルの例として、以下がある。

・仕事の進め方の基本
・社内でのコミュニケーション（報連相など）のとり方
・ビジネス文書（メール・報告書など）の書き方

6 | 新入社員としての総仕上げ

　入社初年度が終わる頃に、新入社員フォローアップ研修を実施する。この研修

では、立ち止まって振り返ることの重要性を新入社員に理解してもらう。これまでの業務を通じて、「何ができるようになり、何がまだできていないか」「心がけていることは何か」などを他部署の新入社員と意見交換をしながら考えてもらう。意見交換を行なうことで、自分視点だけでなく他者視点での振り返りができる。振り返りを十分に行なった後は、次の目標となる社会人２年目の社員に求められるものを伝える。一般的には「先輩社員として新入社員の模範となる」「自分の仕事の質やスピードをさらに高める」などが挙げられる。最後に、２年目に向けての実行計画などを作成する。

059 管理職候補者研修

研修が実施される背景／研修の対象

　現在、多くの管理職は、マネジャー業務に専念していた従来の管理職の業務を全うすることに加え、プレイヤーとして活躍することも求められている。そのため、多くの企業において、管理職が効率的・効果的に管理職としての業務を遂行できるよう、管理職候補者の時期から管理職になる準備をさせ、必要な能力やスキルを高めてもらうことが重要になっている。

研修で主に伝えるべき内容

1 | 管理職の役割

　管理職の役割で最も重要なことは、「部門の成果を持続的に出す」ことである。管理職に昇格する可能性のある人材は、あらかじめこのことを意識して日々の業務に従事する必要があることを伝える。成果の具体的内容は部門によって異なるため、自身が所属する部門の役割に照らし合わせて、自部門における成果について改めて考えてもらう。

2 | 管理職になるために

　将来の管理職に向けて、管理職候補者は、パラダイムシフトを行ない、上司に対してフォロワーシップを発揮する必要がある。パラダイムシフトとは、視点を管理職と同じ高さに上げ、その高さから部門や企業全体を見ることを習慣づけることである。また、フォロワーシップとは、上司である管理職のアシストを積極的に行ない、管理職の仕事を早い段階で経験することを指す。

3 | パラダイムシフト

　管理職の立場として行なう仕事を理解するための方法が、パラダイムシフトである。立場は部門のメンバーでありつつ、視点を管理職と同じ高さに持つことである。視点を高めて見る対象は「業務領域」「組織能力」の2種類がある。「業務領域」では、そもそも管理職の仕事にどのようなものがあるのかを理解する必要が

あり、「組織能力」では部門の成果を出すために自分ひとりの力だけでなく、他のメンバーの能力を把握する必要がある。

4 パラダイムシフトの実践

パラダイムシフトについて理解した後に、現時点でどの程度、管理職の視点で業務を実施できているかを確認し、できていない場合は今後何を行なうべきかを理解する。例えば、自社の重点課題、自部門の方針、会社から自部門に期待されている今後の役割などを書き出してもらう。日常的に意識を高く持っていれば、こうした項目はすぐに書き出せるはずである。管理職の業務領域を把握しているかを確認するためには、自分の上司である管理職の業務内容を挙げ、漏れている業務がないかチェックする。組織能力を把握しているかを確認するためには、同じ部門の他のメンバーの強み・弱み・スキル・実績・性格などをすぐに思い出せるかどうかを確認する。

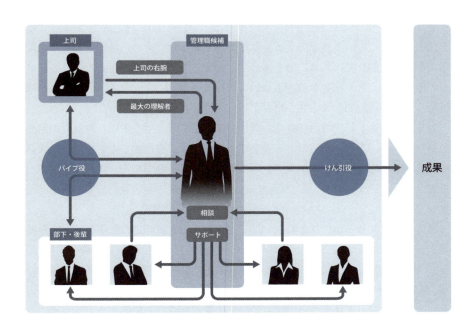

5 | フォロワーシップ

　管理職候補者としてのフォロワーシップとは、管理職の仕事をアシストする中で管理職の仕事を代行することである。具体的には、部門のけん引役になることや、上司である管理職と若手メンバーのパイプ役になることなどが求められる。部門運営に必要な事務的業務と自身のプレイヤー業務に追われがちな管理職は、部門のマネジメント業務に多くの時間を割くことができず、若手メンバーと接する機会も限られている。そうした環境の中、管理職の代理となるような業務を積極的に請け負うことで、管理職として必要なスキルを身につけることができる。例えば、部門の戦略や予算の策定を管理職と協力して作成する機会があれば、自身が管理職になったときの予行演習になる。また、多忙な管理職に代わって若手メンバーの業務指導を行なうことは、将来の部下育成のためのトレーニングになる。

6 | フォロワーシップの獲得

　フォロワーシップを下支えする能力として、「貢献力」と「批判力」があることを伝える。ここでいう貢献力とは、組織の決定や指示に従い、目標達成のために与えられた役割を受け入れ、自ら進んで行動する力である。批判力とは、リーダーの指示や考え方、決定事項が正しいのかを自分なりによく考え、必要があれば提案したり、建設的な発信をしたりする力を指す。

　自身が所属する部門の目標達成に向けて率先して努力する姿は、貢献力の発揮と見なされる。また、上司である管理職の決定に単に追従するのでなく、リスクや問題がある場合は積極的に指摘を行なう批判力も必要である。これら2つの力を養うことでフォロワーシップは醸成され、近い将来の管理職としての素地が固まっていく。

　経営学者のケリーは、フォロワーシップを貢献力と批判力の強弱をもとに5種類に分類している。どちらも弱ければ「消極的」、貢献力のみ強い場合は「順応型」、批判力のみは「孤立型」、どちらも中程度であれば「実務型」、両方とも強いと「模範的」となる。管理職候補者は、自分が現在どこに分類されるかを認識し、足りない力に関してはそれを伸ばしていく必要があることを伝える。

060 管理職研修

研修が実施される背景／研修の対象

働き方改革の流れの中で、効率的、かつ効果的にマネジメントを行なうことの重要性がますます高まっている。管理職研修は、新任管理職からベテラン管理職を対象にしており、取り上げられるテーマは幅広い。多数のテーマが研修で扱われるため、複数回に分け、一定の期間をあけて計画的に実施されることが多い。

研修で主に伝えるべき内容

1│管理職研修で扱われる主なテーマ

管理職研修で扱われるテーマは多岐にわたり、業務の進捗管理に代表されるワークマネジメントや部下育成を扱うピープルマネジメントなど、幅広く設定される。管理職研修で扱われる代表的なテーマは、以下の表のとおりである。

「仕事」領域	「人」領域	「経営資源」領域	「コンプライアンス」領域
戦略策定	戦略浸透	予算管理	企業倫理
業務見直し	チームビルディング	施設・備品管理	情報セキュリティ
進捗管理	部下育成		
PDCA	人事評価		
生産性向上	労務管理		
マーケティング			

2│「仕事」領域のマネジメント

管理職の大きな役割のひとつとして、部門の戦略策定があることを伝える。経営層が決定した事業計画に対して、部門としての戦略を組み立て、計画に落とし込む。戦略を策定した後、誰にどの業務を担わせるかを検討し、割り当てる。実際に仕事が動き出したら、進捗状況を定期的に確認し、遅れや進み過ぎに対する調整が必要である。組織のPDCAを回す中で問題点が見えてきたら、改善を行ない、チームの生産性向上を目指していく。

その他、管理職には、マーケティング的な発想や取り組みが必要であることを

理解してもらう。

3 │「人」領域のマネジメント

　管理職が関わらなければならないもうひとつの主要な領域として、部下のマネジメントがあることを伝える。仕事のマネジメントのためには、計画どおりにメンバーに動いてもらう必要がある。まず、なぜ自分たちがこの仕事を行なわなければならないのかという戦略の浸透を行ない、計画を具体的に進めるためのチーム体制を構築する。仕事を進める中で部下の力量を高めるための育成を行ない、定期的に部下の働きを評価する。部下の能力を見極め、高いパフォーマンスを維持するために、労務管理も並行して行なう必要がある。

4 │「経営資源」領域のマネジメント

　仕事と人のマネジメントを下支えする領域として、経営資源のマネジメントがあることを伝える。組織の運営には予算の立案、執行、管理があり、管理職は組織の運営資金に関わる正しい知識を持つことが求められる。支店や支社のトップの立場になる者にとっては、施設や備品の管理も職掌となることがあるため、それらの維持、修繕、更新の方法も把握すべき領域となる。

5 │「コンプライアンス」領域のマネジメント

　組織として成果を出すことは管理職にとっての最重要事項であるが、一方でコンプライアンスの順守を徹底しなければならない。社会の一員としてふさわしい行動をとるべく、企業倫理の浸透は自身のみならず、自部門のメンバーにも行き渡らせる必要があることを伝える。また、情報化社会の現代において、情報の適切なマネジメントは管理職の基礎スキルである。コンプライアンスと併せて、企業内の機密情報や個人情報の扱い方などの情報セキュリティについても正しく理解する必要がある。

6 │管理職としての心構え

　ここまで見てきたとおり、管理職として身につけなければならない知識やスキ

ルは、メンバー時代とはまったく異なるものである。管理職としての業務は、これまでの仕事の延長ではなく、職種変更と同じかそれ以上の変化であるという認識を持たなければならない。一連の管理職向けの研修を通して管理職としてのスキルを磨き、企業内における次世代幹部、経営陣候補としての自覚を持つようにする。

7 管理職研修の進め方

　取り扱うテーマの範囲が広い管理職研修は、複数回に分けて実施することが一般的である。代表的な研修の実施順序としては、まず管理職のあるべき姿や心構えを基本研修で理解してもらい、一定の期間をおいて戦略策定や部下育成などの各論に進む。

　組織の成果を左右する重要なポジションであることから、管理職研修はメンバー層を対象に実施されるものより難易度が高い傾向がある。扱われるケーススタディでは、利益が相反する深刻な葛藤状況などが題材として用いられ、高度な問題解決能力が試される。

　なお、管理職研修は、同一社内の管理職で行なわれるだけでなく、他社の管理職と合同で実施される場合がある。同世代の管理職とさまざまな意見交換を行ない、相互に刺激を与え合いながら学ぶピアラーニングの手法も有効である。

061 幹部研修

研修が実施される背景／研修の対象

　幹部研修は、経営幹部が経営者のひとりであるという意識を醸成し、戦略策定や計画立案、事業運営など経営に関わるスキルを学ぶことを目的としている。

　幹部は部門の長として、自部門の成果に対する責任感が強く、その運営に注力しがちであるため、思考や行動が部分最適になってしまう。幹部研修は、こうした部分最適な思考、行動を変えてほしいという意図も含んでいる。

　企業内研修で行なう幹部研修では、経営幹部が一堂に集まり、ともに自社の経営戦略について検討し議論することで、将来、自分たちがこの会社の経営を担うという責任感が醸成される。さらに、経営幹部に一体感や競争心が生まれるという副次的な効果もある。

研修で主に伝えるべき内容

1 | 経営幹部の役割

　経営幹部の役割や期待されていることを確認してもらったうえで、経営幹部として備えるべき意識や経営知識を伝える。経営知識の基本として、まず経営戦略を立てる目的やその位置づけ、経営戦略の構造や戦略策定の手順などを伝えることが多い。

2 | 環境分析と戦略の立案

　３Ｃ分析やPEST分析などで、外部環境分析・内部環境分析を行なった後、SWOT分析を行ない、経営戦略の立案および重点施策の検討を実施する。

　〈分析に使われるフレームワークの一例〉
- ３Ｃ分析……自社のビジネス環境を分析し、自社の戦略を検討するためのフレームワーク。３Ｃとは、「市場（Customer）」「競合（Competitor）」「自社（Company）」の頭文字をとったもの。
- PEST分析……マクロ環境を分析するためのフレームワーク。PESTとは、「政治（Politics）」「経済（Economy）」「社会（Society）」「技術（Technology）」

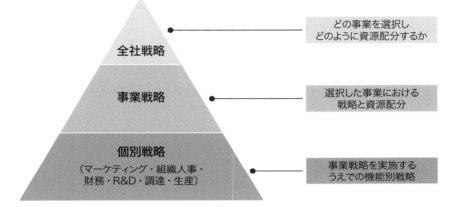

の頭文字をとったもの。

- **SWOT分析**……自社の市場機会を外部・内部の要因から発見するフレームワーク。内部環境と外部環境の要素を強み(Strengths)、弱み(Weaknesses)、機会(Opportunities)、脅威(Threats)に分け、戦略策定を導く材料とする。
- **7S分析**……組織が戦略を実行する際に互いに補い影響し合う7つの要素の関係性を示したもの。マッキンゼー・アンド・カンパニーが提唱した。7Sは、ハードの3Sとソフトの4Sに分かれる。

    ハードの3S……戦略(Strategy)、組織構造(Structure)、制度・システム(System)

    ソフトの4S……共通の価値観(Shared Value)、経営スタイル(Style)、人材(Staff)、スキル(Skill)

- **バリューチェーン**……製品やサービスが原材料の段階から顧客に消費される段階に至るまで、どのような流れで、どの部門が担当し、どこで付加価値を最大化しているのかを発見するためのフレームワーク。
- **その他**……5F分析、アンゾフの成長マトリクス、プロダクト・ポートフォリオ・マネジメント(PPM)なども用いる。

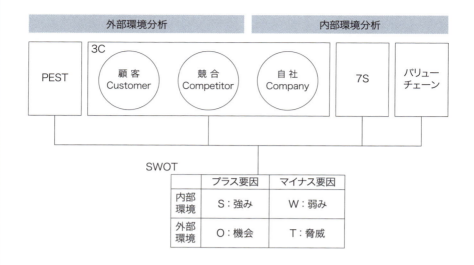

3 | マーケティング

　事業戦略を実施するための機能戦略のひとつとしてマーケティングがある。ここでは、顧客のニーズを見つけ出し、そのニーズを満たすための価値を生み出す施策について検討する。

　まず、市場を同じニーズや性質を持つグループに分け（Segmentation）、自社が対象とする市場と市場ニーズの仮説を立て（Targeting）、市場で最も効果的に認識される自社の立ち位置を検討する（Positioning）。市場ニーズに自社がどのような価値を提供できるかという基本方針がここで決まる。

　次に、この基本方針を実現するためにどのような活動をするかを検討する。具体的には製品・サービス（Product）を開発し、価格（Price）を設定し、流通経路（Place）を設計し、販売促進（Promotion）を企画・実施するプロセスを考える。

　このマーケティングの一連のプロセスを検討する手法は、それぞれの頭文字をとって「STP-4P」と呼ばれる。このようなマーケティングの基本を改めて伝え、自社の戦略を研修で議論する。

4 | 組織人事

　最低限伝えるべき内容は、以下のとおりである。

　事業戦略を実現するための機能戦略が明確になった時点で、その実行を担う人

材の育成や、人材を支える組織や制度を整える必要がある。

　組織構造、人事制度などのハード面について、改革の必要性の有無を検討する。また、戦略を実現するために必要な人材要件を明確にし、採用（採用基準や手法など）、育成（教育・研修プラン、目標管理など）の両面から具体的な方法を検討し、実現可能な計画を策定する（詳しくは「人材要件・教育計画」「CLO」の項を参照のこと）。

5 | 経営戦略・中期経営計画の発表、および現場への落とし込み

　研修で実際に立案した経営戦略や中期経営計画を、経営者の前で発表する機会を設けることを推奨する。自身の立てた戦略と経営者の考える方向性が一致しているかなど、経営者からのフィードバックを通じて理解する。この際に大事な経営者視点を身につけることができる。

　このような過程で、中期経営計画を経営者とともに練り直し、実際に現場へ落とし込める形にすることが研修のゴールとなる。

6 | 経営幹部としての財務知識

　経営幹部として経営戦略や中期経営計画を立案・実行するためには財務知識が必要となる。

　企業・事業の収益性や成長性などを理解するためには、損益計算書・貸借対照表・キャッシュフロー計算書の財務三表についての知識が必須となる（詳しくは「財務知識」の項を参照のこと）。

7 | 幹部研修の効果をさらに高める要素

　幹部研修では、経営者としての意識醸成から経営の基本的知識、制度・手法に至るまで、学ぶことが多岐にわたるうえ、全社的な経営課題の分析・解決策の検討などの実践もある。そのため、研修をテーマごとに複数回に分け、長期にわたって行なうことが一般的である。研修中に立てた経営戦略や経営計画を実行に移す場合もあり、その際は詳細なモニタリングが必要になる。

062 ビジネスマナー

研修が実施される背景／研修の対象

　ビジネスマナーは、社会人にとって最も基本的なスキルのひとつである。ビジネスマナーの習得ができていないと顧客や協働者からの信頼が得られなくなり、相手と良好な関係を築くことが難しくなる。

　研修は、主に新入社員を対象として実施されるが、中堅社員・管理職にも立ち居振る舞いの再教育として実施されることもある。

研修で主に伝えるべき内容

1 │ ビジネスマナーの重要性

　ビジネスの場面で顧客や取引先などと接する際に、ビジネスマナーを適切に理解・実践できている場合は、相手によい印象を与えることになり、良好な関係構築につながる。一方、できていない場合は、個人の印象のみならず、企業の印象も悪くなることを伝える。良好な関係構築が、仕事を円滑に進める際に大切であることを理解してもらう。

2 │ マナーとは

　マナーとは、他者への思いやりの気持ちを行動にしたものである。マナーの形式ばかりに気を取られ、相手への思いやりや配慮がない場合は、かえって悪い印象を与える可能性があること、状況に合わせた柔軟な対応が求められることを伝える。例えば、お客様を応接室に案内する場合、本来は部屋の奥が上座となるが、入り口に近い席から見える景観がすばらしい場合は、入り口に近い席を案内することもある。相手がどのように感じるかを考えたうえで、行動を選択する必要がある。

3 │ ビジネスマナー実践のポイント

　実際にビジネス上で相手によい印象を与えるために、次に挙げる考え方とポイントを伝える。

❶ 身だしなみ

第一印象は相手と出会ってから数秒内に形成され、特に身だしなみが与える影響は大きい。

男性であれば頭髪やひげ、服装、靴、女性であれば頭髪や化粧、服装、爪、靴などを、業界や仕事に合わせて整える必要があることを伝える。また、よい例と悪い例をイラストや写真を用いて示すと、より理解がしやすくなる。

❷ 姿勢・お辞儀

姿勢やお辞儀も第一印象に大きな影響を与える。また、初対面の時のみならず、日々の報連相や挨拶などでも姿勢やお辞儀を見られる機会は多い。

姿勢は背筋を伸ばして胸を張り、かかとがついた状態を保つのがポイントである。

❸ 挨拶

相手によい印象を与え、よい関係を構築するためには挨拶が欠かせない（詳しくは「挨拶」の項を参照のこと）。

❹ 名刺交換

適切な名刺交換ができないと相手に不信感を与えてしまうこともあるため、名刺交換の手順やポイントを身につける必要がある。

具体的には名刺の取り出し方、名刺の持ち方、受け取り方、目線、姿勢、名刺の置き方などを伝える。

❺ 席次

会議室や応接室、エレベーターなどでは席次を意識する必要がある。

基本的には、入り口から遠い席が上座、近い席が下座であることを伝える。そのうえで、交通機関や会食の席など、場面ごとの具体的な席次とその背景を伝える。

❻ 言葉遣い

敬語は自己表現である。相手への敬意を示す手段として丁寧語、尊敬語、謙譲語を使い分けることが求められる。

基本は丁寧語を使用すること、相手を高めて敬意を払う場合は尊敬語、自分を

低めることで相手を高める場合は謙譲語を使うことを伝えたうえで、各敬語の基本的な表現を覚えてもらう。

基本語	尊敬語 （相手の行動を表す時）	謙譲語 （自分の行動を表す時）	丁寧語
行く	いらっしゃる、行かれる、おいでになる	うかがう、参る、参上する	行きます
来る	おいでになる、お見えになる、お越しになる	うかがう、参る、あがる	来ます
言う	言われる、おっしゃる、お話しになる	申す、申し上げる	言います
聞く	お聞きになる、聞かれる、お尋ねになる	うかがう、お聞きする、承る、拝聴する、お尋ねする	聞きます
見る	ご覧になる、見られる	拝見する、見せていただく	見ます
思う	お思いになる、思われる	存ずる、拝察する	思います
する	なさる、される	いたす、させていただく	します

❼電話応対

電話応対は音声のみのやり取りになるため、話し方や対応ひとつで印象の善し悪しが決まることを伝える（詳しくは「電話応対」の項を参照のこと）。

❽その他

❶〜❼以外にも必要に応じて、来客応対、顧客訪問、会食や冠婚葬祭などのマナーを伝える場合もある。

4｜研修の手法

ビジネスマナーの各要素に合わせて研修の手法を変えることが望ましい。例えば、「身だしなみ」であればチェックリストを用いて受講者同士の二者間で実際にチェックを行なう。「名刺交換」や「電話応対」は実務で実践できるよう、二者間でロールプレイングを行なう。「言葉遣い」や「席次」は正しい理解が重要なため、知識確認の問題演習を行なう。「お辞儀」や「挨拶」は正しい型を身につけるため、実演を繰り返し、講師からフィードバックを与える。

063 PCスキル

研修が実施される背景／研修の対象

　PCの操作は、仕事を行なううえで必須のスキルである。学生時代に文書作成や表計算ソフトを使用した経験のある若手社員も多いが、以下の表に示すように、スマートフォンやタブレットの普及によってPCに触れないまま社会人になるケースも増えている。

各機器の青少年の利用率（平成28年度）					
	スマートフォン	携帯ゲーム機	タブレット	ノートパソコン	デスクトップパソコン
機器の利用率	49.1%	40.0%	22.8%	18.5%	7.8%

内閣府「平成28年度 青少年のインターネット利用環境実態調査　調査結果」をもとに当社にて作成

　上司や先輩はPCスキルがあることを前提に仕事を依頼してくるため、新人や若年層の従業員は早急にPCスキルを獲得しなければならない。PCスキルの研修は、eラーニングや外部機関からの講師派遣等によって行なわれるケースが多い。

研修で主に伝えるべき内容

1 業務で使用するソフトウェアの種類

　業務で主に使用するソフトウェアは、文書作成、表計算、プレゼンテーション、データベースの4種類である。例えば、文書作成ソフトは企画書や提案書の作成、表計算ソフトは売上げ管理、プレゼンテーションソフトは会議や講演での投影資料、データベースソフトは顧客管理や商品管理などに使われる。ソフトウェアを使用する場合は、まず目的に合ったものを選択する必要があることを伝える。

2 文書作成ソフト

❶基本操作

　文書作成ソフトで行なう主な作業は文字入力のため、まずは漢字への変換方法や文章の切り取り・貼り付け方法を伝える。そのうえで制作物としての体裁をよくする方法として、太字や斜字などの文字の飾りつけ、箇条書きのつくり方、文

字の均等割り付け、行間設定などを伝える。

❷応用操作

　文書作成ソフトは、文字入力機能に加えて、コメント機能や校閲機能を搭載している。これらの機能は、複数の執筆者がひとつの文書を作成する際に、便利なツールとして使うことができる。コメントの挿入や削除、校閲内容の承認方法を伝えることで、効率的な文書編集方法を学んでもらう。

❸特殊機能

　文書作成ソフトにはさまざまな機能があり、活用することで仕事の効率化につながる。例えば、同一文書の宛名のみを変えて作成する差し込み機能がある。宛名部分に差し込むデータを事前に用意し、一枚ずつ異なる宛名を印刷する操作方法などを学んでもらう。

3 ｜ 表計算ソフト

❶数値の入力と表・グラフの作成

　表計算ソフトは主に表やグラフを作成するために用いられる。まずはそれらのもとになる数字の入力方法について伝える。表は、行と列のマトリクスとなっており、一般的には、行に管理対象となる個別名を、列に管理対象の属性データを入力する。入力した数字のエリアを指定し、そこから表やグラフを生成する方法を学んでもらう。

❷関数の利用

　表計算ソフトの特徴として、さまざまな関数が設定されている点が挙げられる。指定した範囲の平均値や最大値を表示するのはもちろんのこと、指定した範囲内から条件に一致した値を探す関数なども用意されている。関数を利用することで、同じデータを何度も入力したり操作したりする必要がないことを学んでもらう。

❸応用機能

　表計算ソフトは簡易な統計や分析にも対応している。経営に関する各種の数値を前年と対比する際に、結果の差異に意味があるのか、数字上の増減が見られても誤差の範囲に過ぎないのかなどを検討することができる。また、相関分析やカ

イ二乗検定を行なうことで、顧客の購買傾向の分析が可能となることを理解してもらう。

4 プレゼンテーションソフト

❶利用の背景
　近年、多くの会議室や講演会場にプロジェクターとスクリーンが常備されており、会議や講演が投影スライドによって行なわれるケースが増えている。配布資料も投影スライドの縮小版で代替されることが多く、プレゼンテーションソフトの操作スキルの必要性はますます高まっていることを伝える。

❷基本操作
　文字を入力するという点においてプレゼンテーションソフトは文書作成ソフトと近い関係にあるが、プレゼンテーションソフトは1ページ1メッセージ型であることが大きな違いである。1ページに記載できる内容は限られることを念頭に、文字や図形、写真などを配置する方法を学んでもらう。

❸応用操作
　プレゼンテーションソフトには、あらかじめ図形やアニメーション、背景が用意されている。図形の効果的な使い方や、視聴者の注目を引き付けるアニメーションの使い方を伝える。図形の配置などは簡単に均等配置することが可能なので、プレゼンテーション資料の作成にかかる工数を減らすための機能などについても伝える。

5 データベースソフト

❶使用場面
　前述の3種類のソフトウェアに比べると使用する頻度は限られるが、部署によってはデータベースソフトを用いて業務管理を行なうケースがある。例えば、総務部門による社内備品の管理、営業部門における顧客管理、販売部門の在庫管理などが対象となる。表計算ソフトよりユーザーインターフェイスの設定が豊富なため、操作性に優れた管理ツールとして使うことができることを伝える。

❷各種機能の理解

　データベースソフトには、業務管理のためのさまざまな機能が搭載されている。まずデータを格納するためのフォーマットや、そのフォーマットへのレコード入力がある。高度な検索機能や表・グラフの自動生成、データの結合・分割機能がある。他のソフトウェアとの連携によって、定型業務の自動化をさらに進められることを理解してもらう。

6 │ その他

　ここまで説明したソフトウェアの利用は、すべてPCの基本操作が可能であることを前提としている。しかし、PCをほとんど利用したことのない従業員はまず、ファイルやフォルダといった概念や、作成したドキュメントの保管方法を知る必要がある。プリンターやスキャナーといった付随デバイスの利用方法や、インターネットブラウザやメーラーなど、ソフトウェアの利用方法もPC使用における基本的な知識である。

　また、各種ソフトウェアにはショートカットキーが用意されている。ショートカットキーを使いこなすことができれば業務の生産性が向上するため、基本的なものから覚えていくことを推奨する。

064 新入社員向け 仕事の進め方

研修が実施される背景／研修の対象

現在、メンバーの指導にあたるべき管理職のほとんどがプレイングマネジャーであり、その多忙さゆえにOJTが機能不全を起こしているといわれている。一方で、新入社員や中途社員の早期戦力化が求められており、以前であればOJTを通じて先輩や上司が教えていたようなことも、研修などで体系的に教育をしていく場合がある。

仕事の進め方研修では、ビジネスパーソンとして求められる仕事の進め方のポイントを伝え、併せてワークショップなどでトレーニングを行なう。

研修で主に伝えるべき内容

1 | 仕事の進め方を身につける必要性

仕事の進め方は、業務を遂行するうえでの土台であり、早期に正しい手法を身につけ、習慣化することの重要性を伝える。

2 | 仕事の進め方に必要な要素の全体像

仕事の基本となる、仕事を受けてから完了報告するまでの全体的な流れと必要な要素を伝える。

「仕事の進め方の全体像」

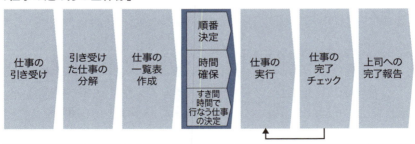

3 | 個人として仕事を進めるためのポイント

❶重要な（大きな）仕事を分解する

人間は、自分が実行しているイメージを持てない行動には取り組むことができないといわれている。そのため、仕事に取りかかる前に、イメージができる具体的な行動レベルにまで仕事を細分化する必要があることを伝える。

例えば、「会議の準備をする」という仕事を細分化すると、次の手順となる。

- 会議の参加者と開催日時を上司に確認する
- 参加者の人数に合わせた広さの会議室を確保する
- 参加者に会議の開催日時と場所を連絡する
- 会議で使用する資料を上司に確認する
- 会議で使用する資料を作成する、あるいは上司から資料を受け取る
- 会議で使用する資料を参加人数分印刷する
- 会議開始の15分前を目安に会議室に入り、資料配布・投影などの準備を行なう

❷仕事の一覧表を作成する

仕事をすべて書き出し、可視化することで、情報が整理されることを伝える。仕事の一覧表を作成するメリットは、以下の3つである。

① 仕事の抜けや漏れを防ぐことができる
② 仕事に取りかかる順番を正しく決めることができる
③ 取りかかるべき仕事を一つひとつ記憶しておく必要がないため、目の前の作業に集中できる

❸取りかかる順番の決め方を知る

一覧表が作成できたら、どの仕事から取りかかるべきかという順番の決め方を伝える。順番の決め方にはいくつかの方法がある。例えば、仕事にかかる時間を見積もり、5分以内で終わるものから手をつけていく方法や、仕事の重要度・優先度から判断をして優先度の高いものから行なっていく方法などがあるが、新入社員を対象とした研修の場合は、まず、以下の基準で取りかかる順番を決めることを推奨する。

【取りかかる順番の決め方】
① 納期が迫っているものから取りかかる
② 時間がかかるものから取りかかる
③ 迷ったら上司に必ず相談する

❹時間を確保する

　仕事に取りかかる順番が決まったら、それらを「いつ行なうか」を自身のスケジュール帳に書き込み、時間を確保する。スケジュール帳に書き込むことで、必要な作業時間を納期までに確保できるのかが明らかになる。仮に、納期に間に合わないことがわかった場合は、仕事に取りかかる順番を繰り上げる、上司に相談するなどの対応策を考える。

❺報連相を欠かさない

　報連相はこまめに行なうこと、報告・連絡は簡潔に行なうこと、悪い情報ほど迅速に伝えることなど、報連相のポイントを伝える。報連相のポイントについては、「報連相」の項を参照のこと。

065 挨拶

研修が実施される背景／研修の対象

　ビジネスパーソンが身につけるべきビジネスマナーの第一歩として、挨拶を重要視している企業が多い。

　挨拶を身につけるためには、知識として挨拶を理解するだけでなく、実践形式で繰り返し練習を行なう。研修で身につけるレベルとして、「はっきりと聞き取れる声量で挨拶の基本が実践できる」などが設定される。

研修で主に伝えるべき内容

1｜ビジネスにおける挨拶の重要性

　挨拶は、コミュニケーションの第一歩であり、人間関係の構築に大きく影響を与えることを伝える。

　米国の心理学者メラビアンによると、第一印象は出会った最初の数秒で決まり、決定づける要因は、言語情報が7％、聴覚情報が38％、視覚情報が55％であるといわれている。聴覚情報となる声のトーンや発声の仕方、視覚情報となるきれいなお辞儀や笑顔などを改善することで、よりよい第一印象を相手に与えることができる。

2｜挨拶をする際の基本

　挨拶のポイントについて伝える。大きく分けると次の3つである。

❶姿勢を正す

　猫背など、うつむいたような姿勢では相手に暗い印象を与えてしまう。胸を張り、背筋を伸ばした状態で挨拶をする。

❷発声をよくする

　挨拶をする際に口ごもっていたり、小さな声で挨拶をしたりするのもよい印象を与えない。挨拶をする際は大きな声でハキハキと話すように心がける。

❸表情を笑顔にする（口角を上げる）

相手の顔を見ず、こわばった表情で挨拶をするのもよい印象を与えない。人間は相手の表情を見る時、相手の口角が上がっているとよい印象を持ちやすいため、表情筋のストレッチなどをして柔らかい表情をつくるように心がける。

3 ｜ 職場でよく用いられる挨拶

ビジネスにおける挨拶は社内外問わず、誰に対しても行なわれるものであることを伝える。職場で交わされる挨拶を場面ごとに伝え、場にふさわしい挨拶ができるように指導する。

タイミング	適切な挨拶例
出勤時	おはようございます
日中の挨拶	こんにちは／お疲れ様です
外出時	行ってまいります
職場の方の外出時	行ってらっしゃい
外出から戻った時	ただいま戻りました
職場の方が外出先から戻った時	お帰りなさい
入退室時・声をかける時	失礼いたします
外部の方との挨拶	いつもお世話になっております
職場の方が退出する時	お疲れ様でした
自分が退出する時	お先に失礼いたします
訪問先を退出する時	失礼いたします

当社　『体感型』挨拶研修のテキストより

4 ｜ ビジネスシーンにおけるお辞儀の種類

挨拶を表現する方法としてお辞儀がある。お辞儀は「会釈」「敬礼」「最敬礼」の3種類に分類される。それぞれで使用する場面が異なるため、場面に応じた使い分けが求められることを伝える。一般的に、会釈は上司や同僚、お客様とすれ違う時、敬礼はお客様のお見送り時に、最敬礼はクレーム対応時のお詫びや深い感謝を示す時に用いる。お辞儀の体得には、お手本になる講師ひとりに対して受講

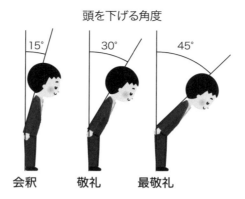

生全員で繰り返しお辞儀の練習を行なう方法や、受講生を複数人のグループに分け、互いのお辞儀をチェックし合うなどの方法が用いられる。

5 | 挨拶の練習

　研修で伝えた挨拶のポイントを繰り返し練習する。その際、適切な挨拶の仕方について、講師からすぐにフィードバックを行なうことが重要である。また、チーム対抗戦で気持ちのこもった挨拶ができるかどうかを競わせる方法もある。他の人の挨拶を客観的に見ることで、同じ挨拶でも表情や発声の仕方ひとつで印象が大きく変わることを実感できる。

066 電話応対

研修が実施される背景／研修の対象

電話応対は企業イメージを左右する重要な業務である。

新入社員研修の一環で電話応対をテーマに取り上げる企業も多く、この場合は相手に失礼のない電話応対をする「型」を身につけることを主眼とする。研修では、臨機応変な対応力を身につけるために、ケーススタディやロールプレイングを行なうことが多い。

新入社員研修以外では、営業事務やお客様センターなどの電話応対をする機会が多い部門を対象に、テレマーケティングやクレーム応対などのテーマが取り上げられる。

研修で主に伝えるべき内容

1 電話応対が企業に与える影響

電話応対は、顧客にホスピタリティを発揮できる最前線の業務であり、従業員一人ひとりの電話応対が企業全体の信用を左右していることを伝える。

例えば、電話応対の品質が高ければ顧客満足度の向上につながるが、電話応対が適切にできていない従業員がひとりでもいれば、企業の信用を失う可能性があることを伝える。

2 電話応対をする際の心構えとポイント

研修で伝えるべき、電話応対をする際の心構えとポイントは、以下のとおりである。

(1)「明るく・はっきり」
　　電話は企業の受付である。声の低い人は少しトーンを上げて話す。笑顔が相手に伝わるような明るい声を心がける。
(2)「丁寧に」
　　言葉、口調は対面時よりもやや丁寧に話す。敬語の使い間違いに注意する。
(3)「姿勢を正す」

背筋を伸ばすと声の通りがよくなり、明るい印象になる。他の作業をしながらではなく、電話に集中する。

(4)「正確に」

伝言やメモの内容は正確さが重要となるので、必ず復唱して確認をする。また、いつでもメモをとれるように、デスクの上は常に整理・整頓をしておくことも大切である。

3 電話応対の基本の型

電話応対時のパターン（取り方、かけ方）や言葉遣いなど、電話応対に必要な基礎知識を伝える。

例えば、電話の取り方は下記のパターンとなる。

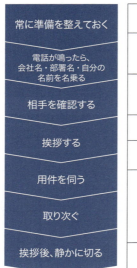

常に準備を整えておく	常に準備を整えておく……メモとペンを机の上に常に置いておく
電話が鳴ったら、すばやく取って名乗る	電話が鳴ったら、すばやく取って名乗る……3コール以内に出る。企業名・部署名・名前を名乗る
相手を確認する	相手を確認する……相手の企業名・部署名・名前を正確に聞き取り復唱する
挨拶する	挨拶する……TPOに合った挨拶をする
用件を伺う	用件を伺う……正確にメモをとり、最後に復唱する
取り次ぐ	取り次ぐ…… ・在席の場合……保留ボタンを押して、相手の社名・部署名・名前を伝える ・不在の場合……折り返しか、伝言かを確認し対応する
挨拶後、静かに切る	挨拶後、静かに切る……感謝の気持ちを伝え、静かに切る

067 報連相

研修が実施される背景／研修の対象

報連相は、業務を円滑に進めるために重要視されているが、体系的に学ぶ機会は少ない。報連相研修は、主に若手社員を対象とし、報連相の必要性や具体的なポイントを体系立てて伝える。

研修で主に伝えるべき内容

1 | 報連相とは

まず、報告・連絡・相談の意味について理解してもらう。その際、以下の一覧を用いて、それぞれの違いや、どのような場面で用いられるかを伝える。

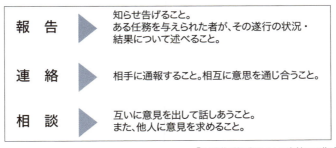

『広辞苑』第5版をもとに当社にて作成、一部改変

2 | 報連相の必要性

報連相を適切に行なわなかった場合、「関係者が安心できない」「仕事がスムーズに進まない」などの状況が生じることが予想される。例えば「業務の中間報告を行なわないことで、上司が進捗状況を把握できない」「相談すべき事項を自分で勝手に判断して業務を進めたことで、大幅な直しが発生する」などが考えられる。こうした出来事が続くと、仕事を依頼する側からの信頼がなくなり、任せてもらえる仕事が減っていく可能性があることを伝える。

一方で、適切な報連相を行なえば、仕事の依頼者側にとって「進捗を把握できる」「適切な指示を出せる」「リスクを予測できる」などのメリットがある。また、

報連相を適切に行なうことで得られる一番のメリットは、依頼者が安心して仕事を任せられることである。依頼者から信頼されることで、より多くの仕事を任されるようになり、多くの仕事を経験することは自身の成長につながることを伝える。

3 │ 報連相のポイント

報連相のポイントについて伝える。ポイントは大きく3種類あるが、相手の視点に立って判断・行動ができるかという点が共通している。

❶報連相を行なう基準

依頼された仕事の大小にかかわらず、完了報告は必須である。例えば、資料の印刷やコピーといった軽微な仕事においても報告は必要である。また、依頼者から中間報告は不要といわれていたとしても、その仕事がスムーズに進まなくなった場合や緊急対応を要する場合には、速やかに報連相を行なうべきである。新人のうちは報連相を行なうべきかの判断が難しいケースが多いので、迷ったり気になったりした場合は、基本的に報連相を行なうことが望ましい。

❷報連相を行なうタイミング

報連相を実施する際は、相手が報連相を受けることが可能な状況であるかを確認する必要がある。例えば、相手の業務が立て込んでいるときに報連相を行なっても、相手は話を聞いてくれない、もしくは聞いたとしても内容を忘れてしまう可能性がある。そこで、「いま、〇〇の件で〇〇分ほどご報告（連絡・相談）してもよろしいですか」と要件と見込み時間を簡潔に伝える必要がある。「いまは時間がない」といわれた場合は、「いつ頃、お声がけすればよいでしょうか」と確認することで、改めて適切なタイミングで報連相を行なうことが可能となる。報連相完了後に、「お時間をいただき、ありがとうございました」と感謝のひと言を添える気遣いもあるとよい。

❸報連相における話し方

報連相は、できるだけ短い時間で簡潔に行なうべきである。そのためには、結論から話すことを習慣づける必要がある。相手に報連相を行なう際に、「結論から申しますと……」という言葉から始めることもひとつの手段である。その後

5W1Hに沿って簡潔に内容を伝えることを心がける。相手に間違った認識を持たせないために、事実と自分の意見を明確に分けて伝えることも報連相におけるポイントである。

4 | 報連相の練習

　報連相が必要な場面を想定して、部下役・上司役・チェック役に分かれてロールプレイングを行なう。チェック役には、事前に確認項目を伝える。項目の例として、「結論から話せていたか」「内容はわかりやすいものであったか」などがある。ロールプレイング実施後は、確認項目をもとによかった点・改善すべき点のフィードバックを行なう。また、ロールプレイングは役割を交代して3回実施することが望ましい。この練習の目的は、適切な報連相を行なえるようになることだけでなく、報連相を受ける側の立場も経験することで、情報の送り手と受け手の間のギャップを体感することである。報連相を受ける側の視点を理解することで、相手の目線で報連相を行なう重要性を認識することができる。

068 傾聴力

研修が実施される背景／研修の対象

聞くことは、書くこと、話すことと同様に、コミュニケーションを構成する主要な要素だが、受動的な行為であるため、改善する必要に迫られる機会が少ない。傾聴力は、話し手の真意を正しく把握するために必要なスキルであり、若手社員のみならず部下や後輩の育成・指導を行なう中堅・ベテラン社員にも求められる。

研修で主に伝えるべき内容

1 | 傾聴が求められる理由

仕事の依頼を受ける場面や顧客の要望を聞き取る場面、会議の場面、部下・後輩の相談応対の場面など、人の話から情報を得ることは多い。情報の発信者である話し手の真意を正しく把握するためには、音声として無意識に話を聞くのではなく、耳を傾けて意識して聞く「傾聴」が求められる。傾聴ができると話し手は話しやすいと感じ、内容が本音や本質的な話になり、話す量も増える。さらに、その結果として相手に好印象を与えることもできる。

2 | 傾聴の心構え・態度

話し手に話しやすいと感じさせるためには、まず傾聴の心構えと態度を意識して実践する必要があることを伝える。心構えと態度が実践できていないと、話し手は話しにくいと感じてしまうことを理解してもらう。

❶心構え

傾聴の目的は、相手に話をしてもらうことである。会話全体の「聞く」と「話す」の理想的な割合は、「聞く」が80％、「話す」が20％といわれている。視点を変えると、傾聴とは話し手に会話の80％程度の時間を話してもらうことといえる。傾聴を実践するためには、相手の話に口を挟んで中断させたり、意図していない方向に変えたり、否定をしてはいけない。こうした行為は、話し手に話しにくいと感じさせてしまう。

❷態度

話を聞く態度も相手の話す意欲に大きな影響を及ぼすため、常に意識をしなければいけない。具体的には、腕や足を組んだり、話し手から身を遠ざけたりして話を聞くと、話し手に否定的な印象を与える。また、話し手に体や顔を向けずに話を聞くと、話し手は拒絶されていると感じることもあり、メモをとらずに聞いていると話し手に対して無関心であるという印象を与えてしまう。会話中は常にこれらの態度を意識する必要がある。

3 | 傾聴の具体的な手法

傾聴の心構え・態度を実践し、話し手に話しやすいと感じてもらったうえで、相づちの打ち方や質問の仕方を工夫することで、さらに話し手が話したくなることを伝える。

❶相づち

話し手の動作、言葉、感情に合わせて相づちを打つことで、話し手に共感を示すことができ、さらに話を引き出すことができる。ただし、多用しすぎると逆効果になるため、話し手の反応を見て頻度を調整する必要がある。

❷質問

傾聴では、単に受動的に聞くだけでなく、積極的に話し手の真意を引き出すことも重要である。積極的に真意を引き出すためには、質問を効果的に行なうとよい。具体的には、Yes／Noで答えられるクローズドクエスチョンと、Yes／Noで答えられないオープンクエスチョンを意識して使い分けると、話を弾ませることができる。なお、クローズドクエスチョンは話し手の回答負荷が低いが、多用すると誘導的になり、オープンクエスチョンは、話は広がるが話し手の回答負荷が高くなることを意識するとよい。

4 | 傾聴の練習

研修の終盤では、学んできた内容をもとにロールプレイングを実施する。ロールプレイングは、聞き手、話し手、採点者、タイムキーパーの4人で行なうことが望ましい。

ロールプレイングの各参加者の役割は以下となる。

聞き手……傾聴を実践する
話し手……話のテーマを選ぶ
採点者……聞き手の傾聴の心構えや態度、相づちの打ち方、質問の仕方が
実践できているかをチェックする
タイムキーパー……話し手の話している時間を計測する（採点者が兼ねる場
合もある）

聞き手が主導しながら話し手と実際に会話をする。所要時間が経過したら、話し手が会話全体の時間の80％程度を話していたかを確認し、話し手と採点者は聞き手にフィードバックする。

「傾聴のロールプレイングに用いるチェックリスト例」

	採点項目
☐	視線を相手に向けていたか
☐	うなずき、相づちを行なっていたか
☐	相手の感情に合わせた表情をとれていたか
☐	共感する言葉を伝えていたか
☐	否定的な言動をとっていなかったか
☐	自分の話をしていなかったか
☐	相手の使ったキーワードを復唱していたか
☐	相手の沈黙に合わせて待つことができたか

069 ビジネスライティング

> 研修が実施される背景／研修の対象

多くのビジネスパーソンがビジネス文書を日々作成しており、正確に、効率的に作成するためのスキルが求められている。新人や若手社員向けの研修では、ビジネス文書の基本となる型を伝え、作成の効率化を目的とするものが多い。社外文書やプレゼンテーション資料に焦点を当てた研修もあるが、これらは中堅社員を対象にすることが多い。

> 研修で主に伝えるべき内容

1 | ビジネス文書とは

ビジネスで用いられる文書にはさまざまな種類があり、それぞれのビジネス文書は場面や目的に応じて使い分けられていることを伝える。

「内容による分類」

項目		代表的な文書
社外文書	社交文書	挨拶状、招待状、祝賀状、見舞い状、悔やみ状など
	取引文書	注文書、注文請書、案内状、依頼状、承諾状、照会状、督促状、抗議状、謝罪状、断り状など
社内文書		辞令・通達などの社内通知書、業務連絡・依頼などの社内連絡書、営業日報・議事録などの社内報告書、企画書・稟議書などの社内提案書、残業届・休暇届・始末書などの社内届出書

「伝達方法による分類」
紙文書／FAX／メール

2 | ビジネス文書を作成する目的

ビジネスにおいて文書を作成する目的は、情報や意図の正確な伝達であることを理解してもらう。ビジネス文書は作成して役目を終えるものではなく、文書を読んだ相手が誤解なく内容を理解してはじめて、その役割を果たしたことになる。

3 | ビジネス文書作成のポイント

　ビジネス文書を作成する際のポイントとして、まず誰に何を伝えたいのかを整理する必要がある。また、誤解なく理解してもらうために、正しくわかりやすい文章を書くことが求められることを伝える。基本的な文章の書き方や表現方法のポイントとして、以下が挙げられる。

〈正しくわかりやすく書く〉
- 誤字脱字を防ぐ
- 正しい敬語（尊敬語・謙譲語・丁寧語）を使う
- 曖昧な表現は使わない
- 相手にとって理解が難しい専門用語は使わない
- 主語と述語を明確にする
- 1文は50文字以内を目安に、簡潔に書く
- 原則として結論から書く

4 | 文書の種類ごとのポイント

　文書の種類によって留意すべきポイントが異なるため、それぞれのポイントについて伝える。

❶メール
　メールはほぼ毎日使っているといってよい便利なツールだが、細かなニュアンスが伝わりにくいため、使い方を間違えると相手に誤解を与えることがある。特にネガティブな感情を伴う表現は使わないほうがよく、対面や電話など他の手段と使い分ける必要がある。

❷社内文書
　社内文書は、社内での情報の伝達や共有を行なうために作成する文書である。社内向けであるため、儀礼的な挨拶は省略し、実用的な内容で構成される。ひな形を参考にしながら作成することが一般的である。

❸社外文書

　社外文書は、取引先や顧客など、社外の人への情報伝達や情報共有のために作成する文書である。一個人が作成したものであっても、企業を代表し、企業の意思を伝えるものと見なされるため、社内文書以上に正確性に配慮する必要がある。社外文書は一般的に、前文＋主文＋末文で構成され、相手に配慮した敬語の使用が不可欠である。

❹プレゼンテーション資料、提案書

　プレゼンテーション資料や提案書などでは、相手によい印象を与えるために、ストーリー構成や文章だけではなく、図やグラフの効果的な使い方や見やすい配置、魅力的な見せ方がポイントとなる。プレゼンテーション資料や提案書の作成については伝える内容が多いため、別途「プレゼンテーション研修」や「スライド作成研修」などを実施することが多い（詳しくは「プレゼンテーション」の項を参照のこと）。

5 ビジネス文書作成の練習

　研修で学んだ基本の型や表現を使い、メールなどのビジネス場面で用いられる文書を実際に作成する。不適切な文章を修正するワークも有効である。

070 ロジカルシンキング

研修が実施される背景／研修の対象

　ロジカルシンキング（論理的思考）は、ビジネスパーソンにとって必須のスキルとされている。2014年に経済同友会が実施した「企業の採用と教育に関するアンケート調査」によると、面接段階で重視する能力的要素のトップに論理的思考力が挙げられている。

　ロジカルシンキングは、他のスキルを発揮するために前提となるスキルである。コミュニケーションやタイムマネジメント、問題解決、文章作成をはじめ、経営や事業に関わる環境分析、戦略策定など、ロジカルシンキングが必要とされる領域は多岐にわたる。そのため、ロジカルシンキングは、新人、若手の段階から身につけておくべき基本的なスキルとして研修が実施される場合が多い。

　研修でまず身につけるレベルは、情報を漏れなく重複なく整理し、ロジックツリーなどを用いて構造化できるようになることである。

研修で主に伝えるべき内容

1｜ロジカルシンキングの定義

　ロジカルシンキングは、「筋道の通った考え方や説明」「主張や意見の根拠が明確であること」と定義される。

2｜ロジカルシンキングの必要性

　身近な具体例を用いて、ロジカルシンキングの必要性を理解してもらう。

〈具体的な例：「仕事の効率を上げる」〉
　　この場合、仕事の中でどこに時間がかかっているかを特定したうえで、時間がかかっている原因を特定し、解決策を練ることが必要である。
　　例えば、会議の資料作成に多くの時間がかかっていることがわかった場合に、その原因を深く考えずに改善策を練ると、「資料の作成時間をスピードアップする」という対策になってしまう。一方、ロジカルシンキングを使って原因をとらえた場合は、「会議で活用されない資料まで時間をかけて準

備をしている。この点を踏まえて、作成すべき資料を絞り込む」などの具体的な原因と改善策が生まれる。

3 ロジカルシンキングの手法

　ロジカルシンキングでは、情報を整理、構造化し、視覚化する手法が紹介される場合が多い。

〈具体的な内容例〉
(1) ロジカルシンキングを実践する思考法
　　・演繹法
　　　前提となる原則をもとに個別の事象の結論を導く思考法である。
　（例）　前提の原則……「形あるもの」はいつか壊れる
　　　　　個別の事象……テレビは「形あるもの」である
　　　　　結論……テレビはいつか壊れる
　　・帰納法
　　　個別の事象を積み上げ、共通点を見つけることで、普遍的なものを見出す思考法である。
　（例）　個別の事象……テレビが壊れた。冷蔵庫も壊れた。皿も壊れた。椅子も壊れた
　　　　　共通点……テレビも冷蔵庫も皿も椅子も、すべて「形あるもの」である
　　　　　見出した普遍的なもの……「形あるもの」はすべて壊れる

(2) ロジックツリー
　　情報を構造化し、視覚化することで論理的に思考する手法である。
　　ある問題の本質的な原因を特定するために、なぜそうなったのか（Why So）で論理展開する場合と、問題に対する解決策を出すために、具体的にどうするのか（So How）で論理展開する場合がある。

図1 「ロジックツリー（Why So）の例」

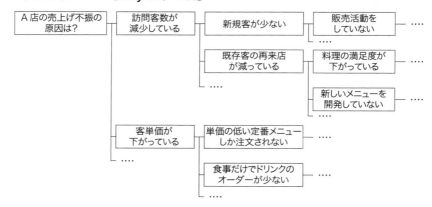

図2 「ロジックツリー（So How）の例」

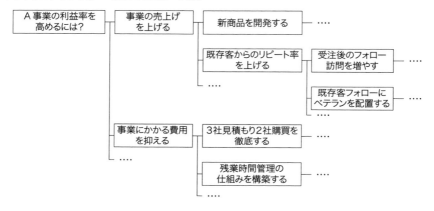

（3）MECE

「Mutually Exclusive and Collectively Exhaustive」の頭文字をとったもので、「漏れなく、重複なく」考えることを指す。論理的に思考する際にMECEの視点を意識することが重要とされる。

（例） 成人女性を狙った新しいインテリア雑貨の具体的なターゲット層を検討する際の分類

〈MECEの状態〉

女性20歳～34歳／女性35歳～49歳／女性50歳以上（漏れも重複もない）

〈MECEでない状態〉
　　OL／独身女性／主婦（漏れも重複もある）

4｜ロジカルシンキングの練習

　ケーススタディなどをもとに、ロジックツリーなどの手法を使い、ロジカルシンキングを実践する。
　研修用に準備されたケースを用いる場合もあるが、実際の企業事例などで、事業が成功した要因や失敗した要因を特定することを課題として実施する場合もある。

5｜ロジカルシンキングを行なうためのフレームワーク

　フレームワークなどのロジカルシンキングを効率的に実践するためのさまざまなツールを紹介する。研修内で以下のフレームワークを用いたワークを行なうことも有効である。

〈フレームワークの例〉
- ◆5W1H……ビジネス上の主要な要素を分解する際に用いる。
- ◆PDCA……業務遂行プロセスを分解する際に用いる。
- ◆SWOT……経営環境、事業環境を分析、整理する際に用いる。内部環境を強み（Strengths）と弱み（Weaknesses）で、外部環境を機会（Opportunities）と脅威（Threats）で分析する。
- ◆3 C……市場（Customer）、競合（Competitor）、自社（Company）の頭文字をとったもので、事業や商品のターゲットとなる市場分析をする際に用いる。
- ◆5 F……企業を取り巻く業界の環境を分析する際に用いる。5つの力（5 Forces）とは、競合、新規参入、代替品、売り手、買い手のことを指す。
- ◆PEST……企業を取り巻くマクロ環境を把握、予測するために用いる。政治的要因（Politics）、経済的要因（Economy）、社会的要因（Society）、技術的要因（Technology）の4つの視点から分析を行なう。
- ◆バリューチェーン……購買、製造、販売などの企業活動が、企業全体の価値にどのように影響するかを分析する際に用いる。

071 クリティカルシンキング

研修が実施される背景／研修の対象

ビジネスパーソンには、与えられた情報や意見、自身で導き出した答えが本当に正しいのかを検討し、より適切な結論や判断を見出す能力が求められる。クリティカルシンキング研修は、多角的に物事を見極める力を身につける手法として、ロジカルシンキング研修等で基本的な論理的思考法を学んだ後に行なわれる。論理的思考力を十分に身につけた中堅以上の社員を対象に実施される。

研修で主に伝えるべき内容

1 | クリティカルシンキングとは

クリティカルシンキングは、批判的思考と訳されるが、批判的であるとは限らないこと、「ある結論を適切な根拠や基準に基づき客観的に吟味する思考」であることを伝える。類似の概念であるロジカルシンキングが、論理的な整合性を重要視する思考法であるのに対し、クリティカルシンキングは、それに加えてそもそも思考の前提条件が誤っていないか、考え方や見方が偏っていないかを検証する思考法である。

「ロジカルシンキングとクリティカルシンキングの比較」

	論理的整合性	前提情報のとらえ方	思考の偏り
ロジカルシンキング	重視する	検証しない	論理的整合性がとれていれば、思考の偏りまで検証しない
クリティカルシンキング	重視する	与えられた情報を検証する 例:「この前提は正しいのか?」 「前提として他に何を考えるべきか?」	与えられた情報以外にも他に情報はないか、自身の考えは偏っていないかを検証する

2 | クリティカルシンキングの必要性

不適切な前提を基準に検討を始めた場合、仮に論理的に思考したとしても、導かれた結論は誤ったものになってしまう。また、前提が正しく、論理が確保されていたとしても、論理展開の際にさまざまな可能性を考慮に入れ検討をしないと、

導き出される結論は限定的になるかもしれない。特に仕事経験が長いベテランは、アップデートされていない情報を論理展開の前提として用いる危険性がある。また、過去の成功体験に引きずられる形で思考が進むことから、論理展開に偏りが生じる可能性もある。こうした思考の不完全さを補うために、前提や思考の偏りを客観的に見直すクリティカルシンキングが必要になってくることを理解してもらう。

　前提を検証する必要がある例として、「選挙のインターネット投票の是非」に関するインターネットによるアンケート調査を実施した時、賛成意見が8割を超えたケースで検討してみるとよい。この場合、「8割が賛成」という情報だけをもとに現状を評価するのではなく、アンケート回答者がインターネット利用者であるという前提を考慮する必要がある。回答者にはインターネットを利用しない国民の意見は反映されていないことから、「8割が賛成」という調査結果には偏りがあるという前提に気づき、調査結果を検証することの大切さを伝える。

3｜クリティカルシンキングの基本

　クリティカルシンキングの基本は、「前提を疑う」「思考の偏りに気づく」ことである。「前提を疑う」際のポイントは、①根拠となる情報や事実が少なすぎる、②情報の信憑性が低いなどが挙げられる。また、「思考の偏りに気づく」必要がある例として、①過去の成功例を使い回す、②他者が成功した方法を活用する、③リスクのある結論を敬遠するなどが挙げられる。

4｜「前提を疑う」力を鍛える方法

　前提を疑う能力を高めるために最も取り組みやすい方法は、前提の中で暗黙の了解となっているものがないかを探し出すことである。なぜ、それが前提であるかを確認する過程で、「多くの人がそう思っているから」「世の中としてそうなっているから」「自分はそうだとずっと信じてきたから」という言葉が出てきたら、その前提に対して改めて根拠を調べる必要があることを理解してもらう。

　前提の確認には、数値やデータが用いられることがある。数値やデータは客観的な事実とされることもあるが、程度の差こそあれ、誰かの意図や利害関係などによって恣意的なデータや情報が世の中に出回り、適切ではないこともある。そのため、誰が、何の目的で数値やデータを発信したのか、より直接的にいうと数

値やデータに恣意性が含まれていないかを改めて検証する必要があることを伝える（詳しくは「データの読み方」の項を参照のこと）。

5 「思考の偏りに気づく」力を養う方法

思考の偏りに気づくようになるための方法を伝える。例えば「オズボーンの自問法」が活用できる。オズボーンの自問法は、固定されてしまったもののとらえ方を強制的に変えるために編み出された手法であり、もともとはアイデア出しの方法論として開発された。一度出した結論を、オズボーンの自問法を用いて「他にはないか」「似たものはないか」「代用できないか」「取り替えられないか」などの観点から再考する。こうした自問を自分が出した論理展開に対して強制的に行なうことで、自分の思考の癖を知り、いままで気づかなかった思考・着眼点を引き出すことができる。

6 クリティカルシンキングの練習

研修の最後に演習を実施し、ここまで述べてきたポイントや手法について理解を深める。例えば、前提を疑うことについて、あるテーマに関する肯定派と否定派のデータをそれぞれ提示し、論理の前提となっている数値やデータを客観的に検証する必要性を確認する。思考の偏りについては、例えば、前述のオズボーンの自問法を用いた演習を行ない、方法を工夫すれば、思考は自分が想定する以上に広がるものであることを理解することができる。

072 ビジネストーキング

研修が実施される背景／研修の対象

　社内での会議、上司への報告、顧客への説明など、仕事のさまざまな場面で相手に情報や意図を的確に伝える必要がある。ビジネストーキングの研修は主に若手・中堅の従業員向けに実施される。

研修で主に伝えるべき内容

1 | 正しく伝えることの重要性

　上司への報連相や顧客とのやり取りなどの仕事におけるコミュニケーションでは、互いの役割や置かれた状況が異なるため、話し手が伝えたい内容と聞き手が聞き取って解釈した内容の間に差異が生じることがある。この差異は認識の齟齬につながり、手戻り、手直し、二度手間といった業務上の非効率を生み出す原因になる。非効率な業務を減らすためにも、情報や意図を相手に正確に伝える話し方の必要性を理解してもらう。

2 | ビジネストーキングの種類

　ビジネストーキングは、「能動」と「受動」の2種類に分けられることを伝える。

❶能動型ビジネストーキング

　自分から相手に話しかける「能動型ビジネストーキング」では、伝える内容が、①相手が知りたいことか、②相手に伝えなければならないことかを事前に判断することがポイントである。相手に伝える必要があるという判断に至った場合は、相手の知識・経験・情報の共有レベルに合わせて話の内容を伝える。

❷受動型ビジネストーキング

　相手の問いかけに応える「受動型ビジネストーキング」では、問いかけへの回答を行なう際に「相手は何を知りたいのか」をしっかりと考えることがポイントである。さらに相手の知識・経験・情報の共有レベルを考慮したうえで、相手が知りたいことを結論から述べるようにする。

図1 「能動型ビジネストーキングの流れ」

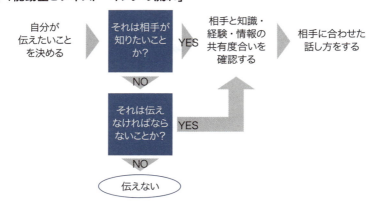

図2 「受動型ビジネストーキングの流れ」

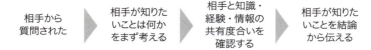

3 ビジネストーキングのポイント

ビジネストーキングを効果的に行なうために、次のポイントを伝える。

❶相手が聞き取りやすいように話しているか

トーキングの大前提として、相手にとって聞き取りやすい話し方ができているかを確認する。

具体的には、声が小さくなっていないか、早口になっていないか、聞き手にとって気になる口癖(「えー」「あのー」など)はないかなどを確認する。

❷わかりやすく話しているか

わかりやすい話し方の代表例として、PREP法という手法がある。PREP法は次の4つのステップからなる。

①Point……結論を述べる
　例)B社でなくA社の提案を採用することにしました。

②Reason……理由を述べる
　例）なぜならば、A社のほうがランニングコストを抑えられるためです。
③Example……理由を補足する具体例を述べる
　例）具体的には年間300万円の差があります。
④Point……理由と具体例を踏まえて再度結論を述べる
　例）以上により、A社の提案を採用することにしました。

　PREP法に加えて、ポイントを3点に絞ったり、数字や過去の実績を盛り込んだりすることで、話はさらに伝わりやすくなる。

❸相手の反応に合わせて話し方を変えているか

　相手にわかりやすいように話したとしても、伝えたい内容が完全に相手に伝わるとは限らない。相手により多くのことを伝えるために、相手の反応に合わせて話し方を変える必要がある。相手の反応がポジティブな場合、相手が話の内容に関心を持っている可能性が高いため、さらに詳細に伝えることができる。一方、相手の反応がネガティブな場合は、相手が興味を持ちそうな内容に話題を一度切り替える、あるいは手短に切り上げて出直すことも考える必要がある。

【ポジティブ（肯定的）な反応の例】
　・うなずきや相づちが多い
　・メモをとりながら話を聞いている
　・椅子にもたれず、前のめりで聞いている

【ネガティブ（否定的）な反応の例】
　・目線が合わない
　・話を遮られる
　・眉間にしわが寄っている

4│ビジネストーキングの練習

　研修の終盤では、学んできた内容をもとにロールプレイングを実施する。ロールプレイングは、聞き手、話し手、採点者の三者で行なうことが望ましい。ロールプレイングでは、まず話し手が聞き手に伝える内容をセリフとしてまとめる。次にそれをもとに、話し手は聞き手に話の内容を実際に伝える。話し手によるト

ーキングが終了したら、聞き手は話の内容をどのように理解したかを話し手にフィードバックし、話し手は一番伝えたいことが伝わっているかを確認する。採点者は、話の聞き取りやすさ（口調やスピードなど）やわかりやすさ（PREP法を用いているかなど）を話の最中にチェックし、話し手に採点結果を伝える。

073 プレゼンテーション

研修が実施される背景／研修の対象

定型業務が減少し、多様な参加者が関わるプロジェクト型業務が増えている現在、プレゼンテーションを行なう機会が増えている。プレゼンテーションスキルの必要性の高まりに伴って、この能力を強化するための研修の実施がビジネスパーソン側からも望まれている。

研修で主に伝えるべき内容

1 | プレゼンテーションの目的

ビジネスの場面で新しい企画や提案が採用されることが、プレゼンテーションの目的であることを伝える。

2 | プレゼンテーションに必要なスキル

プレゼンテーションに必要なスキルは、「シナリオ作成（コンセプトに従ってプレゼンテーションのストーリーを組み立てる）」と「発表（聞き手の前で話す）」である。

3 | シナリオ作成時のポイント

シナリオ作成では、「コンセプトの決定」と「ストーリーの設計」を分けて考える。

① コンセプトの決定

コンセプトは、プレゼンテーションの聞き手の状況（理解度、関心を持つ点など）、聞き手の本質的なニーズ、訴求するポイント、想定する行動（ゴール）の4つの観点で決定する。聞き手の期待を超える訴求ポイントを伝えることができれば、企画や提案が採用される可能性が高まる。

② ストーリーの設計

ストーリーの設計は、一般的には次の手順で行なわれる。

・Step1　全体構成

　設定したコンセプトに基づきプレゼンテーションの大まかな流れを決定する。構成要素の例として、「背景の説明」「認識している課題の説明」「課題の解決策」「解決策実施のメリット、デメリット、リスク」などが挙げられる。実際には聞き手を考慮して、構成要素の順番を設定する。

　【例】社内消耗品のコスト削減の提案
　「課題……消耗品の購入金額が高止まりしている」→「外部環境……単価を安く抑えた消耗品を取り扱う業者が増えている」→「提案……納品業者の変更を検討すべきである」→「メリット・デメリット……コストを抑えられる反面、従来の利便性が損なわれる可能性がある」

・Step2　内容（スライド）作成

　全体構成に肉付けする形で図表や写真などのマテリアルを入れ込み、プレゼンテーションの内容を作成する。

・Step3　時間配分

　完成したプレゼンテーションをもとに時間配分を考える。それぞれのページに一定の時間をかけて説明するのではなく、各ページの内容によりメリハリをつけて時間を使うことがポイントである。

・Step4　タイトル決定

　コンセプトやストーリーを踏まえてタイトルを決定する。興味を引くものや一目見て内容がイメージできるものにすると、聞き手がプレゼンテーションの内容に関心を持つ可能性が高まる。

・Step5　仕上げ

　作成したプレゼンテーションの全体を見直し、実際に話す場面を想定しながら最終調整を行なう。

「ストーリー設計の手順」

4 | 発表時のポイント

発表の当日は、よい印象を与えるために、身だしなみを整え、発表をする際には話し方やプレゼンテーションの進め方、聞き手の反応に気を配らなければならない。研修では次の内容をポイントとして伝える。

❶話し方

姿勢を正し、はきはきとした聞き取りやすい声で、間を上手にとりながら発表する。必要に応じてボディランゲージを使い、重要な部分はゆっくり話したり、間をとったりして強調し、全体が単調にならないように配慮する。

❷プレゼンテーションの進め方

プレゼンテーションを進める時は、ストーリーの展開の仕方にもよるが、一般的には結論を先に述べ、その後に詳細を説明する。PREP法（詳しくは「ビジネストーキング」の項を参照のこと）により、プレゼンテーションを進めることも方法のひとつである。また、話しているページが全体のどの部分にあたるかに触れながら発表を進めることも大切である。

❸聞き手の反応に合わせ対処

ストーリーを設計した段階では想定しなかった反応が聞き手から見られることがある。聞き手が強い関心を示しているようであれば、プレゼンテーションに含めていない詳細な情報も伝える。話の内容を理解していない様子が見られる場合は、補足説明を入れたり専門用語を減らしたりして内容の難易度を調整する。

5 | プレゼンテーションの実演

プレゼンテーションでは、事前のリハーサルも重要である。研修ではプレゼンテーションの感覚を養うために、シナリオを作成したうえで模擬的に実演する。他の研修参加者の前で実演しフィードバックを得ることで、自分では気づいていない癖や、話者としての自身の印象を知ることができる。またプレゼンテーションの時間感覚が身につき、音響や投影などのプレゼンテーションに使用する機器の操作にも慣れることができる。実演の様子を動画で撮影し、振り返りに用いることもプレゼンテーションスキルの向上に効果的である。

074 ファシリテーション

研修が実施される背景／研修の対象

ファシリテーションとは、会議や研修などを円滑に進められるよう支援することである。ファシリテーターとして会議などの進行役を務める機会のある中堅社員以上を対象として行なわれる。

研修で主に伝えるべき内容

1 ファシリテーションの定義

ファシリテーションとは、「グループによる活動が円滑に行なわれるように支援すること。特に、組織が目標を達成するために、問題解決・合意形成・学習などを支援し促進すること。またそのための方法」(『大辞林』第3版)であり、会議などで進行役を担う者をファシリテーターと呼ぶ。ファシリテーターは意思決定者ではなく、会議などの進行を中立的な立場から支援・促進する者であり、最終的な意思決定を下す議長とは役割が異なることを理解してもらう。

2 ファシリテーションの流れ

ファシリテーターに求められる代表的な会議の進め方について伝える。

❶事前準備

会議の目的やゴールを明確にし、参加者を誰にするのか、どのような場所でどのように議論を進めるのかなどの要素を事前にデザインすることからファシリテーションは始まる。具体的には以下の要素を考える必要がある。

- 目的・ゴールの設定
- 参加メンバーの決定
- 環境(場所)の決定
- アジェンダの作成
- 資料や道具などの用意
- 参加者への周知方法の決定

❷場づくり

　スタート時の場づくりでは、誰もが自由に意見を出しやすい雰囲気をつくることが求められる。ここでは「グランドルールの設定」と「アイスブレイク」の２点が重要である。

　グランドルールを設定する目的は、誰もが意見をいいやすいフラットな場づくりである。例えば、「ポジションパワー（職場での力関係）を使わない」「率直な意見や表現を受け入れる」などのルールを設定する。

　アイスブレイクは、場の緊張を解くために行なわれる。初対面の場合は、「自己紹介」や「自己紹介を通じた共通点探し」など、お互いのことを知るきっかけづくりを促す。既知の関係であれば、「最近経験してよかったこと（GOOD）・最近初めて経験、挑戦したこと（NEW）の共有」など、ポジティブで誰もが話しやすいテーマを設定する。

❸意見交換の促進

　議論がスタートした後は、誰もが自由に意見を出し合い、相互作用が起こるような場にしていくことが求められる。ファシリテーターは、各参加者の意見や思いを理解し受け止め、また、可能な限り多くの意見を引き出していかなければならないため、傾聴力や質問力などのコミュニケーションスキルが求められる。

❹発散

　議論を進める中で、意見を発散するために「ブレインストーミング」を行なうことが一般的である。ブレインストーミングとは、集団でアイデアを出し合うことによって相互の連鎖反応や発想の誘発を期待する手法である。「批判厳禁」や「質より量」などのルールを設け、まずは参加者が自由に意見を発散することを狙いとする。

　また、ブレインストーミングは、「ＫＪ法」や「オズボーンの自問法」などの手法と組み合わせることで、さらにその有効性が増す。

　ＫＪ法とは、複数のアイデアを整理するための手法で、名称は考案者である川喜田二郎氏のイニシャルに由来している。出てきたアイデアを紙にひとつずつ書き出し、近い概念同士をグループにまとめる。その後、各グループに適切な名前をつけ、関係性を検討し、アイデアの方向性を明確にする。

　オズボーンの自問法とは、ブレインストーミングをつくったオズボーンにより考案された発想で、あらかじめ準備した９つのチェックリストに沿って答えてい

くことでアイデアを出していく手法である。

❺論点整理と合意形成

多くの意見が発散された後には、論点整理をする必要がある。以下に挙げる手法を使い、論点を可視化することで、これまでの議論を効果的にまとめることができる。

〈メリット・デメリット法〉

メリット・デメリット法とは、複数案の長所と短所をそれぞれ書き出し、相対的な優位性を分析する手法である。主にアイデアが少ない場合の論点整理に有効な手法である。

〈ペイオフ・マトリクス〉

ペイオフ・マトリクスとは、評価基準を二軸に設定し、複数案の相対的ポジションを比較する手法である。「実現性」と「効果」、「期間」と「収益性」など、二軸のマトリクスにアイデアをマッピングすることで、有力なアイデアを絞り込む。

これらの手法により、各アイデアのメリット・デメリットや優位性を明確にすることで、合意形成に向けての支援が可能となる。

❻まとめ

最後に、関係者間で決定事項やタスクを確認し、ファシリテーションを締めくくる。

「ファシリテーションの流れ」

事前準備 → 場づくり → 発散 → 論点整理と合意形成 → まとめ

意見交換の促進

075 交渉

研修が実施される背景／研修の対象

交渉（ネゴシエーション）は自社、あるいは自身が利益を得るために実施される。しかし、交渉相手も自身の利益を得る、あるいは守ろうとするため、場合によっては両者間に禍根を残す場合もある。そのようなことがないよう、上手に交渉を進めていくことが求められる。交渉に関する研修は、顧客との交渉や社内調整を行なうことが多い中堅社員向けに実施される場合が多い。

研修で主に伝えるべき内容

1 | 交渉とは

業務上で交渉が必要な場面を想起してもらい、交渉力は日々の業務を遂行する際に必要なスキルであることを理解してもらう。交渉の結果は、交渉をする双方のどちらかのみが有利な結果を得られることと誤解されがちであるが、望む結果を両者が得られる場合や、望む結果をどちらも得られない場合もある。両者の望む結果が得られないと予測される場合には、交渉を実施しないという選択肢もあることを理解してもらう。

2 | 交渉のポイント

交渉をする際は、実際の交渉場面だけでなく事前準備も重要である。以下に、交渉のステップとポイントを紹介する。

1. 得たいゴールを決める
2. 交渉に関わる利害関係者を把握する
3. 必要な情報を収集する
4. 交渉シナリオを策定する
5. 交渉を行なう

❶ **得たいゴールを決める**
　交渉の結果として、こちら側がどのような結果（ゴール）を得たいかを事前に設定することが必要である。ゴール設定の際は、短期視点だけでなく長期視点で考えること、また、こちら側のメリットだけでなく、相手側のメリットも考慮することなどがポイントである。

❷ **交渉に関わる利害関係者を把握する**
　交渉の結果は、交渉の直接の相手だけで決まるものではない。例えば、営業担当者が顧客と行なう交渉は、直接の窓口となる相手だけでなく、相手の上司などの決裁者も想定しておかなければ、望む結果（例：受注する）を得られないことがある。このような例を伝え、交渉を実施する前に交渉に関わる利害関係者とそのニーズを想定しておくことの必要性を理解してもらう。

❸ **必要な情報を収集する**
　交渉に必要な情報を事前に収集する必要性を理解してもらう。例えば、営業担当者が顧客と商品の納入価格についての交渉を実施する場合、顧客が事前に予算を想定しているのか、予算額はどの程度なのか、といった点を把握しているかどうかによって交渉の方向性は変わる。相手の情報を収集したい時は、仮定の質問をすることで情報を引き出す「IF法」や、休憩時や商談の終了時にさりげなく質問をして情報を引き出す手法が有効である。

❹ **交渉シナリオを策定する**
　前段階で洗い出した利害関係者の位置づけや収集した情報に基づき、交渉のシナリオ、つまりどのように交渉で話を進めていくかを事前に考える。シナリオ策定で考えるべきポイントとして、交渉相手の誰に向けて何を訴求するか、どのような順番で話をするか、反論を受けた場合にどのように対処するか、交渉の過程、もしくは最後にどのようなことを確認するのかなどの点を伝える。また、事前に収集した情報次第では、複数のシナリオを用意することで、現場で柔軟に対応ができるようになることも伝える。

❺ **交渉を行なう**
　実際の交渉場面で有効なテクニックを紹介する。

〈フット・イン・ザ・ドア〉

　最初の要求を小さくすることで相手の心理的抵抗を下げ、そこから段階的に要求を上げていく手法である。商品のバリエーションやオプションが豊富な場合などに有効となる。

〈ドア・イン・ザ・フェイス〉

　本来の意図した要求を通すために、初回の交渉時に要求を大きく出す手法である。いったんは相手側に拒否させておき、そこから徐々に価格を下げたり、納期を短縮したりすることで、要求が通りやすくなる。

〈相互譲歩〉

　両者の要求の間をとり妥協する手法で、両者ともに要求を譲らない場合など、膠着状態を打開するために有効である。

3｜交渉の練習

　ケーススタディなどを用意し、研修の参加者同士でロールプレイングを行なう。交渉役、交渉相手役、採点役の三者で行なうことが望ましい。練習を実施する中で、それまでの研修内で知識として得たことの理解を深めるとともに、自身の交渉スキルの現状を把握し、今後の改善につなげる。

076 タイムマネジメント

研修が実施される背景／研修の対象

　長時間労働の見直しや働き方の多様化を背景に生産性向上への関心が高まっており、タイムマネジメント力の強化に取り組む企業が増えている。タイムマネジメント研修は、若手・中堅社員を対象に個人の生産性向上を目的として行なわれる場合と、管理職を対象に業務改善など組織全体の生産性向上を目的として行なわれる場合がある。ここでは、若手・中堅社員を対象とした一般的なタイムマネジメント研修の内容を記載する。

研修で主に伝えるべき内容

1 タイムマネジメントの定義

　ビジネスにおけるタイムマネジメントとは、自身の仕事のやり方・進め方を管理することであると伝える。具体的なイメージを持ってもらうために、タイムマネジメント力が高い状態として、「自身に期待されている成果を出すためのタスクに十分な時間を使っている状態」「担当業務や雑務を効率よく行なっている状態」「自分がいつ、何をするかを自分でコントロールしている感覚がある状態」などを紹介する。一方で、タイムマネジメント力が低い状態として、「上司からの依頼内容を勘違いして無駄な作業をしている状態」「段取りができておらず手が回らない状態」「仕事に追われている感覚や仕事に振り回される感覚がある状態」などを紹介し、現在の自分の状態を振り返ってもらう。

2 タイムマネジメントの要素

　タイムマネジメント力を高めるために必要な要素を伝え、業務での取り組みのポイントや具体例を紹介する。

❶時間の使い方に対する意識

　タイムマネジメント力を高めるためには、時間の使い方に対する意識を高めることが欠かせない。具体的でわかりやすい取り組みとして、帰宅時間を決めることなどを紹介する。

❷手帳や時間管理ツールの活用

　業務の予定や実績を手帳や時間管理ツールに落とし込むことで、業務順序の矛盾やすき間時間が可視化され、タイムマネジメント力の向上が期待できる。手帳や時間管理ツールを活用するポイントとして、以下を紹介する。

- スケジュールを30分刻みで記入する
- 会議などの他人との予定だけでなく、資料作成や雑務などの自分ひとりで行なう仕事も手帳に書き込む
- 予定を種類ごとに色分けし、どのような仕事にどれくらいの時間を使っているかを一目でわかるようにする
- 頻繁に確認、更新する　など

❸整理・整頓

　オフィスでの探しものに意外と時間をとられていることなどを伝え、整理・整頓の必要性を理解してもらう。整理・整頓を実行するためのポイントとして、まず不要なものを捨てる、定期的にデスクに保管しているものや、PC内のデータなどを整理する時間を設けることなどを紹介する。

❹上司や仕事の関係者とのコミュニケーション

　依頼された内容を聞き逃したり、手直しが発生したりするなど、業務上のコミュニケーションがうまくいかない場合のデメリットを理解してもらう。そのうえで、無駄を生まないコミュニケーションのポイントとして、以下を紹介する。

- （依頼する側）伝える内容に抜けや漏れがないように、伝えるべきことを事前にまとめておく
- （依頼される側）メモなどに依頼された内容を書き残す
- （依頼される側）依頼された内容を復唱し、依頼する側の意図とズレがないか確認する　など

❺タスクのリストアップ（TODOリストの作成）

　一般的に人が短期記憶できることは5～9個といわれており、タスクを書き出すことで仕事の抜けや漏れを防ぐことができる。また、可視化することで情報が整理され、行動に無駄がなくなる。

このようなメリットを伝えたうえで、TODOリストのフォーマットとして「タスク・納期」のみを記入するシンプルな形式のものや、「タスク・納期・対応予定日・予想作業時間・優先順位・実績作業時間」などを記入する形式のものを紹介する。実績作業時間を記入し予想作業時間と比較することで、現在の自分の能力を測ることができ、次回の予想作業時間の精度を上げることもできる。

「TODOリストの例」

タスク	納期	対応予定日	予想作業時間	優先順位	実績作業時間

年　月　日

❻やり残した仕事の確認と翌日のスケジュールの修正

あらかじめ立てた計画どおりに仕事を終えることができなかった日は、帰宅する前に、その日に残した仕事を確認し、翌日以降の予定に組み込んでいく必要があることを伝える。なお、時間帯によって人間の効率は異なり、一般的には、午前中は効率が高く、午後は効率が下がることがわかっている。そのため、重要な会議や思考を伴う業務は午前中に、ルーチン作業は午後に行なうなど、スケジューリングにも工夫ができることを伝える。

❼担当業務の定期的な見直し

行なう必要のない業務を惰性で行なっている場合や、非効率なやり方を続けてしまっていることがある。研修では、仕事の量は与えられた時間をすべて満たすまで膨張するという「パーキンソンの法則」などを紹介し、担当業務を見直す必要性を伝える。また、演習として実際に担当業務の見直しを行なう。

まず、いま抱えている業務を一人ひとりが書き出し、次にその業務をやめることはできないか、やり方を変えることはできないか、回数や時間を減らすことは

できないか、他部署や他者、外部に任せることはできないかなどを検討する。そして、実行に移すアクションを決めてアクションプランを作成する。上司への相談が必要なことについては、研修終了後に上司に相談し最終判断をする。

また、他部署や他者に任せる際は、部分最適に陥らないように全社最適の視点が重要であることも伝える。

3｜業務内容の整理、および時間配分を見直す練習

研修中に、実際の担当業務の見直しを行なうことも有効である。担当している業務を細かくリストアップし、それぞれの業務を「やめる仕事」「任せる仕事」「時間を減らす仕事」に分けることで、現在抱えている仕事を整理することができる。また、過去1週間に取り組んだ業務をリストにし、それぞれに費やした時間を算出して、適切な時間配分にするための工夫や改善案を検討することで、自身の時間の使い方について見直す機会を与えることができる。

077 リーダーシップ

研修が実施される背景／研修の対象

　リーダーシップ研究では、リーダーシップは先天的なものではなく、後天的に身につくスキルであると考えられている。

　リーダーシップ開発を行なうことは企業にとって重要なテーマであり、指導的立場にある社員に限らず、自ら考え、行動できる人材の育成を目的として若手・中堅向けに「セルフリーダーシップ」をテーマとした研修が実施されることがある。

　本項では、管理職を対象とした一般的なリーダーシップ研修について述べる。

研修で主に伝えるべき内容

1 | リーダーシップの必要性

　リーダーシップの定義はさまざまあるが、一般的に「方向性を示すこと」や「率先して行動すること」「目標達成に導く力」と定義される。ドラッカーは「人の視線を高め、成果の基準を上げ、通常の制約を超えさせるものである」(名著集『現代の経営・上』ダイヤモンド社、2006年)と表現している。

　リーダーはリーダーシップを発揮し、組織の進むべき方向性を明示し、組織をひとつにまとめる必要性があることを理解してもらう。全員が同じ方向を向き、ひとつにまとまった組織は強いが、メンバーそれぞれが違う方向を向いている、あるいは方向性すら理解しないまま業務を遂行している組織では、小さなことでも組織に歪みが生じ、いずれ組織の崩壊を招く恐れがあるためである。

2 | リーダーシップに関する理論と自己認識の形成

　自己のリーダーシップを振り返り、強みと弱みを客観的に認識してもらう。その際に、リーダーシップの理論などをあらかじめ伝えておくと、自己のリーダーシップの振り返りに役立てることができる。以下に代表的なリーダーシップ論を2つ紹介する。その他のリーダーシップ論については「リーダーシップ論の変遷」の項を参照のこと。

❶シチュエーショナル・リーダーシップ理論（SL理論）

この理論において有効なリーダーシップは、部下の成熟度のレベルによって次のように規定される。

- 教示的リーダーシップ……具体的に指示し、事細かに監督する
- 説得的リーダーシップ……こちらの考えを説明し、疑問に答える
- 参加的リーダーシップ……考えをまとめて決められるように仕向ける
- 委任的リーダーシップ……仕事の遂行を任せる

❷6つのリーダーシップ・スタイル

ゴールマンは、リーダーシップを以下の6つのスタイルに分類している。①から④はチームの調和を育て、業績を向上させるリーダーシップ・スタイル、⑤と⑥は不協和音を招く可能性があるため注意が必要だが、メンバーの能力や状況によっては有用とされるスタイルである。各スタイルは状況に応じて使い分けることが重要である。

① ビジョン型リーダーシップ

ビジョンを共有し、目標に向かってチームを動かす。ビジョンを明確に示すが、達成のプロセスは押しつけず、メンバー全員で試行錯誤しながら目標を達成するよう促す。

② コーチ型リーダーシップ

メンバー一人ひとりの特性を理解したうえで、個々人の希望を叶えられるよう支援しながら、組織の目標に結びつける。

③ 関係重視型リーダーシップ

課題や目標の達成よりも人の気持ちを大切にし、チームの調和を引き出す。

④ 民主型リーダーシップ

メンバーからの意見を積極的に聞き、メンバーの参加、コンセンサスを通し

てコミットメントを得る。

⑤ ペースセッター型リーダーシップ

リーダー自身がレベルの高いパフォーマンスを発揮することで手本となり、メンバーにも同じレベルを求める。

⑥ 強制型リーダーシップ

メンバーに考える余地を与えず、強制的に指示命令をしながら人を動かす。

3 リーダーシップを発揮するための主な要素

リーダーシップを発揮するために必要な要素を伝える。ここでは主な要素として以下の4つを紹介する。

❶ビジョニング

ビジョンとは、「将来のある時点で、どのような発展を遂げていたいかについての未来像」と定義される。管理職は会社のビジョンや戦略を踏まえて、管理職本人とそのチームに期待されていることを明確に理解する必要がある。そのうえで、自部門のビジョンや目標を明確に掲げることで、組織として進むべき方向性を定めることができる。

❷チームビルディング

管理職は各メンバーの活動が組織にとって最大限機能するようなチームを構築する必要がある。ビジョンや方向性の明示、メンバーの役割の明確化、コミュニケーションの促進などを通じて、強固なチームを構築することができる（詳しくは「チームビルディング」の項を参照のこと）。

❸コミュニケーション

管理職が会社の方針や戦略を理解し、会社からの期待を明確にしたうえで部門のビジョンや目標を設定しても、それを浸透させるには部門のメンバーに伝わる表現で伝達する必要がある。また、チームビルディングをするうえでも、適宜、適切なメンバーとのコミュニケーションが欠かせないため、リーダーにはメンバー時代よりも高いコミュニケーション能力が求められる。

❹意思決定
　自身の業務遂行以外にも自部門の運営、部門間での調整、メンバーの育成や評価など、リーダーに求められる判断は多岐にわたり、その判断が組織としての活動やメンバーの行動に影響を与える。組織にとって最適な意思決定を行なうためには、高い情報収集能力と全体最適の視点が欠かせない。

「リーダーシップの4要素」

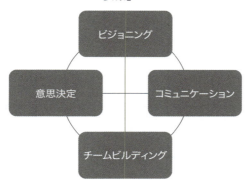

4 | 日常における自身のリーダーシップの振り返り

　研修の中で、日常の行動を振り返り、自身のリーダーシップスタイルを検討したり、所属する部署をリードしたりするために必要な態度や行動スタイルについて、他の参加者とディスカッションする時間を設ける。

078 チームビルディング

研修が実施される背景／研修の対象

どんなに優秀な人材を集めたとしても、組織の一人ひとりが異なる目的や方略を用いて業務に取り組んでいては、よりよい成果は生まれない。組織の成果を最大化させるためには、個々の能力をうまく引き出し、相乗効果を生み出すことが求められる。

チームビルディング研修は、組織を構成するメンバーである若手・中堅社員向けに実施される場合が多いが、管理職向けに実施される場合もある。

本項では、主に若手・中堅社員向けのチームビルディング研修について伝える。

研修で主に伝えるべき内容

1 | チームビルディングとは

チームビルディングとは、目的達成のために複数の人が集まり、一人ひとりの能力を活かす組織づくりのことである。能力のある人が多く集まったとしても組織がうまく機能しなければ、よりよい成果につなげることは難しく、チームとしてうまく協働することが必要であることを伝える。

2 | チームビルディングを進めるステップ

チームビルディングを進めるステップとして、タックマンモデルなどを伝える。

タックマンモデルは、チームビルディングを進める段階を4ステップで表しており、各ステップで実施すべきことを理解してもらう。タックマンモデルをベースとしたチームビルディングのステップを次に紹介する。

・Step 1　形成期

「形成期」は、チームを構成するメンバーが決定した段階であり、まだメンバーはお互いのことをあまり知らず、チームのビジョン、目標、課題なども理解されていない。この時期は、まずはリーダーからチームのビジョンや目標、課題などを明示することが重要である。また、メンバー間のコミュニケーションを促進することも必要である。

・Step 2　混乱期

「混乱期」は、チームのビジョンや目標の達成方法、課題解決の方法を模索する段階である。形成期で明らかになった課題を解決する方法を模索していく中で、メンバー同士が仕事に対する姿勢や考え方で衝突することも想定される。しかし、各メンバーの考え方などを顕在化させ、メンバー間での相互理解を促すために、衝突をただ抑えるのではなく、率直な意見を出し合うことも重要である。この段階で互いの考え方などを十分に理解し合わないと、今後もメンバー同士の不満や不信感を解消できず、チームとしての活動に影響が出る可能性が高まるからである。メンバーの状況や考え方などを踏まえたうえで、チームとしての活動方針や役割分担の見直し、設定をする。

・Step 3　統一期

「統一期」は、チームとしての行動規範や役割分担が形成される段階である。混乱期を乗り越える段階で、チームとしての課題を解決する方法やメンバーの特性が理解され、チームとしての活動方針やメンバー同士の役割分担が定まってくる。チームとしての機能が徐々に発揮される段階といえる。

・Step 4　機能期

「機能期」は、チームとして機能し、成果を創出する段階である。ここまでの3段階を越えてきて、チームが一体となって目標達成に向けて活動する。ただし、メンバー同士の役割を統一期の状態で固定化するのではなく、目標達成状況や各メンバーの活動状況を継続的に把握し、状況に合わせて活動方針や役割分担を見直し、変更する必要がある。

「チームビルディングによる効果の概念図」

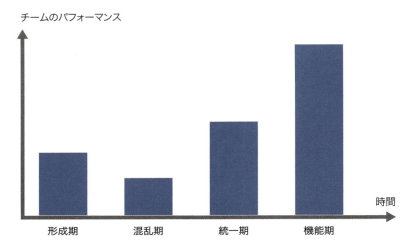

3 | チームビルディングの練習

ゲーム形式のワークショップを通じて、チームビルディングの要素、特に混乱期を適切に乗り越える重要性を体感してもらう。代表的なものとしてペーパータワー、レゴゲームなどがある。

〈ペーパータワーの実施例〉
「紙の塔をつくる」作業を通じてチームビルディングの必要性と有効性を考えるゲームである。

Ａ４サイズの紙を30～50枚ほど配布し、その紙を使いチームでできるだけ高い塔をつくるゲームである。１チーム４～６人程度で行なうとよい。チームを複数つくり、チーム対抗形式で行なうこともある。

このゲームとタックマンモデルの各段階の関連は以下のとおりである。

・形成期

初対面、もしくは仕事上で関わることが少ないメンバー同士を組み合わせてチームをつくる。この場合、まずは自己紹介などでお互いの人間関係構築を始めるとともに、チームで目指すべき姿（どのくらいの高さを目指すのかなど）を共有する。

・混乱期

　ゲームでは混乱期を体感させるために、ペーパータワーをつくるワークを２回以上実施する。

　１回目のワークでは、チーム内の役割分担などを講師側からは指示せずに実施させる。

　その結果、メンバーそれぞれが本人の考えたように動き、うまくタワーをつくることができない場合が多い。こうした失敗を体験したのち、課題や役割分担などを明確にしたうえで２回目に臨めば、１回目よりも高いタワーをつくることができる。１回目と２回目の違いを認識することで、混乱期を乗り越えるポイントを理解する。

・統一期・機能期

　１回目のワークでの気づきを踏まえて２回目を行なうことで、混乱期を乗り越えてチームが機能することを実感する。

079 仕事の任せ方

研修が実施される背景／研修の対象

　人材育成において、管理職が部下にどのような仕事をどのように任せるかは重要なポイントである。部下に任せる仕事の内容によって、部下が経験する内容や身につくスキルが変わってくる。また、仕事を任せる際のコミュニケーションを工夫することで、部下の仕事のとらえ方は変わり、成長スピードも速まる。仕事の任せ方に関する研修は、管理職を対象に、部下育成の能力を高めるために実施される。

研修で主に伝えるべき内容

1 | 仕事を任せることの意義

　仕事の任せ方によって、部下の成長度合いが変わることを伝える。部下をより効果的に育成するためには、部下の能力を適度に超えた仕事を与えること（ストレッチアサインメント）が必要である。また、部下に仕事を任せる際は、単に行なうべき内容を伝えるだけでなく、なぜその仕事を行なう必要があるのか、なぜその仕事をアサインされたのかについて正しく伝えることが重要である。

2 | 仕事を任せる際に実施すべきこと

　仕事の任せ方として「仕事の任せ方2.0」（※1）を紹介する。仕事をアサインする場で行なうこの手法は、次の4つのステップからなる。

❶意義づけ（その1）

　仕事の内容を伝えるとともに、任せる仕事が企業にとって、所属する組織にとって、また、仕事を任される本人にとって、どのような意義を持つのかを伝えることが重要である。任される仕事が所属する企業や組織にどのように貢献するのか、自身の成長にどのようにつながるのかといった認識を部下が持つことで、その後の仕事に取り組む姿勢が大きく変わる。

❷つまずきワクチン

意義のある仕事ではあるが、順調に進まない場面やリスクが生じる可能性もあることを伝える。想定されるリスクやつまずき要素について事前に知ることで、未知の業務に対する部下の不安は軽減され、実際に仕事を進める中で問題が発生したとしても冷静に対応できるようになる。

❸意義づけ（その2）

最初の意義づけ、つまずきワクチンを経て、再度意義づけを行なう。改めて仕事の意義を伝えることで、部下は仕事の依頼の背景には自分への期待があることを認識し、仕事を担うことが組織への貢献につながるという思いを持つことができる。

❹自己決定

仕事の意義づけ、想定されるリスクやつまずき要素の伝達、再度の意義づけを行なったうえで、依頼した仕事に取り組むかどうかを部下自身に決定してもらう。自己決定をすることで、部下は当事者意識を持つことになり、仕事に対する責任感が増し、最後までやりきる姿勢が醸成される。

「『仕事の任せ方2.0』の流れ」

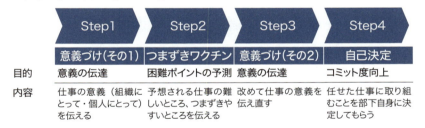

	Step1	Step2	Step3	Step4
目的	意義づけ（その1）意義の伝達	つまずきワクチン 困難ポイントの予測	意義づけ（その2）意義の伝達	自己決定 コミット度向上
内容	仕事の意義（組織にとって・個人にとって）を伝える	予想される仕事の難しいところ、つまずきやすいところを伝える	改めて仕事の意義を伝え直す	任せた仕事に取り組むことを部下自身に決定してもらう

※1：トーマツ イノベーション株式会社（現・株式会社ラーニングエージェンシー）×東京大学・中原淳准教授の共同研究『中小企業の人材育成実態調査プロジェクト』にて開発した教育プログラム

3│フィードバック

仕事を任せたら、必ずやり終えた後にフィードバックを行なう。フィードバックではまず、仕事の成果についての客観的な事実を確認する。次に、その事実に対する本人の所感を聞き、所感に対して上司としてコメントする。仕事に成功し

たのであれば、自分の強みとして活かし、失敗した場合は改善案を考えるよいきっかけととらえる（詳しくは「経験学習モデル」と「フィードバックとコーチング」の項を参照のこと）。

4 │ 仕事の任せ方の演習

　仕事の任せ方を、ケーススタディを通して学ぶ。ケーススタディでは、架空の人物の経歴、能力・スキル、任せようとしている仕事などを設定する。任せようとしている仕事は、本人の現在の能力・スキルより少し難易度の高いものにする。その設定の中で、本人が自発的に仕事に取り組めるような仕事の任せ方について検討する。ロールプレイングによって仕事の任せ方を練習することで、現場で実践できるようにする。

080 人事評価者研修

研修が実施される背景／研修の対象

人事評価制度を有効に機能させるためには、評価対象者を人事評価者が適切に評価し、その結果を適切にフィードバックすることが重要である。しかしながら、人事評価を実施する管理職によって、評価の仕方やフィードバックの仕方などに個人差が出るという問題がある。

人事評価者研修は、主に管理職を対象として実施する。

研修で主に伝えるべき内容

1 | 人事評価の目的

人事評価を何のために実施するのかを改めて認識してもらう。人事評価の代表的な目的は、成果の決定、給与・賞与の決定、成長機会の確保などで、人事評価結果によって評価対象者の生活やキャリアに影響が出ることを認識する。具体的には、給与や賞与の決定は評価対象者の生活に直接的な影響を与える。

また、人事評価結果のフィードバックをする際に、評価対象者の成長機会へとつなげられるか否かによって、評価対象者のその後のキャリアに大きな影響を与える可能性もある。そのため、人事評価者は適切な人事評価とフィードバックの実施方法を学ぶ必要がある。

2 | 人事評価項目の理解

人事評価の対象となる項目の例を紹介し、評価項目についての理解を深めてもらう。

(1) **情意評価**……働く姿勢や意欲など、仕事に対するマインドの評価や、出欠勤、遅刻、早退などの勤怠状況、勤務態度などの評価が含まれる。
(2) **能力評価**……コミュニケーション能力や文書作成能力など、保有する能力が評価の対象となる。
(3) **行動評価**……仕事の成果を創出するための行動についての評価。例えば、目標達成に向けての行動がとれているか、周囲と協力して仕事を進めてい

るかなどが評価の対象となる。
(4) **成果評価(パフォーマンス評価)**……目標の達成状況や与えられた役割を果たしているかなどが対象となる。

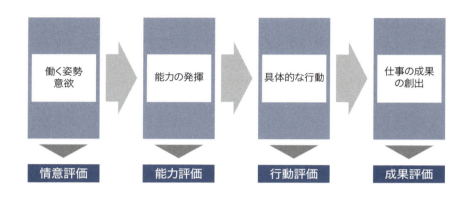

3 | 人事評価者として意識すべき事項の理解

人事評価をする際に評価者が陥りやすい評価傾向や、評価の根拠となる日常的な事象の記録の必要性など、人事評価者として意識しておくべき事項を伝える。評価傾向の例として、直近効果、寛大化傾向、厳格化傾向、中心化傾向、対比誤差、論理誤差、ハロー効果などが挙げられる(詳しくは「人事評価制度」の項を参照のこと)。

4 | 人事評価結果をフィードバックする目的

人事評価結果をフィードバックすることにより、評価対象者自身の評価に対する認識と企業側の認識との差異を解消することが重要である。評価対象者と企業側で認識の差異がある場合、評価対象者の成長の方向性が企業側の望む方向性とずれることがあり、評価対象者の仕事に対する姿勢を不適切な状態にしてしまう可能性があることを伝える。

このような差異を解消するためにも、評価対象者自身がどのように自分自身の評価を認識しているか、なぜそのように認識しているのかを評価者が把握することが重要である。そのうえで、評価結果を適切な根拠に基づき伝え、評価対象者と評価者の認識のズレを擦り合わせ、評価対象者本人が評価結果に対して納得す

ることの重要性を評価者に理解してもらう(詳しくは「人事評価制度」の項を参照のこと)。

5 | 人事評価結果のフィードバックの練習

　評価対象者役を相手に、ロールプレイングでフィードバックの練習を行なう。フィードバックの内容は、ケーススタディを用意する場合が多い。企業の内部で研修を実施する場合は、実際の評価基準および過去に実際にあったケースなどに基づき実施することもある。練習は、評価者、評価対象者、採点者の三者で行なうことが望ましい。研修で学んだ内容を実演し、周囲からフィードバックを受けることで改善点を見出すことができる。

081 面接官研修

研修が実施される背景／研修の対象

　企業の採用活動における面接の役割は、企業側と応募者側の双方にとって大きい。しかしながら、採用面接は面接を行なう従業員の裁量に任せられ、その質は必ずしも一定ではない。面接官研修は、面接官の質の個人差をなくし、応募者の本質を引き出し、企業の魅力をアピールできる面接官を育成するために実施される。

研修で主に伝えるべき内容

1 | 採用活動における面接の役割

　採用市場の動向を把握する重要性と、応募者に与える面接の影響、および面接官の役割を認識する必要性を伝える。そのうえで、面接は企業側が応募者を選考することだけが目的ではなく、応募者に対して企業の魅力を伝え、応募者を惹きつけることが面接の役割であることを理解してもらう。

2 | 面接時に注意すべき点

　面接を実施する際の前提知識として、採用選考過程で実施してはいけない事柄を理解する必要がある。具体的な注意点として、「不適切な質問」と「面接官の態度」の2点について伝える。

　不適切な質問には、本籍や家族構成などの「本人に責任のない事項」や、宗教や支持政党といった「本来自由であるべき事項」などがある。このような事項を応募用紙に記載させたり、面接時に質問をしたりすることは就職差別につながる恐れがあるので注意が必要である。詳しくは、厚生労働省が発表している「公正な採用選考の基本」を参考にするとよい。

　また、応募者に与える自社の印象をネガティブなものにしないためにも、面接官はビジネスマナーや面接時の態度に気を配ることも重要である。第一印象を決める身だしなみや挨拶などのマナーや、面接時に高圧的、または無関心な態度になっていないか注意を払う必要がある。

3 面接前に実施すべきこと

効果的な面接をするためには、事前準備として以下の要素が重要であることを伝える。

❶採用したい人材像の確認

自社の戦略や方針を踏まえて、会社としてどのような人物を採用したいかを確認する。求める人材を採用するために、経営者、人事部門、面接官で人材像を共有しておくことが重要である(詳しくは「人材要件・教育計画」の項を参照のこと)。

❷応募者を惹きつけるための自社の特徴の確認

応募者に伝えるべき自社の特徴を確認しておく。自社の魅力を伝えるため、また、応募者からの質問に答えるために、自社の強みと弱みの両方を把握しておく必要がある。

❸面接時の質問の事前準備

面接の際に質問する具体的な内容を事前に準備しておく。どのような仕事を望むか(志向)、どのように働きたいか(働き方)などの質問を事前に準備しておくことで、面接を円滑に進めることができる。

❹役割分担の決定

面接官が複数いる場合は、面接官ごとの役割を事前に決めておく。具体的には、メインの質問者や書記役などの役割が挙げられる。

4 面接時に実施すべきこと

面接開始時、面接中、面接終了時の3段階に分けて、それぞれの段階で行なうことを伝える。

❶面接開始時

面接の導入部分では、前述のとおり応募者にネガティブな印象を与えないことが重要である。挨拶などが済んだ後は、面接全体の流れの説明と、応募者が話しやすい雰囲気をつくるためのアイスブレイクが必要である。

❷面接中

　面接中は、人物像を見極めるための質問や応募者との質疑応答、自社や業務内容の説明を行なう。質問の際にはオープンクエスチョンやクローズドクエスチョンなどの質問手法を用いて、一問一答にならないための工夫が求められる。また、事前に準備した自社の魅力を伝えることも、応募者を惹きつけるために重要な要素である。

❸面接終了時

　面接終了時は、事務的な事項の確認や今後の選考過程についての説明をする。例えば、中途採用の場合であれば、希望年収や入社可能時期などの確認、選考結果を知らせる期日の説明である。

「面接の流れ」

開始時	面接中	終了時
流れの説明 アイスブレイク	見極め 惹きつけ	事務的な確認 今後の説明

5│面接後に実施すべきこと

　面接後は、次の選考過程に進むか否かの判断をする。次に進んでもらう場合に面接官が異なるのであれば、気になる点や応募者に確認してほしい点などを共有し、引き継ぎを行なう。

　また、個人情報保護の観点から、面接に使用した資料の取り扱いにも注意が必要である。

6│面接の練習

　研修の終盤では模擬面接を実施する場合が多い。応募者の履歴書サンプルなどを用意し、面接官役、応募者役、採点者の三者で模擬面接を行なうことが望ましい。研修で学んだ内容を実際に体験し、周囲からフィードバックをもらうことで、学習内容の理解を深めるとともに自身の改善点を見出すことができる。

082 セクハラ・パワハラ

研修が実施される背景／研修の対象

職場におけるハラスメント問題は、個人の尊厳を傷つけるだけでなく、企業の社会的な評価を低下させる要因となるため、企業を挙げての対応が必要である。

ハラスメントに関する知識は誰もが身につける必要があるが、研修は管理職以上を対象として実施されることが多い。

研修で主に伝えるべき内容

1 │ ハラスメントの種類と影響

ハラスメントとは「いじめや嫌がらせ」のことであり、厚生労働省の2016年の調査によると、ハラスメント問題は増加傾向にある。

ハラスメントの種類は時代とともに増えており、現在ではさまざまな種類があることと、ハラスメント問題が発生した場合に起こり得る影響などを伝える。

ハラスメントの種類	・セクシャルハラスメント ・パワーハラスメント ・アルコールハラスメント ・マタニティハラスメント	・パタニティハラスメント ・モラルハラスメント ・セカンドハラスメント 　　　　　　　　　　　　　　　　など
起こり得る影響	・損害賠償請求等の直接的損失 ・職場環境の悪化 ・人員の流出	・企業イメージの悪化 ・社員の健康リスク 　　　　　　　　　　　　　　　　など

2 │ セクシャルハラスメントの研修内容

セクシャルハラスメントの研修では、主に以下の内容を伝える。

❶セクシャルハラスメントとは

男女雇用機会均等法において、職場におけるセクシャルハラスメントを次のとおり明示している。

1　職場において、労働者の意に反する性的な言動が行われ、それを拒否したことで解雇、降格、減給などの不利益を受けること（対価型セクシュアルハラスメント）
2　性的な言動が行われることで職場の環境が不快なものとなったため、労働者の能力の発揮に大きな悪影響が生じること（環境型セクシュアルハラスメント）

（厚生労働省ホームページより）

　セクシャルハラスメントを受けた本人は、個人的な問題と受け止めてしまい、ひとりで悩みを抱えてしまう傾向があること、セクシャルハラスメントは個人の問題ではなく会社の問題であることを認識してもらう。そのためには、上記の定義をもとに、何がセクシャルハラスメントにあたるのか、以下の例を提示する。

- 社内において事業主が労働者に対して性的な関係を要求したが、拒否されたため、その労働者に対し降格や解雇をする
- 社内において上司が部下の身体に触る、根も葉もないうわさを流すなどして、労働者の就業意欲を低下させる

❷セクシャルハラスメントの判断基準

　セクシャルハラスメントに該当するかどうかは、「労働者の意に反する性的な言動」と「就業環境を害される」の2点が判断基準となる。セクシャルハラスメントの発生状況は多様であり、判断にあたり個別の状況や事情、心情をくみとる必要があるため、労働者の主観を重視しつつも、ある一定の客観性が必要となる。男女の認識の違いにより生じている面もあることから、被害を受けた労働者が女性である場合には「平均的な女性労働者の感じ方」を基準とし、被害を受けた労働者が男性である場合には「平均的な男性労働者の感じ方」を基準とすることが多い。研修では、男女による感じ方の違いなどの事例を紹介しながら説明をすることで、理解をさらに深める。

3 | パワーハラスメントの研修内容

パワーハラスメントの研修では、主に以下の内容を伝える。

❶パワーハラスメントの定義

「職場のパワーハラスメントとは、同じ職場で働く者に対して、職務上の地位や人間関係などの職場内の優位性を背景に、**業務の適正な範囲を超えて、精神的・身体的苦痛を与える又は職場環境を悪化させる行為をいう**」と定義されている。ここでいう優位性には、上司から部下に行なわれるものだけでなく、先輩・後輩間や同僚間、さらには部下から上司に対してなど、さまざまな優位性を背景に行なわれるものも含まれると解釈されている。

(厚生労働省「職場のいじめ・嫌がらせ問題に関する円卓会議ワーキング・グループ報告」より)

❷パワーハラスメントの種類

パワーハラスメントの代表的な種類として、以下が挙げられる。

- 身体的な攻撃(暴行・傷害)
- 精神的な攻撃(脅迫・暴言など)
- 人間関係からの切り離し(隔離・仲間外し・無視)
- 過大な要求(業務上明らかに不要なことや遂行不可能なことの強制)
- 過小な要求(業務上の合理性なく、能力や経験とかけ離れた程度の低い仕事を命じることや仕事を与えないこと)
- 個の侵害(私的なことに過度に立ち入ること)

❸パワーハラスメントの判断基準

パワーハラスメントの判断をする際には、「業務の適正な範囲」に含まれるか否かがひとつの判断要素となる。

前述の「身体的な攻撃」「精神的な攻撃」「人間関係からの切り離し」があった場合は、仮に業務の遂行上であったとしても「業務の適正な範囲」には含まれず、原則としてパワーハラスメントと判断される。

「過大な要求」「過小な要求」「個の侵害」については、業務上の適正な指導との線引きが容易でない場合が多い。パワーハラスメントに関する判例は年々増加しているため、最新の判例などを紹介することで理解をさらに深めることができる。

4 企業に求められる対応の理解

　ハラスメントによる訴訟の中には、損害賠償金が1億円を超えるものもあり、企業としてもリスクマネジメントが求められる。ハラスメント防止の体制構築には、以下の施策が有効である。

① ハラスメント防止に向けて、企業としての方針を明確化し周知する
② ハラスメントが発生した場合に厳正に対処するため、処罰内容を就業規則などの文書に規定する
③ 事前、事後にかかわらず迅速な対応を行なうため、社内担当者や相談窓口を設置する
④ 研修などによる従業員教育を実施する

　管理職には自らがハラスメント防止のマネジメントを行なうために、企業側の取り組みを職場に浸透させる必要があることを理解してもらう。

083 セルフマネジメント

研修が実施される背景／研修の対象

上司や同僚からの支援が限定的な状況において、従業員はより自律的に業務を進めることが求められている。セルフマネジメント研修は、こうしたニーズに応える形で、主に若手・中堅社員を対象に実施される。

研修で主に伝えるべき内容

1 セルフマネジメントの必要性

終身雇用・年功序列制が主流であった時代は、企業で自身がどのように仕事を進めていけばよいか、どのくらいの仕事をすれば結果がどうなるか、ということはおおよそ予測ができた。しかしながら、雇用形態が多様化し能力主義が浸透してきた昨今、自らの得意分野を見極め、その分野での能力を高めていくためにも、環境に左右されずに自分を律しながら仕事の成果を出していく必要があることを理解してもらう。

2 セルフマネジメントのイメージ化

成果を出している上司や先輩は、日常、どのようなことに気を遣って仕事を進めているか、また、目指す人に近づくためには何をするとよいかなどを考え、セルフマネジメントのイメージを具体的に持つようにする。一方で、成果を発揮していない状態を思い出し、反面教師としての題材にすることで、セルフマネジメントのイメージを高める方法もあることを伝える。

3 セルフマネジメントの5要素

高いパフォーマンスを発揮しているビジネスパーソンには、「目的志向」「学習」「選択」「振り返り」「感情のコントロール」の5つの要素が共通して見られる。研修ではそれぞれの要素について伝える。

❶目的志向

セルフマネジメントのスタートとなる要素が「目的志向」である。例えば、上司や先輩から仕事を頼まれた際に、いわれたことをいわれたとおりに進める場合と、頼まれた仕事の背景まで想像して仕事に取りかかる場合では、仕事への取り組み姿勢や結果に大きな違いが現れる。「目的志向」をしっかりと持つことで、与えられた業務を自分の成長機会としてうまく使うことができ、また、仕事を進める中で疑問を感じた際にスムーズに軌道修正ができる。

❷学習

前述の「目的志向」と密接に関わる要素として、「学習」がある。目的を持って仕事に取り組むことで、うまくいかなかった部分にも意識が向き、さらに学ばなければという思いも高まり、学ぶべき対象も自然に思いつくようになる。学ぶ手法には、新聞、書籍、ビジネス誌などを購読し集中的に学習する方法もあれば、自分より優れた能力を持つ人から教えを得る、あるいはスキルを参考にするなどの方法がある。継続的に学習することで、必要な知識を効率よく得る方法が読書なのか、あるいは他者からの教示なのかといった感覚も身につけることができる。

❸選択

どの仕事から取りかかるか、優先順位をつけることは重要である。自分が何に時間を費やしているかを知るために、緊急度と重要度の二軸を設定し、業務を四象限に分け、どの順番で仕事を進めているかを確認する。重要であり、緊急度が高い仕事を優先するのは当然のことだが、多くの場合、2番目に手がける仕事として、「重要ではないが緊急の仕事」を選びがちである。しかし、さらなる成長を目指す場合は、「緊急ではないが重要な仕事」をできるだけ多く行なう必要がある。

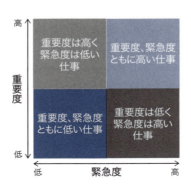

❹振り返り

　ひとつの業務を完了した時は、同時にさらなる成長へのチャンスでもある。特に初めて手がけた仕事は、その結果の成否にかかわらず、経験値の向上に大きく寄与する。やり終えた後の満足感に浸るだけではなく、記憶が鮮明なうちに振り返りを行なうことが重要である。自分が至らなかった点をリストアップし、それぞれの改善点を考えることは手間のかかる作業だが、それを行なうことで次回からの仕事の精度がさらに高まる。

　また、成功事例をもとにした自分への正しいフィードバックは、自身の強みの認識にもつながる。他者からコメントをもらうことも心がけ、改善のために必要な貴重な意見として参考にする。振り返りの結果は次の「目的志向」の題材となり、このサイクルを実施することで業務の質は一段ずつ高まっていく。

❺感情のコントロール

　セルフマネジメントの大きな要素として感情のコントロールがある。業務上で怒りや恐れを感じた時、いかにその感情に流されずに自分を冷静に保てるかは、その後の結果に大きな影響を与える。強い喜びを感じた場合も、周囲のとらえ方を推し量ったうえで感情を表出することができれば、気遣いのできる人材として周囲から認識される。感情のコントロールについては、「アンガーマネジメント」の項を参照のこと。

4│セルフマネジメントに関するワークショップ

　セルフマネジメントの5つの要素は、自分の普段の仕事と照らし合わせると、実はすでに行なっていたり、少しの工夫で行なったりすることが可能である。このことに気づくために、グループワークなどで実例を挙げながら意見交換を行ない、これらの要素をさらに強化することを目指す。

084 アンガーマネジメント

研修が実施される背景／研修の対象

　感情のコントロールは、コミュニケーション頻度が高まっている現代のビジネス環境において、ますます重要視されている。中でも怒りの感情は、周囲を萎縮させるなど他者への影響が大きい。また、怒りにとらわれることにより、自分自身の業務効率が低下するという側面もある。

　アンガーマネジメント研修では、自分の怒りの傾向や生じてしまった怒りへの対処方法を取り上げる。全職種・階層が対象となるが、部下育成に関わっている管理職層の受講が特に望まれる。

研修で主に伝えるべき内容

1 | アンガーマネジメントの必要性

　怒りの感情の発露は、本人が想像するより広い範囲に影響を及ぼす。上司である管理職が部下に対して怒りの感情を発露させることは、部下本人だけでなく、それ以外のメンバーの緊張を引き起こす可能性がある。また、パワーハラスメントととらえられるリスクもある。怒りの感情のコントロールは、マネジメント能力向上の一環として取り組まなければならない課題であることを理解してもらう。

2 | 怒りの感情とは

　怒りの感情は、プルチックの円環モデルが示すように、喜びや悲しみと同様の人間が持つ基本的な感情のひとつである。ネガティブな感情であるが、外部の攻撃から自身を守るため、生き残るために人間にとって不可欠な感情である。しかし、人間関係や社会が進化、複雑化した現代社会においては、怒りの感情は相手を萎縮させたり、嫌悪感を与えてしまったりするなど、コミュニケーションに好ましくない影響を与える。また、人はネガティブな感情を抱いている時、物事のとらえ方や思考の範囲を狭めてしまう傾向にあることから、最適な方略や望ましい解決策を導き出すことが難しくなる。研修では、怒りの感情を持つこと自体に問題があるのではないこと、上手な怒りのコントロールが必要であり、怒りをマネジメントすることは自身にとってメリットであることを理解してもらう。

「プルチックの感情の円環モデル」

北尾倫彦『グラフィック心理学』(サイエンス社、1997年)より

3 │ 自分の傾向を知る

　怒りが生じる理由は人それぞれであり、多くは自分が持つ価値観に影響される。そのため自分がどのような価値観を持ち、どのような場合に怒りが生じやすいかをあらかじめ知っておくことが、怒りのコントロールには有効であることを伝える。価値観の代表例として、「公正に取り扱われること」「完璧に業務を遂行すること」「体面を保つこと」などを紹介する。

4 │ 怒りを抑える方法

　自分の怒りの傾向を把握していたとしても、この感情を生じさせないことは難しい。ポイントは、心の中で生じた怒りの感情をストレートに態度や行動に表さないことであり、参考として以下を伝える。

❶思考の休止

　怒りが生じたと思った瞬間にすべての思考を止める手法である。怒りには、怒りのもととなるような要素を次々と連想させる性質がある。いったん立ち止まることで、怒りが発生する悪循環を強制的に断ち切る。

❷時間稼ぎ

　怒りの感情は、発生してから数秒から数十秒間は強さが変わらずに継続するといわれている。怒りの感情が発生した際に、冷静さを取り戻すための時間を稼ぐ

手段を持つことも有効である。数字を1から順番に数えるなど、怒りの対象から意識をそらすようにし、怒りが収まるのを待つ。

❸言語・動作による思考の切り替え

　怒りが生じてしまった時に心の中で唱えるセリフを、あらかじめ設定しておく方法である。「自分はこの怒りをコントロールできる」「いずれ状況はよくなる」など、自分を落ち着かせる言葉を用意する。自分の膝を軽くたたく、手の平と甲を交互に見るなどの動作も、怒りが生じた際に思考を切り替える方法として有効である。

❹怒りの対象からの離脱

　怒りが生じたことに気づいた瞬間に、まったく関係ないものに注目し、それについて思考を巡らせる。例えば手元のマウスに注目し、色や形状、用途、機能などを次々と連想する。思考を別の方向に変えることで、怒りの感情から距離を置く。

❺仕切り直し

　❶〜❹の手法を用いても、どうしても怒りを抑えることができない時がある。その際は場を改める、または時間を置くことを伝えて、いったんその状況から離れる。自分が感情的になっていることを周囲に伝え、冷静な議論ができるようになるまでしばらく休憩時間をとる、あるいは次回の打ち合わせまで議論を保留にすることなどを提案する。

5 | 怒りを引き起こさない仕組みの構築

　適正な範囲で怒りを表出することは思考やコミュニケーションとして健全だが、頻度や強度が高すぎる場合は低減させる取り組みが必要となる。ひとつの方法として、怒りに関する自分の傾向を知り、不必要に怒りを生起させない方法を伝える。自分の価値観や過去と向き合い、考え方の癖やこだわりを認識する。些細なことで怒りを感じていたと気づくことが重要であり、気づくことができれば同じ状況になった場合でも怒りを感じる程度を抑えられるようになる。また、疲労や睡眠不足など体調がすぐれない時にはイライラしやすいので、普段から体調管理に気を配ることも伝える。

6 | 怒りの感情をコントロールするためのワークショップ

　ワークショップを通して、自分がどのような状況で怒りを感じやすいかを理解してもらう。最近怒りを感じた状況を書き出し、他者と情報交換をすることで、自分の怒りの感情の癖を把握する。また、ケーススタディとして怒りが生じるような場面を読み、どのように対処するべきかを考え、怒りに対するさまざまな対処法が有効であることを確認する。上司が強い怒りを部下に対して発しているケースなどを映像で見ることで、怒りの感情が他人に悪影響を与えることを実感するという方法もある。

085 キャリアデザイン

研修が実施される背景／研修の対象

　自分がどのようなビジネスキャリアを歩むかは、多くの人々の関心事である。企業としても、従業員が明確なキャリアビジョンを持って自社に貢献することを望ましい就業状態であるととらえている。

　キャリアデザイン研修は主に若年層を対象に実施されるが、近年は定年が視野に入った従業員を対象に、セカンドキャリアを考えてもらう研修を実施する企業が増えている。本項では、若手向けのキャリアデザイン研修について述べる。

研修で主に伝えるべき内容

1│キャリアについて考えることの重要性

　終身雇用や年功序列といった日本型の人事的慣習が主流であった時代は、新卒採用で入社した企業に定年まで勤めることが一般的であった。同一企業内でも異動や出向、転籍など、キャリアの変遷が生じることはあったが、基本的には、従業員のキャリアは企業側が提示するものであった。一方、雇用の流動性が飛躍的に高まった現在において、キャリアは一人ひとりが自分で切り開かなければならないものに変化している。企業側からの働きかけを待つだけでは自分の今後のキャリアの見通しを立てることは難しく、現代のビジネスパーソンはキャリアデザインの能力を磨く必要があることを伝える。

2│キャリアの考え方

　キャリアをデザインしていくうえで、自己分析を行ない、目標を設定し、その目標から逆算して、細かな計画を立てることは当然のこととして考えられるかもしれない。しかし、前述のとおり、自身を取り巻く環境や社会は日々変化しており、人生は遭遇する人々や出来事の影響を受けることから、せっかく立てた計画が役に立たなくなることもある。「計画的偶発性理論」を提唱したクランボルツは、現代のような予測不可能な時代には、何をしたいかという意思決定やひとつの目標にこだわることなく、個人のキャリアを幅広くとらえ、偶然の出来事を最大限に活用し、チャンスを模索しながらキャリアを築いていく必要があると述べてい

る。

　職場で用意された経験を積みながらキャリアを形成していく従来のキャリア論では、対応が難しい時代にあることを伝えるとともに、予測不可能な時代には、好奇心を持って学び続けることや失敗しても努力し続けること、不確実でも時にリスクをとること、思い込みを捨てることが大切であることを伝える。

3｜キャリアデザインの方法

　キャリアデザインを行なう際の思考法として、「will-can-must」がある。このモデルはキャリアを考える際に用いられ、やりたいこと（will）とできること（can）、そしてやるべきこと（must）が一致している状態が望ましいとしている。キャリアデザインにおいては、このwill-can-mustを将来一致させるために、どのような業務経験を段階的に積んでいくかがひとつの焦点になることを伝える。

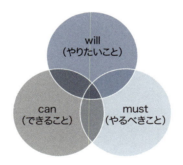

4｜現状認識

　キャリアデザイン研修では、前述したようなキャリアに関する考え方を伝えたうえで、まず自分自身が現在までどのような経験を積んできたのか、また、どのようなスキルを持っているのかの棚卸しを行なう。具体的にはキャリアログシートなどを用いて、時系列に担当した業務、そこで獲得したスキル、成功・失敗経験を書き出していく。書き出した自分の業務経歴を振り返りながら、自分がビジネスパーソンとして、これまでどのようなキャリアを築いてきたかを客観的に把握する。

5 キャリアの方向づけと不足している要素の特定

　棚卸しした自分のキャリアをもとに、その延長線上として具体的に今後のキャリアの方向づけを行なう。自分が経験してきた業務は詳細に内容を把握しているため、今後のキャリアをイメージする際のよい材料になる。また、現在までの経験を活かし切ることが、自分にとって最も大きな強みになることを理解する。

　次に、イメージした今後のキャリアと現在の自分の差を測り、いまの自分に不足している要素を認識する。不足している要素を特定したうえで、どういった経験を積めば埋めることができるか、また、どのようなスキルや知識が自分のさらなる成長に寄与するかを考える。最後に、今後獲得すべき知識・スキルを身につけるための計画を立てる。

6 キャリアデザイン研修のポイント

　キャリアデザイン研修では、他者との意見交換が有効に働く。研修講師やワークショップで同席したグループのメンバーは、自分自身では気づきにくい思考の癖や発想の偏りを客観的に指摘する存在になる。ワークショップでの意見交換では、ネガティブな出来事だと思っていた失敗が気にするほどのものではないことや、自分では取るに足らないと思っていたスキルが実は大きな強みであることが明らかになることがある。周囲から自分がどのように見えるかを知ることも、自分が進むべき今後のキャリアを考えるうえでのヒントとなる。

086 PDCA

研修が実施される背景／研修の対象

　PDCAは、製造業における品質管理の手法として普及し、その後、一般企業においても組織管理や個人の業務改善の手法として広く普及した。そのため、PDCA研修は業種や職種を問わず、一般社員から経営幹部まで幅広い層を対象に実施される。

　本項では、一般社員向けのPDCA研修の内容について述べる。

研修で主に伝えるべき内容

1 | PDCAとは

　PDCAとは、Plan（計画）、Do（実行）、Check（評価）、Act（改善）を指し、品質管理や組織管理の基本的なマネジメント手法と定義される。また、これらを順に実施し、継続的に行なうことをPDCAサイクルと呼ぶ。

　研修ではPDCAの定義を伝え、さらにPDCAサイクルを適切に実施した場合とそうでない場合のメリット・デメリットを伝えることで、PDCAの重要性を理解してもらう。

「PDCAサイクル」

2 PDCAの各要素

　研修では、PDCAを実施する際のポイントを紹介する。また、それらのポイントを自身の仕事で行なえているかどうかの振り返りも併せて実施し、自分の課題を認識してもらう。PDCAの各ステップのポイントは以下のとおりである。

❶ Plan（計画）
　計画は、組織の方針やプロジェクトの目的に沿ったものである必要があるため、計画を立てる前にそれらを確認しておく。
　また、次のDoのステップで確実に実行される計画を立てることが重要であるため、いつまでに（期限）、何を、どれくらい（数値目標）行なえばよいのかを具体的に決めることがポイントとなる。行動の優先順位が曖昧になっていると実行率が低くなってしまうので、優先順位を明確にすることもポイントである。

❷ Do（実行）
　計画で決めた行動を実行するステップである。ここでのポイントは、実行するための時間を十分に確保することと、実行した業務内容とその結果を業務記録や日報などに具体的に記録することである。記録に残す理由は、次のCheckのステップで検証する材料にするためである。

❸ Check（評価）
　このステップでは、実行状況をチェックし計画とのズレを確認する。
　チェックを行なうタイミングは、実行する業務内容により、日次、週次、月次などさまざまなタイミングがある。
　また、実行の最初の段階ではチェックを多くするなど、取り組む内容によってチェックの頻度を工夫する必要がある。

❹ Act（改善）
　Checkのステップで明らかになったズレについて、その発生原因を明らかにする。例えば、提出すべき書類を期限までに提出できなかった場合、作業時間の見積もりは適切であったか、時間を十分に確保できていたかなどを検証する。そうすることで、想定できなかった作業工程やリスク、自分の能力についての自己認識の甘さなどに気づくことができ、次のPlanの精度を高めることができる。

ズレの原因を明らかにしたうえで、次回の計画や行動をどのように改善するかを考える。改善策を決める際には、まずは数多くのアイデアを出し、実行にかかるコストや効果、実現性などを考慮して判断する。アイデア出しについて、詳しくは「企画立案」の項を参照のこと。

3 | PDCAの参考となるその他のフレームワーク

現在、注目されているフレームワークとして「OODA（ウーダ）」がある。周囲の環境を観察（Observe）して情報を整理（Orient）し、それに基づいて意思決定（Decide）し行動（Act）に移すことを指す。PDCAよりも、状況判断を重視しているため、環境変化への対応力が高まるといわれている。研修対象者に合わせて、このような最新のフレームワークについても伝える。

087 プロジェクトマネジメント

研修が実施される背景／研修の対象

　課題を解決するために誰もがプロジェクトを担当する可能性があり、業種や業界にかかわらずプロジェクトマネジメントスキルを高めることが業務遂行に必要である。

　プロジェクトマネジメントは、若手リーダーや中堅クラスを対象として研修が実施される場合が多く、プロジェクトマネジメントの全体像、プロジェクト計画書の作成、プロジェクトの進捗管理などを学ぶ。

研修で主に伝えるべき内容

1 | プロジェクトマネジメントの定義

　プロジェクトとは、「独自のプロダクト、サービス、所産を創造するために実施する有期的な業務」(『プロジェクトマネジメント知識体系ガイド（PMBOK® ガイド）第5版』Project Management Institute, Inc., 2013年) と定義される。同一の条件で繰り返される業務や、納期の設定がされていない業務についてはプロジェクトには当てはまらない。また、プロジェクトマネジメントは、「プロジェクトの要求事項を満足させるために、知識、スキル、ツールおよび技法をプロジェクト活動へ適用することである。プロジェクトマネジメントは、論理的にグループ化されたプロジェクトマネジメント・プロセスを適切に適用し、統合することによって達成される」(同前) と定義される。

2 | プロジェクトマネジメントの手順

　プロジェクトマネジメントは大きく、「プロジェクト構想」「計画・立案」「実施・運営」「リスク管理」「評価・フィードバック」のプロセスに分けることができる。各プロセスでプロジェクト管理者に求められるポイントを伝える。

❶プロジェクト構想

　プロジェクト冒頭では、目的の明確化、成果物の特定、プロジェクトメンバーを含むステークホルダーの特定、制約条件の確認などの業務が必要となる。次の

ステップであるプロジェクトの計画・立案のために、プロジェクトのゴールとなる目的と成果物の明確化が特に重要である。

❷計画・立案

　プロジェクトのゴールやメンバーなどが設定された後は、プロジェクトの作業と成果物を分解する。一般的にはWBS（作業分解図）の作成、スケジュール（ガントチャート）の作成、タスクの割り当て、作業範囲の決定、資源見積もり、品質計画の作成などの業務が求められる。WBSでタスクを時系列に沿って分解し、それぞれのプロセスでかかる工数を算出してスケジュールを作成・可視化することが重要である。

❸実施・運営

　このプロセスでは、進捗管理、ステークホルダー間のコミュニケーション、キーパーソンへの情報共有、メンバーの育成およびモチベーション維持、顧客との良好な関係維持などの役割が求められる。メンバーのパフォーマンスが想定よりも低くスケジュールの遅延を招く、承認された内容の解釈がステークホルダーと異なりコンフリクトが発生するなど、計画とのギャップに悩まされる場面が多くある。プロジェクトマネジャーとして、まずは各タスクの実施後に、ゴールへ近づいているかを確認する必要がある。ゴールに近づいていない場合は、ゴールとタスクの関連性が弱いか、ゴールもしくはタスクを間違えている可能性が高く、プロセスの見直しを検討する必要がある。また、コンフリクトを未然に防ぐ、もしくは解消するためにも、社内外の人間とのコミュニケーション・情報共有が欠かせない。

❹リスク管理

　❷と❸のプロセスにおいて、発生が予想されるリスクの管理が必要となる。まずは、リスクを列挙し、優先順位を決定し、リスク防止のための対策立案、管理体制の整備、管理マニュアルの作成などの業務が求められる。また、実際にプロジェクトの実施と運営をしていく中で、トラブルの予兆が発見されることも多い。そのような場合にも、迅速に対策を立案し実行することが求められる。

　代表的なリスクとして、スケジュールの遅滞、人的資源の不足、コストの増大などが挙げられる。

❺評価・フィードバック

　プロジェクトの完了時には、プロジェクト構想の段階で決定した目的や成果が達成されているかの評価とフィードバックを行なう。プロジェクト全体の目的達成度や、品質・費用・納期・組織体制などの項目を個別に評価する。問題が発生した項目に関しては原因分析を行ない、今後に向けての対策・改善案を検討することが重要である。

　また、ステークホルダーへの結果報告・共有も必要である。

「プロジェクトマネジメントの手順」

3 | ケーススタディを用いた練習

　研修で行なうケーススタディとして、参加者の業種や業界に依存し過ぎないテーマを選定することが望ましい。具体的には「オフィス移転プロジェクト」などが挙げられる。「プロジェクト構想書」や「プロジェクト計画書」など、多くのプロジェクト型業務で使用される書類を作成することで、より実践的な研修内容となる。

088 業務標準化

研修が実施される背景／研修の対象

働き方改革の推進により長時間労働の是正が求められている中、それを阻む要因のひとつとして業務の属人化が挙げられる。業務の標準化は、生産性を高めるための有効な手段であり、多くの企業が標準化に向けての取り組みを行なっている。

業務標準化の研修は、現場の責任者クラスが主な対象である。

研修で主に伝えるべき内容

1 業務標準化の必要性

生産性向上の手法のひとつに、業務の標準化がある。標準化が進むことにより業務効率が向上し、労働時間の短縮や若手・中堅社員の早期戦力化につながる。また現代は、暗黙知として企業に蓄積された貴重な知識が、高い技術を持ったベテランの退職とともに失われてしまう時代でもある。企業が独自に持つノウハウを次世代に継承するためにも、属人化されている知識やスキルを誰もが使えるように標準化する必要があることを伝える。

2 標準化の進め方

標準化の推進は図に示す流れにより行なわれる。各プロセスにおけるポイントを理解してもらう。

「標準化の進め方」

❶目的・目標設定

まずは、標準化を行なう目的・目標を設定する。目的として、生産性の向上やコストダウンなどが挙げられる。作業時間や作業工数などの具体的な数値目標を設定することで、標準化完了後に定量的な評価を行なうことが可能となる。

❷対象の設定

主に対象となる業務範囲と標準化を利用する対象者を決める。業務範囲を設定しないで標準化に取り組んだ場合、標準化を推進している過程で対象となる業務範囲が際限なく拡大するリスクが高まり、結果的に標準化が完了せず、目的が達成できないことを理解してもらう。

❸阻害要因の特定

標準化を推進し、浸透・機能させる際の阻害要因を事前に特定する重要性を理解してもらう。例えば、標準化することで業務フローの難易度が従業員の能力を超えてしまえば、標準化を進めるうえでのネックとなる。また、業務手順の変更に伴う従業員の再教育にかかるコストも阻害要因になり得る。

❹標準化手段の選定

標準化する際に最も多く取られる手段はマニュアルの作成であるが、他の標準化の手段についても説明する。

例えば、特定の従業員しか持たない技術を複数の担当者が行なえるようにするために、社内専門家による定期的な勉強会を実施することなどが考えられる。その他の手段として、システム化、業務の見える化、動画による作業の記録、技能の認定制度などが挙げられる。

❺具体化・つくり込み

標準化の手段を選定した後に、具体的な形（例：マニュアル作成、仕組みの構築など）にしていく。マニュアル作成にあたっては、読み手の読解レベルや受け取り方を考慮して、読んでもらえるマニュアルに仕上げる必要があることを伝える。

❻認知・浸透

標準化を活用する対象者に標準化の内容だけでなく、標準化を推進する目的や

背景なども伝えることが重要である。そのために、標準化を現場で進める最初の段階で、導入時研修などの教育機会を設ける必要がある。

❼継続的改善

標準化された内容が実行されても、それが継続されなければ効果は出ない。標準化の推進担当者は、標準化が進んでいるかを定期的にモニタリングし、一方で、現場の従業員からフィードバックをもらう。モニタリングやフィードバックを通して標準化の推進に問題が見られるのであれば、随時改善を行なう。

089 マーケティング

研修が実施される背景／研修の対象

　生産や販売のグローバル化や、デジタル技術の進歩による新商品・新サービスの短命化は、世界レベルでの競争を激化させている。このような状況において、マーケティングの発想なくして事業が成り立たなくなってきた。そのため、マーケティングマインドの醸成を含めてマーケティング研修に対するニーズが強い。また、これらの背景から、マーケティング部門だけでなく、開発や営業部門でもマーケティングスキルを身につけるニーズが高まっている。

　マーケティング研修には、マーケティングリサーチやコピーライティングなど、マーケティング専門職向けのものや、マーケティングそのものを学ぶ基礎研修などがある。

研修で主に伝えるべき内容

1 | マーケティングの必要性

　マーケティングを学ぶ必要性について伝える。モノをつくれば売れる時代は終わり、企業は市場を分析し、顧客の求める商品やサービスを提供していかなければならない。顧客のニーズを見つけ出し、そのニーズを満たすためにはマーケティングの発想は必要不可欠であり、さまざまなフレームワークなどを学ぶ必要がある。

　なお、マーケティングがカバーすべき領域は幅広く、それぞれの受講者によってマーケティングに対するイメージが異なることが想定されるため、初めに当該研修におけるマーケティングの定義づけを行なうことが望ましい。例えば、「マーケティングとは市場を創造し続けること」などである。

2 | マーケティングの考え方（STP、4Pなど）

　マーケティングの実践のために、さまざまなフレームワークが用いられる。研修で伝えるべき代表的なものを以下に挙げる。研修では伝えるだけでなく、実際にフレームワークを用いてグループで検討し、発表することも有効である。

❶環境分析

　自社のビジネス環境を分析し、戦略を検討するための代表的なフレームワークに３Ｃ分析がある。３Ｃとは、「市場（Customer）」「競合（Competitor）」「自社（Company）」の頭文字をとったものである。事業や商品のターゲットとなる市場を分析する際に用いる。市場（Customer）のニーズは変化しているのか、競合（Competitor）はその変化に対してどのような対応をとっているのかなど、市場ニーズの変化と競合の動向を踏まえたうえで、自社（Company）が成功するための要因を探し出す。

　市場分析には、「マクロ環境分析（PEST）」「ミクロ環境分析（５Ｆ）」「商品・サービス分析（プロダクトライフサイクル）」などのフレームワークを用いる。競合分析では５Ｆ分析の結果も踏まえて、設定した競争相手の戦略や経営資源の強み・弱みを分析する。

　自社分析は、競合分析の内容に加え、自社のシーズや提供価値の源泉となるものの継続性にも着目し、それらの分析結果から自社の強み・弱みに落とし込み、SWOT分析などを行なう。

　研修では以上の方法を伝え、実際に自社の環境分析を行なう。

❷競争戦略

　ポーターは、環境分析を踏まえて企業がとるべき戦略、競争相手に打ち勝つ方法を３つの戦略にまとめている。競合他社よりも低コストを実現することによって収益性や価格面で優位性を確保する「コストリーダーシップ戦略」、他社との明確な違い（付加価値）を設けることで高価格帯でも選ばれることを目的とした「差別化戦略」、特定の分野に特化して事業を進めていく「集中戦略」である。これらの３つの戦略を理解してもらう。

❸ STP

　STPは、セグメンテーション（Segmentation）、ターゲティング（Targeting）、ポジショニング（Positioning）の頭文字をとったものである。マーケティングの中核戦略であり、商品・サービスのコンセプトを表す設計図ともなる。まず、分析や戦略をもとに設定した基盤となる市場を、同じニーズや性質を持つグループに細分化することがセグメンテーションである。次に、細分化した市場のニーズなどの仮説をたて、ターゲットとなる市場を定めることがターゲティングである。その定めた市場に効果的に認識される商品・サービスの特徴や差異化要素を検討

することがポジショニングである。研修では、B to CやB to Bにおけるセグメンテーション、ターゲティング、ポジショニングのさまざまな例やポイントを解説し、STPについて理解してもらう。

❹4P

STPに沿って顧客に価値を届けるために、製品（Product）、価格（Price）、流通チャネル（Place）、販売促進（Promotion）の4つのPを考える。これら4Pを設計することをマーケティングミックスと呼ぶ。コトラーによると、サービス業の場合には、4Pに物的証拠（Physical Evidence）、業務プロセス（Process）、従業員・関係者（Personnel）を加えた7Pが用いられる。また4Pが供給者視点であるのに対して、顧客の視点からマーケティングミックスを検討する顧客価値（Customer Value）、顧客コスト（Customer Cost）、コミュニケーション（Communication）、利便性（Convenience）の4Cも使われる。

サービス提供側の視点	顧客の視点
製品 （Product）	顧客価値 （Customer Value）
価格 （Price）	顧客コスト （Customer Cost）
流通チャネル （Place）	コミュニケーション （Communication）
販売促進 （Promotion）	利便性 （Convenience）

3 ケーススタディを用いたマーケティングの練習

他の多くの研修と同様に、マーケティング研修においても、そのゴールは知識のインプットではなく実践に置かれる。研修受講者が業務で研修内容を実践するためには、身近なヒット商品の事例から始め、可能な限り自社の状況に近い事例を引用したケーススタディを研修に盛り込み、実際にマーケティングプランを作成することが有効である。

090 Webマーケティング

研修が実施される背景／研修の対象

現代のマーケティング活動において、Webの役割は大きなものとなっている。

研修は主にマーケティング部門や営業企画部門を対象として実施され、Web上でのマーケティングやプロモーション活動を効果的に行なうための代表的な手法などを学ぶ。

研修で主に伝えるべき内容

1 | Webマーケティングとは

Webサイトを中心に行なうマーケティング・プロモーション活動全般を指す。従来のマーケティング活動と比べ、地域的な制約がなく、ターゲット層の詳細なセグメントが可能で、低コストで実施でき、効果測定が容易である点が特徴である。Webマーケティングの主な目的は、自社ウェブサイトの集客数を増やし、会員獲得、物販、資料請求、実店舗への誘導などのコンバージョンにつなげることや、ブランディングなどである。

Webマーケターは、集客数を増やしコンバージョンにつなげるために、さまざまな手法に関する知識を身につけ、それぞれの特徴を把握したうえで自社の状況や目的に合った施策を講じていかなければならないことを伝える。

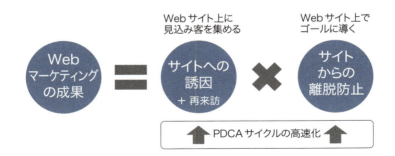

2 代表的な集客施策

研修では、自社サイトへの集客を増やすための主な施策を紹介する。それぞれの長所と短所をわかりやすく提示し、自社のマーケティングに有効な方法を検討してもらうのもよい。

❶ SEO（Search Engine Optimization：検索エンジン最適化）

大手検索エンジンなどの検索結果において、自社サイトを上位に表示させるための施策である。メリットは、一度上位に表示されれば中長期にわたり自社サイトへの流入が見込め、上位に表示されることによるブランディング効果も高く、媒体費もかからないことである。デメリットは、上位表示されるまでには時間を要することや、検索エンジンのルールに依存する点である。具体例を示すことで、SEOのメリット、デメリットを理解してもらう。

❷ リスティング広告

検索ワードに応じて、検索結果ページの上部や側部に広告を表示する手法で、クリックが発生してから課金されるためPPC（Pay Per Click）広告とも呼ばれる。見込み客の興味・関心に合わせた広告配信が可能だが、入札価格による課金となるため、同業者との競争になりやすく、検索ワードや価格のこまめな見直しが必要となることを伝える。

❸ SNS広告

SNS上で広告を配信する手法である。SNSユーザーは趣味嗜好がわかりやすく、リスティング広告と同様に見込み客にリーチ（広告が到達する）しやすいが、細かい運用が必要であることを伝える。

❹ ソーシャルメディアマーケティング（SMM）

SNSで自社アカウントを持ち、ユーザーとの接触を図る手法である。キャンペーンの告知などをすることで集客時に利用でき、また、双方向のコミュニケーションとなるため、ユーザーとのエンゲージメント（結びつきやつながり）を高めやすい。媒体の費用も基本的にはかからない。

3 | サイト離脱防止への施策

　前述の施策で集客数を増やしても、自社サイト上での離脱率が高ければ意味がない。サイト訪問客の離脱を防ぐための主な施策を紹介する。

❶ LPO（Landing Page Optimization：ランディングページ最適化）

　LP（ランディングページ）とは、商品やサービスを売るために、主に1ページで構成されたWebページのことである。制作コストも比較的安価で、商品やサービスを詳細かつ魅力的に表現できる。LPOとは、このLPを訪問客が情報を探しやすいように、また、途中離脱しないような工夫を施すことである。

　具体的な施策として、「資料請求」「申し込み」といったコンバージョンへの導線をボタンにして目立たせる、サイトのデザインをメインターゲットに合わせた色合いにするなどの方法があることを伝える。

❷ EFO（Entry Form Optimization：エントリーフォーム最適化）

　入力フォームの改善により、訪問客の離脱を防ぐ施策である。商品やサービス購入、会員登録や資料請求の入力フォームは極力シンプルにすることが望ましい。具体的には、入力負荷を軽減するために入力項目数やページ数を削減する、役職や住所などの入力にはプルダウンを利用する、目に入る情報量を減らすために不要なリンクを削除するなどの施策があることを伝える。

4 | 代表的な再来訪施策

　一度でも自社サイトを訪れた見込み客は、新規の見込み客に比べて再来訪しやすいため、以下に挙げる施策に取り組む企業が多い。

❶リターゲティング

　インターネット広告の手法で、自社サイトを訪問したユーザーに限定して、再来訪を促す広告を配信する追跡型広告のことを指す。一度、自社サイトを訪れた見込み客は、商品やサービスへの興味関心が高いため効率的に集客ができる。基本的には「自社サイトを訪問し、コンバージョンのなかったユーザー」への配信となる。

　配信対象者を増やすためにも、集客施策と同時に行なうと効率的であることを

伝える。

❷メールマーケティング

　見込み客や既存客に対してメールで情報を配信し、販売促進や顧客の育成を図る手法のことを指す。顧客のニーズを満たす情報を配信することで、顧客とのリレーションの構築や継続が可能となり、購買意欲の上昇などにつながることを伝える。また、MA（Marketing Automation）ツールを導入すれば顧客の追跡が可能となるため、顧客ごとにカスタマイズされた情報を配信することでコンバージョンの向上も期待できる。見込み客のメールアドレスは、無料セミナーの申し込みや資料の無料ダウンロードといった、見込み客にとって価値ある情報と引き換えに入手することが一般的である。

091 企画立案

研修が実施される背景／研修の対象

新しい事業の創出は、一般的には企画・開発部門が担うことが多く、この部門に配属されている従業員は高い企画力が求められる。さらに、現在のビジネス環境では、営業部門や管理部門にも企画力が求められるようになっている。

研修で主に伝えるべき内容

1 │ 自社・自部門を取り巻く環境の把握と企画の対象範囲

企画を立案する時、まずは自分たちが置かれている環境を正しく認識する必要性があることを伝える。環境の認識を誤ると、立案する企画（例：新商品の開発、業務効率化のための施策）の有効性が限定されてしまうためである。置かれた環境を正しく把握した後、それをもとに企画の対象範囲を設定する。環境の把握や企画の対象範囲を設定するために、研修では以下の代表的なフレームワークを紹介することが多い。

❶ PEST分析

政治（Politics）、経済（Economy）、社会（Society）、技術（Technology）という4種のマクロ環境が企業に与える影響を分析する。

❷ SWOT分析

環境を、強み（Strengths）、弱み（Weaknesses）、機会（Opportunities）、脅威（Threats）に分け、自社の置かれた状況を理解する。

❸ 3C分析

顧客（Customer）、競合（Competitor）、自社（Company）の3つの視点で現状分析を行なう。

❹ STP-4P分析

マーケティングにおける重要なセグメンテーション（Segmentation）、ターゲティング（Targeting）、ポジショニング（Positioning）のステップを踏むことで、

自社あるいは事業の立ち位置を定め、その領域でどのような商品・サービスを展開するかを、製品（Product）、価格（Price）、流通チャネル（Place）、販売促進（Promotion）の4つの観点から検討する。

❺ ABC 分析
商品やサービスを重要度によってグループ分けする方法で、重要度の高い商品・サービス群をAグループとして重点的な管理対象にする。

2｜企画のアイデア出しの手法

企画の中心となる商品やサービス、効果的な社内施策の具体的なアイデアを出すための手法を伝える。アイデア出しの手法として、次の方法が主に紹介される。ここでいうアイデアとは、新しい解決策といい換えることもできる。

❶ブレインストーミング
グループのメンバーで思いつく限りのアイデアを出し続ける。基本的に他者への批判的な発言を禁止している。

❷ KJ 法
思いついたアイデアを小紙片に書き出し、近い内容のものをグループにまとめ思考の整理を行なう。

❸オズボーンの自問法
一度思いついたアイデアについてさまざまな観点から見直し、それまで気づかなかった新たなアイデアを創出する。

これらのアイデア出しの手法を、ワークショップを通して体感し、有効性を実感してもらう。

「KJ法の具体例：新しい時計とは」

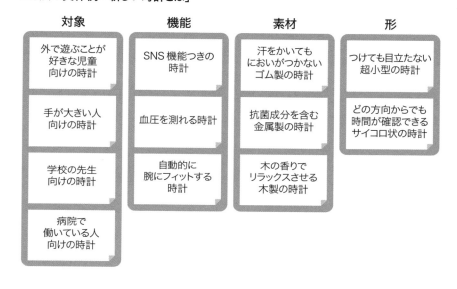

3 立案した企画の効果的な伝え方

　検討を重ねてつくられた企画が採用されるためには、内容を効果的に伝える必要がある。研修の最後のパートでは、企画書の作成とプレゼンテーションの方法を紹介する。企画書とプレゼンテーションのポイントは次のとおりである。

❶企画書の作成
　伝えたいことをコンパクトにまとめて企画書を作成する。また、メリットだけでなくデメリットも記載し、提案がさまざまな視点から検討されており単なる理想論ではないことを示す。さらに、企画書の読み手が実行するイメージを持てるような内容にする。

❷企画書のプレゼンテーション
　プレゼンテーションは、受け手の悩みの確認から始めるとよい。理解できない言葉や内容があると、受け手はその後のプレゼンテーションについていけなくなるので、わかりやすい言葉を使い、受け手の反応を見ながら不明点がないか適宜確認して進める。説得力を持たせるために、事例や数字など企画の内容を下支えするデータにも言及する。「プレゼンテーション」の項も参照のこと。

092 営業

研修が実施される背景／研修の対象

営業力の強化は、多くの企業で最重要課題のひとつである。B to B企業の場合は、営業マネジャーに対する研修や新人・若手向けに営業スキルの基礎を習得させるための研修などが実施される。B to C企業の場合は、店舗などの販売員に向けた研修などがある。

研修で主に伝えるべき内容

1 │ 営業マネジャー向けの研修

営業マネジャー向けの研修では、自身の率いるチームが成果を出すための手法を学んでもらう。主な内容として、営業戦略の活動計画への落とし込み方法や営業組織のマネジメント手法などがある。

❶営業戦略の立案と活動計画の作成

営業戦略の立案では、マーケティングにおけるターゲティングが重要であることを伝え、演習として自社の営業活動のターゲットを設定してもらう。営業戦略を活動計画に落とし込む際は、まずは自組織で出すべき成果（売上げ、利益など）から逆算することで必要な活動とその活動量を導き出す。次に、具体的な活動プロセスを設計し、実施時期を決めて活動計画を作成することを伝える。自組織で出すべき成果はKGI（Key Goal Indicator：重要目標達成指標）に、KGIを達成するために必要な活動とその活動量はKPI（Key Performance Indicator：重要行動指標）になる。

「活動計画の設定例」

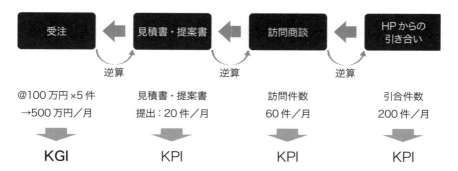

❷営業組織のマネジメント

戦略と計画をベースに、営業組織をどう組み立てるかを伝える。メンバーは、年齢や経験がさまざまな場合がある。扱う商材や顧客の特性を踏まえて、最適な業務割振りを行なう。担当が決定し、実際に営業活動を開始したら、活動を定期的に確認し、必要に応じて活動方法の修正を行なう。KGIとKPIをモニタリングすることで、活動プロセスを管理しやすくなり、目標達成度を上げることができることも伝える。

2 新人・若手営業担当者向け研修

新人・若手向けの場合、まずは自社商品の知識や業界知識を得るための研修を行なう。次いで、営業活動における基本スキルを身につけることを目指す。主な基本行動には、顧客とのアポイントの取得方法や、顧客訪問時の商談方法、営業案件の管理方法などがある。

❶顧客とのアポイントの取得方法

アポイントをとる対象となる企業に電話をかける際の心構えやポイントを学んでもらった後で、ケーススタディや研修講師を顧客に見立てたロールプレイングで実際に電話でのアポイントの取り方を体感してもらう場合が多い。体感することで、電話でのアポイント取得に対する心理的抵抗を下げるとともに、実務においてスムーズにアポイントを取得できるようにする。

❷顧客訪問時の商談方法

　商談方法を研修で扱う場合は、商談そのものの内容だけでなく、商談に臨む前の事前準備についても扱う。事前準備では、訪問前までに収集しておくとよい情報の種類やどのような資料を準備すべきかについて考えてもらう。商談そのものについては、アイスブレイクの方法や、商談時に相手に確認すべき内容、相手に伝えるべきこと、次回商談に向けて相手と約束すべきことなどの商談プロセスを伝える。商談の進め方については、ケーススタディなどをもとに、研修講師を顧客に見立てたロールプレイングなどで体感してもらい、商談のスキルを身につけられるようにする。

❸営業案件の管理方法

　アポイント取得や商談の実施後にどのような記録を残し、営業案件についてどのような判断をすべきかについて伝える。例えば、顧客情報や商談内容などの記録が十分に残されていない場合、営業活動を次のステップに進めるか否かの判断をする精度に影響が出ることなどを伝え、営業活動全般にわたり記録を残すことの重要性を理解してもらう。

3│店舗などの販売員を対象とした研修

　店舗での販売員を対象とした研修では、接客マナーについて扱うことが多い。また、実際に顧客が来店した際に、どのような対応や提案を行ない販売につなげるかといった内容の研修を行なうこともある。そのような研修では接客の際に、観察や顧客との会話から顧客が望んでいることを把握し、ニーズを満たすために必要なものを提案したり、顧客自身に気づかせたりして、商品の購買につなげる手法を取り上げる。座学だけでなく、研修講師を顧客に見立てたロールプレイングなどを実施して接客時のポイントを深く理解してもらう。

093 ホスピタリティ

研修が実施される背景／研修の対象

従来、ホスピタリティを重視していたのは、直接顧客と接することが多いサービス産業（宿泊業、飲食業、旅行業、観光業など）であった。近年、各産業のサービス業化が進む中、サービス業以外の企業も顧客に選ばれるための要素としてホスピタリティを重要視しており、ホスピタリティ研修は業種・職種を問わず行なわれている。

研修で主に伝えるべき内容

1 | ホスピタリティとは

ホスピタリティの語源は、ラテン語の「hospitalis（厚遇する、もてなす）」といわれており、転じて現在では「顧客を親切にもてなすこと。また、もてなす気持ち」という意味で使われている。ホスピタリティと比較される言葉であるサービスは、同じくラテン語の「servire（仕える、奴隷になる）」を語源としており、受け手と送り手の主従関係がはっきりしている。サービスは顧客が求めるものを求めるとおりに提供することであるのに対し、ホスピタリティの目的はさらに一歩踏み込んで、サービスの提供を介して感動を体験させることにあると伝える。

日本ホスピタリティ推進協会は、「主人が客人のために行なう行動に対して、それを受ける客人も感謝の気持ちを持ち、客人が喜びを感じていることが主人に伝わることで、ともに喜びを共有するという関係が成立することが必要」としている。つまりホスピタリティの実現には、顧客だけではなくサービスを提供する側も喜びを感じることが必要である。

2 | ホスピタリティの重要性とその効果

スカンジナビア航空でCEOを務めていたヤン・カールソンは、顧客に直接応対するスタッフの平均応接時間が15秒であり、そのわずかな時間に顧客が判断するサービスの質が自社の評価に直結していることに気づいた。そしてその時間のことを「真実の瞬間」と名づけ、それを重視した経営を行なうことで、同社の業績をＶ字回復することに成功した。

このように、同じ商品やサービスを取り扱っていたとしても、ホスピタリティを強化すれば競合他社との差別化につながることを伝える。ホスピタリティという価値は顧客の維持につながり、その評判は新規顧客の獲得にも好影響を与え、また、従業員のモチベーションの向上にも寄与する。一方で、仮に100回のおもてなしによって顧客の満足度を高めたとしても、たった一度の不適切な接客によって企業への信頼は失墜してしまうことも理解してもらう。

3｜ホスピタリティの高め方

　ホスピタリティは一人ひとりの素養によるところも大きいが、訓練によって高めることが可能である。そのポイントは、「顧客の真意の理解」と「プロとしての解決策の提供」であることを伝える。

❶顧客の真意の理解
　顧客からの問い合わせや質問を正しく理解することはもちろん重要であるが、ホスピタリティのレベルで求められることは顧客が言外に発する要望を鋭くキャッチする感性である。対話の中で顧客が本当に欲していることを敏感にとらえ、こちらからの質問を交えながら顧客が本当に必要としているものを明らかにする。時に顧客自身ですら気づかなかった潜在的な要望を顕在化することが、ホスピタリティの大事な一歩である。

❷プロとしての解決策の提供
　特定の商品やサービスを求めてくる顧客に対して、該当するものを提供することは、単にサービスを提供したレベルに留まる。ホスピタリティを実践するならば、購入を希望する背景を顧客からヒアリングしたうえで、よりふさわしい商品やサービスを紹介するべきである。時には、新たに別の商品を購入しなくとも、すでに購入した商品を活用することで、顧客が直面している問題を解決できるかもしれない。新たな商品が購入されないため売上げにはつながらないが、その代わりに顧客からの信頼という無形の財産を得ることができる。こうした対応は買い手と売り手の関係を超えて、商品やサービスを介して感動を生む可能性がある。

　なお、ここまでは対顧客の視点でホスピタリティの高め方を説明してきたが、社内外の協働者に対しても同様のことがいえる。同僚からの相談ごとに対して、

自分の専門知識を用いて問題点を整理したり、よりよい解決策を示すことができれば、相手からの信頼も高まり、今後さらに頼りにされることになる。また、こうしたホスピタリティの発揮は、業務の効率化、活性化、組織の全体最適の実現にも影響していくことを理解してもらう。

4 ｜「ジョハリの窓」を用いたホスピタリティの理解

前述したホスピタリティの高め方は、「ジョハリの窓」のフレームワークを用いることで整理できることを伝える。「ジョハリの窓」は「自分が知っているか否か」「他者が知っているか否か」を二つの軸とした四象限からなるモデルであり、それぞれの象限を「開いた窓」「隠されている窓」「盲点の窓」「未知の窓」と名づけている。

「ジョハリの窓」

	自分は知っている	自分は知らない
相手が知っている	開いた窓	盲点の窓
相手が知らない	隠されている窓	未知の窓

山上徹編著『ホスピタリティ・ビジネスの人材育成』(白桃書房　2012年　p.74)をもとに当社にて作成

自分も顧客も内容を知っている商品やサービスは「開いた窓」に該当する。顧客と自分との相互理解はビジネスの基本ではあるが、この象限に留まる限りサービスの域を超えることはない。「隠されている窓」は、前述の「顧客の真意の理解」と「プロとしての解決策の提供」にあたる。顧客価値創造のために、この領域に積極的にアプローチする。「盲点の窓」は、顧客は知っているのに自分は知らないという注意が必要な領域である。この領域の放置は顧客の不満につながり、場合によっては顧客を失うリスクがある。顧客からどう見られているのかという意識を常に持つことが重要である。顧客との信頼関係が高まれば、お互いが気づいていない「未知の窓」を発見できる可能性が高まる。こうした状態を構築できれば、顧客との関係は「仕事を協力的に進めるパートナー」の域に達したといえる。

094 クレーム対応

研修が実施される背景／研修の対象

　クレーム対応の主たる目的は、企業の評価を下げないようにするためのリスクマネジメントと、顧客との関係性を向上させる顧客満足度向上の2つである。クレーム対応に関する研修を行なううえでは、クレーム対応の必要性の理解はもちろんのこと、ケーススタディや実践的なトレーニングも必要である。コールセンター社員など、クレーム対応を専門とした社員を対象に実施する場合は、マニュアルに沿って具体的かつ実践的な対応をトレーニングすることが多い。一方で、営業職や事務職などさまざまな職種の社員を対象に実施する場合は、クレームの連絡を受けた際に戸惑うことがないよう、クレーム対応の心構えや言葉遣いなどを理解することが中心となる。

研修で主に伝えるべき内容

1 | クレーム対応の重要性の伝達

　適切なクレーム対応は、企業の評価を下げないために必要不可欠である。顧客・取引先などによる企業の評判（レピュテーション）に関して多くの人がインターネットやSNS上で情報を発信しており、さまざまな人がその情報を簡単に目にすることができる。そのため、たった1件のクレームによって企業の悪い評判が広まり、最悪の場合は企業経営のリスクにつながる恐れもあることを理解してもらう。

2 | クレームが発生する背景

　クレームは、サービス・商品に対する顧客の期待を現実が大きく下回った時に発生することを伝える。顧客の期待とは、商品・サービスを購入・利用する時に、顧客が意識的または無意識的に感じている期待を指す。

3 | クレームのとらえ方

　クレームは、企業にとって必ずしもネガティブなものではなく、顧客からの期

待の表れととらえることができる。顧客が企業に対して期待を抱いていないのであれば、あえて時間を割いて意見や不満を伝えないためである。クレームの内容は、サービス・商品の成長や改善の材料として活用し、CS（Customer Satisfaction：顧客満足）向上につなげることが理想的であることを理解してもらう。

「クレームが発生する背景」

期待 ＞ 現実
↓
不満
↓
クレームの発生

4 クレーム対応のポイント

クレーム対応の主なポイントについて伝える。基本的な流れは以下のとおりである。

❶お詫びをする

まずは、顧客に対して心から謝罪の言葉を伝える。
例）「このたびは、ご迷惑をおかけし大変申し訳ございませんでした」

❷クレーム内容を把握する

顧客のクレームに対応するために、何が起こっているのかを正しく把握する必要がある。そのために、起きたこと（＝事実情報）と顧客の感想や自身の考えを切り分けて把握しなければならない。把握した事実情報を時系列でまとめ、顧客に改めて確認し、共通の認識を持つ。

❸対応策を提示する

❷を踏まえ、対応策を提示する。対応策を提示する際は、まずクレーム内容が「個人で対応できるもの」か「上司と相談するもの」かのレベル分けを行なう。レ

ベル分けでは、クレームの解決までの手順がイメージできているかどうかで判断する。後者の場合は、対応策を上司と検討したうえで、顧客対応をする。

❹再度のお詫びと感謝を伝える

最後に改めてお詫びをした後、貴重な意見をいただいたことに対して誠意をもってお礼を伝える。

> 例）「このたびは貴重なご意見を頂戴いたしまして、誠にありがとうございました。早速いただいたご意見をもとに、今後の業務改善策を検討させていただきます」

❺クレームの共有と再発防止

クレーム内容を上司に報告し、必要に応じて再発防止のための対応策を講じる。対応策が決定した後は、社内での情報共有を行なう。

5 ケーススタディを用いた練習

クレームはいつ発生するかがわからないため、いざ対応する際に対応方法に戸惑ってしまうケースが多い。そのため、研修ではとっさの対応方法についてのトレーニングを実施することが重要である。また、研修参加者が顧客役を行なうことで、どのような対応が相手にとってよい対応なのかを客観的に考えてもらう。

095 5S

研修が実施される背景／研修の対象

　5Sは、整理・整頓・清掃・清潔・しつけを表す言葉である。業務の生産性向上は、企業にとっても個人にとっても取り組むべき課題であり、5Sは生産性向上の土台にあたる要素である。

　5S研修は、製造業の製造現場で働く人に限らず、オフィスワーク中心の人も対象に実施される。

研修で主に伝えるべき内容

1 | 5Sの定義

　5Sが何を指すのかを伝える。一般的な定義は以下のとおりである。

整理 ▶	要るものと要らないものに分けて、要らないものを捨てること
整頓 ▶	要るものを使いやすいようにきちんと置き、誰でもわかるように明示すること
清掃 ▶	常に掃除をし、きれいにすること
清潔 ▶	整理・整頓・清掃を維持すること
しつけ ▶	決められたことを、いつも正しく守る習慣をつけること

2 | 5Sの必要性

　5Sを実施することで業務上のムダを削減できることを伝える。例として、製造業におけるムダをまとめた「7つのムダ」などを紹介し、自分の働く現場でムダが発生していないかを振り返ってもらう。

＜７つのムダ＞
- **つくりすぎのムダ**……必要以上に物や書類をつくる
- **手待ちのムダ**……前工程での停滞などにより仕事ができず待っている
- **運搬のムダ**……必要以上に物の移動、仮置き、積み替えなどをする
- **加工のムダ**……必要のない加工をしたり、重複して加工する
- **在庫のムダ**……必要以上の在庫を持ち、倉庫などに保管する
- **動作のムダ**……何かを探したり、取り出しに手間取るなど付加価値を生まない作業をする
- **不良・手直しのムダ**……不良を発生させる、不良により手直しをする

これら７つのムダが、５Ｓを実施していないことに起因していると理解してもらうために、次のような説明を行なう。

- 工場や倉庫で製品や仕掛品、原材料の整理、整頓が十分でなく、数量が正確に把握できていないため、つくりすぎのムダや、それに伴う在庫のムダ、運搬のムダなどが発生する
- 工具、治具などの整頓がされておらず、動作のムダが発生する
- 機械の整備・清掃が不十分で加工不良が発生し、不良・手直しのムダが発生する　など

3│５Ｓに取り組むポイント

整理、整頓、清掃、清潔、しつけ、それぞれのポイントを伝え、業務で実践できるようにする。

❶整理のポイント

整理のポイントは、いかに不要なものを持たないかということである。
そのためには定期的に物や資料などの要不要の確認を実施し、不要なものを処分することが必要である。

❷整頓のポイント

物をすぐに使えるようにするためには、置き場所を決め、その場所に何を置くのかを明示することが重要である。明示する内容は「３定」といわれ、定位、定

品、定量のことを指す。定位はどこに置くのか、定品は何を置くのか、定量はいくつ置くのかを決めて表示する。また、その際には、「距離を短くする」「両手を同時に使う」「動作の数を減らす」「動作を楽にする」など、動作経済の原則を参考にするとよい。

❸清掃のポイント

清掃をし、常にきれいな状態にするためには、清掃の対象と頻度、担当者と責任者、清掃の手順と方法を決めるとよい。

清掃は初期段階ではきれいにすることを目的として実施していくが、実施が定着していくに従い内容をレベルアップしていくことが望ましい。清掃だけの状態から、清掃と同時に点検も実施できるようにし、さらには清掃、点検をしたうえで軽微な修理などの保全も同時に実施できるようにしていくなどである。

❹清潔のポイント

清潔は、整理・整頓・清掃が維持されている状態のことである。そのためには、意識して整理・整頓・清掃を実施する状況から、整理・整頓・清掃そのものが不要になる仕組みを構築することが理想である。

仕組みを考える切り口としては、例えば以下のものが挙げられる。

- 整理をしなくて済むように、**不要なものが発生しない仕組みを構築する**
- 整頓をしなくて済むように、**置き場所などが乱れない仕組みを構築する**
- 清掃をしなくて済むように、**汚れない仕組みを構築する**

❺しつけのポイント

しつけとは、決められたルールや手順が習慣化されている状態のことである。習慣化するには、反復し体得することが欠かせない。そのためには、ルールや手順の明確化はもちろんのこと、個人やグループ単位で5Sに取り組むことの重要性を伝える。継続的に5Sに取り組むための仕組みとして、社内での5Sコンテストや表彰制度などが有効であることも伝える。

096 技術者研修

研修が実施される背景／研修の対象

　高い専門性を持つ技術者は、他部門と協働しながら、商品開発の担い手として活躍することが期待されている。

　「I」の縦の線を専門性・技術力の高さとし、高い専門知識・技術を持つ人材を「I（アイ）型」人材、高い専門性に加え「T」の横の線のようにさまざまな領域で活用できる能力（ジェネリックスキル）も備えている人材を「T（ティー）型」人材、ジェネリックスキルを備えながら、複数の専門分野に長けている人材を「π（パイ）型」人材と呼んでいる。横線のジェネリックスキルの向上、縦線の専門スキルの向上、これらを組み合わせた研修を行なうことで、企業でさらに活躍し得る技術者の育成ができる。

研修で主に伝えるべき内容

1 │ 若手技術者向けの研修

❶技術者として目指すべき人材像とは

　技術者研修の冒頭では、「I型」「T型」「π型」人材について紹介し、技術者が目指すべき人材像のイメージを持ってもらう。

　技術者として採用した従業員は、ある分野に長けた知識や技術を持っていることが想定され、すでに「I型」人材としての要素を備えていると思われる。しかし、組織の一員として持っている技術力を活かすためには、他者と協働するスキルも同時に備えた「T型」人材になる必要があることを伝える。求められる具体的なスキルは、ビジネスマナー、コミュニケーションスキル、問題解決能力、チームワーク、知的財産などである。

　また、「π型」人材が求められる背景として、これからの技術者は、技術革新のために自身の専門性だけでなく、他領域の専門性も身につけ、商品開発の担い手としての活躍が求められていることを伝える。顧客が欲しいと思う商品を技術者自身も検討し、市場の波に上手に乗せ、売れる商品にするためには、技術職であったとしても、マーケティングや営業などのMOTの知識を持つことが求められる（詳しくは「MOT」の項を参照のこと）。新たな専門性を獲得してもらう時には、他領域を学ぶことの意義と技術者への期待を伝えることにより、学びへのやる気

を持ってもらうことも大切である。

「『I型』人材、『T型』人材、『π型』人材」

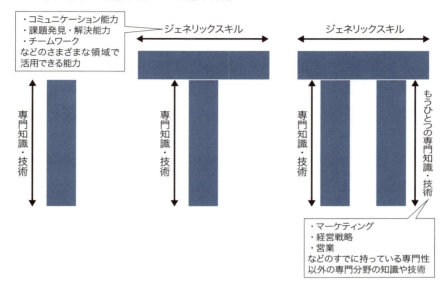

❷課題発見・解決能力を高めるためのPBL（Project Based Learning）

　ジェネリックスキルの中でも課題発見・解決スキルは、企業の利益を生み出す技術者になるために必要な能力である。PBLは、複数名が協力をして、目標達成のためにプロジェクトを進めていく学習方法であり、課題発見・解決スキルを身につけるための有効な手法である。半日研修で実施できる模擬的な課題を提示することもあるが、実際に自社の改善プロジェクトを掲げ、長期的に実施することも可能である。以下にPBLの手順について紹介する。

- **課題の設定**……模擬的な課題の提示や各部署が抱える課題などを主催者から提示する場合が多いが、グループメンバーが課題を自ら決定することもある
- **課題の抽出**……与えられた課題に対して、何が要因か抽出する
- **課題解決に向けた取り組みの検討**……課題を解決するための方法・手順の検討を行なう
- **発表**……グループで検討した課題解決方法を発表する

自社での課題改善プロジェクトとして実施する場合には、実際にプロジェクトを実施し、その後の結果についても発表を行なう。

2 | OJT担当者の研修とマニュアル作成による技術の伝達

　OJTを実施することで、ベテランの技術者から若手技術者への技術の伝達がなされることも技術者教育には有効である。しかし、指導するベテラン技術者と学ぶ若手技術者の両者には、学びに対するとらえ方に違いがあるケースもあり、かつての「背中を見て学ぶ」などといわれた技術者間の師弟関係にあるような伝達方法は、徐々に機能しなくなっている。また、指導する技術者は、優れた技術者であったとしても、指導者として必ずしも優れているとはいえない。そのため、OJTを通じて技術者教育を実施する際には、担当する指導者に対する研修を実施することが望ましい（詳しくは「OJT」の項を参照のこと）。また、ベテラン技術者の優れた技術を若手技術者に伝承していく方法のひとつとして、ベテラン技術者と若手技術者が共同でマニュアルを作成することも有益である。

097 経済・経営知識

研修が実施される背景／研修の対象

「経済ニュースの内容が自社にどのような影響を与えるか」「企業はどのように成り立っているか」などを理解するための基本的な経済・経営知識は、社会人にとって必要不可欠である。経済・経営知識概論の研修は、主に若手従業員を対象としてビジネスの基礎知識の習得を目的に行なわれる。

研修で主に伝えるべき内容

1 │ 経済・経営知識の必要性

まず、経済・経営それぞれの知識が身についていない場合のデメリットを考える。例えば、輸入品の卸売業を営んでいる会社に所属しているのに、円高・円安の意味がわかっていない場合、円安となり自社の経営に悪影響を及ぼしていても、そのことに気づけないという状況になる。経済・経営を理解することで、初めてビジネス環境を正しく把握できることを認識してもらう。また経済・経営知識は、実務を行なうだけでは容易に身につかないケースが多いため、身につけるためには意図的に学習する必要性があることを伝える。

2 │ 経済知識

❶経済知識の全体像

まず、円高・円安、GDPなどの経済基礎知識について学んでもらう。次に、社会保障費や年金をはじめとした日本経済の状況や経済政策（金融政策、財政政策）などについて理解してもらう。また経済には、家計の消費活動や企業の生産活動などを見るミクロ経済と国全体としての投資や消費などを見るマクロ経済があることを伝える。

❷経済基礎知識

ここで扱う内容としては、「円高・円安」「インフレ・デフレ」「GDP」などがある。受講者が当事者意識を持って経済知識を理解するために、現在の為替レートの推移など最新の統計データを紹介し、事例を用いて企業にどのような影響があるの

```
       経済政策
    （金融政策／財政政策）
     日本経済の現状
    （社会保障費、年金、
     少子高齢化　など）
      経済基礎知識
（円高・円安、インフレ・デフレ、GDP　など）
```

かを伝える。その他にも、研修の途中に身近なテーマのクイズを取り入れて、理解度を確かめることも有効である。

❸日本経済の現状

　基礎知識を学んだ後、「社会保障費」「少子高齢化」「完全失業率」「非正規雇用労働者」などについて伝える。特に、自社が含まれる業界に大きな影響を与えているトピックについて重点的に学んでもらう。その際、政府が公表している統計データやグラフなどを示し、過去から現在にかけての変化とその理由を正しく認識してもらう。

❹経済政策

　国家が経済に対してどのような施策を行なっているかを理解するために、経済政策の代表である金融政策と財政政策について説明する。まず、金融政策は日本銀行、財政政策は政府が行なっていることを伝える。金融政策では、政策金利操作・公開市場操作・支払準備率操作を取り上げ、好況時／不況時にそれぞれどのような対応を取っているかを理解してもらう。財政政策では、公共投資・減税を取り上げ、どのようなメカニズムで好景気を実現させようとしているかを解説する。

3 | 経営知識

❶組織の仕組み

　企業における株主総会、取締役会、監査役などの役割について説明する。また組織形態の種類（機能別組織、事業部制組織、マトリックス組織、プロジェクト組織など）の説明では特徴やメリット・デメリットを紹介し、自分が所属する企業がどの組織形態であるかについても考えてもらう。

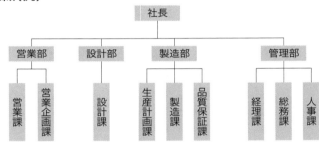

機能別組織（例）

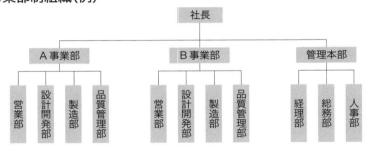

事業部制組織（例）

❷経営の仕組み

　全体像として、経営理念・経営目標・経営計画・事業計画・業務計画があることを理解してもらう。その際、経営理念がすべての根幹となっていることを伝える。また、「自社の経営理念の意味を知っているか」などの問いかけも有効である。さらに、経営目標と経営計画の違いや企業の経営資源（ヒト、モノ、カネ、情報など）を説明する。その他、経営活動を理解するために必要な知識として、

「PDCA」「会計」「SCM（Supply Chain Management）」なども紹介する。

4 | 経済・経営に関する情報収集

　経済・経営に関する情報は、インターネット上で容易に入手できる。しかし、すべての情報が正しいとは限らないため、情報源を必ず確認し、取捨選択する必要がある。また情報を得た際には、「自社に影響を及ぼすか否か」についても考慮する。自社への影響を考える際には、「直接的に影響するか」「間接的に影響するか」という影響の与え方の側面と、「短期的な影響か」「長期的な影響か」という影響を与える期間という側面のそれぞれについて考える必要があることを伝える。

098 財務知識

研修が実施される背景／研修の対象

　経理部や財務部に所属していなくとも、職位が上がれば、自社の事業等を定量的に把握しなければならない場合が多い。その際に、財務分析力が必要になる。しかし、実務の中で財務知識を体系的に身につけられる機会は少ない。そのため、研修などで決算書の読み方や財務分析方法を学ぶ機会を設ける必要性がある。

　財務知識の研修対象は、一般社員から経営幹部まで幅広い。そのため、初級・中級・上級など、対象者のレベルに合わせた内容で実施することが望ましい。この項では、初級〜中級の内容を解説する。

研修で主に伝えるべき内容

1 決算書とは

　財務知識の研修では、必ず決算書が取り上げられる。決算書は、企業の成績表といわれ、ある期間における企業の業績やある時点での企業の財政状態を示している。決算書の種類には、損益計算書、貸借対照表、株主資本等変動計算書、キャッシュフロー計算書などがあり、中でも特に重要な損益計算書、貸借対照表、キャッシュフロー計算書の3つは、まとめて財務三表と呼ばれることを伝える。自社の決算書が公開された時や取引先から決算報告書などを入手した時に、決算書の内容をすばやく読み取り、業績や問題点を認識するために、決算書の読み方を学ぶ必要がある。

2 損益計算書の読み方

　損益計算書については、主に以下のことを伝える。

❶損益計算書とは

　損益計算書は、Profit and Loss Statement、P/Lと呼ばれる（表1）。

　損益計算書では、特に企業の一定期間における収益、費用、および利益を読み取ることができる。

❷損益計算書で見るべきポイント

- **売上高**

  企業の事業規模を表す。金額が大きいほど事業規模が大きいととらえることができる。

- **売上総利益**

  売上高から製品や商品の製造、仕入れなどにかかった費用を差し引いて算出される。

  一般的に売上高に対して売上総利益の比率が高ければ、企業が扱う商品力があるといえるが、その比率は業界や業種、または企業の競争戦略などに大きく影響されるため、一概に売上総利益率の高低で商品力や競争力の判断はできない。

- **営業利益**

  売上総利益から販売費および一般管理費を差し引いて算出される。

  一般的に売上高に対して営業利益の比率が高ければ、企業の事業の収益性が高いととらえることができる。

- **経常利益**

  営業利益から、事業活動以外の収益や費用（営業外収益・営業外費用）を差し引いて算出される。

  金融機関からの借り入れに対する利息なども考慮された金額となるため、その企業全体でどのくらいの利益を出しているのかを表している。

- **税引前当期純利益**

  経常利益から、その企業にとって毎期発生することのない、偶発的な利益や損失（特別利益・特別損失）を差し引いて算出される。

  その企業が税金等を支払う前の段階でどのくらい利益を出しているのかを表している。

- **当期純利益**

  税引前当期純利益から支払うべき法人税、事業税、住民税を差し引いて算出される。

  対象となる期間に企業が最終的にどのくらい利益を残せたのかを表している。当期純利益から、配当や内部留保（利益剰余金）などが配分される。

❸損益計算書の分析のポイント

- **売上高営業利益率や売上高経常利益率の推移**

・売上高営業利益率と売上高経常利益率のバランス

　営業利益に比べて、経常利益が著しく低い場合（売上高営業利益率に対して売上高経常利益率が低い場合）は事業活動の利益は上がっているが、事業活動以外の費用がかかっていることが想定される。

　例えば、事業規模に対して負債が過剰な場合は、負債に対する金利負担がかかるため営業外費用が大きくなる。このような場合には、営業利益に対して経常利益が過小となることが考えられる。

表1 「損益計算書の例」

当事業年度 （自　平成XX年4月1日） 至　平成XX年3月31日		（単位：千円）
Ⅰ 売上高		10,200,000
Ⅱ 売上原価		
1. 期首商品たな卸高	480,000	
2. 当期商品仕入高	7,305,000	
3. 期末商品たな卸高	500,000	7,285,000
売上総利益		2,915,000
Ⅲ 販売費および一般管理費		1,415,000
営業利益		1,500,000
Ⅳ 営業外収益		
1. 受取利息	25,000	
2. 受取配当金	1,600	
3. 雑収入	2,000	28,600
Ⅴ 営業外費用		
1. 支払利息割引料	30,000	
2. 雑損失	12,000	42,000
経常利益		1,486,600
Ⅵ 特別利益		
1. 固定資産売却益	185,000	185,000
Ⅶ 特別損失		
1. 固定資産売却損	30,000	
2. 固定資産除却損	25,000	55,000
税引前当期純利益		1,616,600
法人税、住民税および事業税		646,640
当期純利益		969,960

3 貸借対照表の読み方

貸借対照表については、主に以下のことを伝える。

❶貸借対照表とは

貸借対照表はBalance Sheet、B/Sと呼ばれる（表2）。
貸借対照表では、一定時点での企業の財政状態を読み取ることができる。

❷貸借対照表で見るべきポイント

まずは、「流動資産」「固定資産」「流動負債」「固定負債」「純資産」の合計金額のバランスを確認する。

負債の部（流動負債・固定負債）、純資産の部は、企業の資金をどのように調達しているのかを示す。

資産の部（流動資産・固定資産）は、調達した資金をどのような資産として保有しているのかを示している。

それぞれの項目が意味するところを大まかにまとめると以下のようになる。

流動資産……通常1年以内に現金化できる資産
固定資産……通常1年以内に現金化できない資産
流動負債……通常1年以内に返済すべき負債
固定負債……比較的長期での返済が許容されている負債
純資産……返済が不要な自己調達した資産

❸貸借対照表の分析のポイント

〈流動比率〉　流動比率＝流動資産÷流動負債×100

一般的に流動比率が高い場合は、資金繰りに窮していない状態である可能性が高く、短期的な安全性が高いと見ることができる。流動比率が低い場合は、短期的な安全性が低く、資金繰りに窮している可能性があるといえる。

〈自己資本比率〉　自己資本比率＝純資産÷資産合計×100

一般的に自己資本比率が高い場合は、中長期的な安全性が高いと見ることができる。企業活動を行なううえで必要となる資金を「返済が必要な負債」ではなく「返済不要な純資産」で調達しているといえ、自己資本比率が低い場合は、資金

を「返済が必要な負債」で調達していることになり、返済不能になるリスクが高いといえる。

表2 「貸借対照表の例」

当事業年度
（平成XX年3月31日）

（単位：千円）

項目	金額	項目	金額
（資産の部）		（負債の部）	
Ⅰ 流動資産	4,200,000	Ⅰ 流動負債	3,000,000
現金・預金	1,800,000	買掛金	600,000
売掛金	1,200,000	短期借入金	1,800,000
有価証券	300,000	未払法人税等	130,000
たな卸商品	500,000	その他	470,000
その他	460,000		
貸倒引当金	△60,000		
		Ⅱ 固定負債	3,400,000
Ⅱ 固定資産	3,800,000	長期借入金	3,000,000
有形固定資産	2,300,000	その他	400,000
建物・建築物	100,000		
機械装置	700,000	負債合計	6,400,000
土地	1,000,000		
その他	500,000	（純資産の部）	
無形固定資産	500,000	資本金	10,000
投資等	1,000,000	資本剰余金	690,000
		利益剰余金	900,000
		純資産合計	1,600,000
資産合計	8,000,000	負債・純資産合計	8,000,000

4 キャッシュフロー計算書の読み方

キャッシュフロー計算書については、主に以下のことを伝える。

❶キャッシュフロー計算書とは

キャッシュフロー計算書はCash Flow Statement、C/Fと呼ばれる（表3）。

キャッシュフロー計算書では、一定期間内に企業がキャッシュ（現金および現金同等物）を何から得て、何に支出しているかなどの流れを見ることができる。なお、キャッシュフロー計算書は2000年3月期より金融商品取引法の適用を受ける上場会社、およびその関連会社において、その作成・開示が義務づけられて

いる。

❷キャッシュフロー計算書で見るべきポイント

営業活動によるキャッシュフロー（営業CF）、投資活動によるキャッシュフロー（投資CF）、財務活動によるキャッシュフロー（財務CF）のそれぞれの収支を確認する。

〈営業CF〉

企業の本業である事業活動による収入と支出の状態を表す。基本的に営業CFは、プラスである必要がある。マイナスの場合は、本業である事業でキャッシュが常に出ている状態であるため、企業にとっては長期的な存続にリスクを抱えた状態であるといえる。

〈投資CF〉

事業を維持、発展させるための投資によるキャッシュの増減を表す。一般的に、将来への投資として固定資産を取得した場合などには投資CFはマイナスとなり、投資CFがプラスの場合は将来の投資よりも、過去に投資したものを売却し一時的にキャッシュを得ている状態であると想定される。

〈財務CF〉

企業がどのようにキャッシュを調達し、返済しているかという状態を表す。財務CFは一概にプラスがよい、悪いといった判断はできない。事業拡大期の投資にキャッシュが必要な時に、金融機関からの借り入れで投資をしている場合では投資CFはマイナス、財務CFはプラスとなる。また、事業収入が安定的に得られており、かつ金融機関からの借り入れに対する返済を積極的に行なっている場合は、営業CFはプラス、財務CFがマイナスとなる。

❸キャッシュフロー計算書の分析のポイント

〈投資キャッシュフロー対営業キャッシュフロー比率〉

投資比率＝投資CF÷営業CF×100

一般的に将来に対する投資は、できる限り事業活動で得たキャッシュの範囲内で行なうことが望ましい。つまり、投資比率は100％未満が望ましいといえる。投資比率が100％を超える場合は、投資活動が借り入れなどの財務活動で補われ

ていると考えられ、長期的にはリスクがあると見ることができる。

〈営業キャッシュフロー対流動負債比率〉
　営業キャッシュフロー対流動負債比率＝営業CF÷流動負債×100
　この比率が高いほど、返済が必要な負債に対して営業CFが多い、つまり、事業活動から得られるキャッシュで負債の返済が可能な状態であることを示している。比率が低い場合は、事業規模に対して負債が過大になっていると考えられる。

表3 「キャッシュフロー計算書の例」

（単位：百万円）

営業活動によるキャッシュフロー	141,800
税引前当期純利益	150,000
減価償却費	12,000
売上債権	3,000
仕入債務	▲4,200
棚卸資産	▲1,000
法人税等の支払	▲18,000
投資活動によるキャッシュフロー	▲59,000
固定資産の取得による支出	▲250,000
固定資産の売却による収入	200,000
有価証券の取得による支出	▲10,000
有価証券の売却による収入	1,000
財務活動によるキャッシュフロー	▲60,000
借入金による収入	220,000
借入金の返済による支出	▲200,000
配当金による支出	▲80,000
現金および現金同等物の増加額	22,800

5 応用編

　中級の財務研修であれば、成長性、収益性、生産性、安全性の分析指標を提示し、それらを用いた財務分析の練習を行なうとよい。上級では、ケーススタディや実際の決算書を用いた財務分析、1社ではなく2社の比較分析など、よりレベルを上げた、実務に近い内容で研修を実施する。財務分析の研修は、主に損益計算書および貸借対照表の情報を中心に実施されるが、上場企業やキャッシュフローを重視する企業の場合は、キャッシュフロー計算書の意味や分析のポイントについても内容に加える場合がある。

099 データの読み方

研修が実施される背景／研修の対象

　情報化社会においてさまざまなソース（情報源）から情報を収集し、そこから正しくデータを読み解くスキルは、ビジネスの意思決定をサポートするために欠かせない能力になっている。

　本項では、主に若手社員向けに実施される研修として、データを読み解く基本的な方法や注意点などについて述べる。

研修で主に伝えるべき内容

1│データの種類

　普段から業務で扱っている、もしくは各種メディアで目にしているデータにはどのようなものがあり、また、それらのどこに注目しているかを考えてもらう。データから事実を見誤らないためには、データを何気なく「眺める」のではなく、目的意識を持ちデータを「読む」ことが重要であることを伝える。

2│標本調査の注意点

　「標本調査」とは、ある母集団の中から一部分を抽出し、そこから母集団の性質を推測する調査方法で、統計調査の多くが標本調査である。対して、母集団すべてを調査対象とする手法は「全数調査」と呼ばれ、国勢調査などがこれにあたる。

　標本調査の結果を見る際の注意点は、抽出した部分に偏りがある場合に、同じ調査でも違う結果になり得ることである。具体例として、情報源の異なる世論調査などのサンプルを複数用意して説明するとわかりやすい。例えば、新聞社の世論調査とインターネット上の世論調査で、まったく違う結果が出ているとする。それらの違いは抽出したサンプルの偏りによるものであり、データとしてはどちらも正しいといえる。データは唯一無二の真実ではなく、物事のある一側面を表すものであることを伝える。ただし、抽出するデータそのものやデータを加工する工程で、情報の発信源が恣意的に意図を反映することも可能であるため、外部ソースから情報収集をする際には、発信源の意図や背景などに意識を配ることも重要である。

3 | 統計データの注意点

　統計データなどを収集する際には、データの情報源、鮮度、母数の確認が重要であることを伝える。信頼性の低い情報や古い情報をビジネスに使用しないためにも、「データの発信源は信頼性の高い団体や個人なのか」「いつ調査されたデータなのか」「調査の母数はいくつなのか」などを確認しなければならない。

　また、収集した情報の真偽を自分の感覚で判断しないことも重要である。自分の感覚と合っていたから信じる、反対に自分の感覚と違うから無視をしてしまうことがないように、偏りのない視点で複数の情報源から情報を収集することも必要である。

4 | 代表値の注意点

　代表値とは、データ群の特徴をひとつの値で表したもので、最も有名な代表値として「平均値」が挙げられる。その他の代表値には、データ群を大きさの順で並べた時に中央にくる「中央値」、データ群の中で出現数の最も多い「最頻値」がある。いずれの代表値もデータの偏りなどが見えないため、分析などの際には注意が必要であり、データの偏りや外れ値を確認するためには、基本統計量やヒストグラムなどでデータ群の分布や内訳を可視化することが重要であることを併せて伝える。

5 | グラフの読み方

　グラフ化はデータを可視化する際に有効な手段だが、恣意的な加工がされているグラフも多い。各種グラフを見る際の注意点を知ることで、事実を見誤らないようにする。

　以下に代表的な注意点を記載する。

❶折れ線グラフや棒グラフ

　推移を強調するために、上限値や下限値を切ってあることが多い。軸の数値に注意が必要である。

図1 「折れ線グラフの例：ガソリン価格推移」

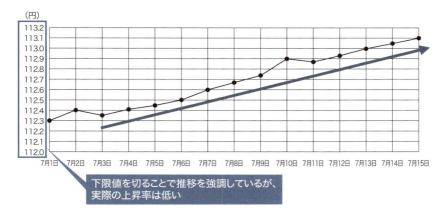

下限値を切ることで推移を強調しているが、実際の上昇率は低い

❷円グラフ

ひとつのパイを抜き出して強調していることがある。グラフの見た目だけではなく、それぞれのパイの数値を確認する必要がある。

図2 「円グラフの例：地方統一選挙　支持率」

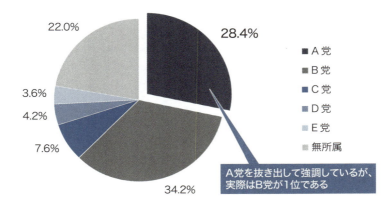

A党を抜き出して強調しているが、実際はB党が1位である

その他にも、調査の母数が少ない、もしくは推移が小さいにもかかわらず、その比率や対比を％表示することで強調しているグラフや、波線で途中が省略されている棒グラフなどもある。グラフを見る際には、軸や単位、母数などの各項目を確認する必要があることを理解してもらう。

6 │ データの読み方の練習

　研修の終盤では、統計データやグラフなどのサンプルを用意し、実際にデータの読み方を練習する。研修で学んだ点に注意しながらデータを読むことで、受講者の研修内容に対する理解を深めてもらう。

100 労務・法務・税務

研修が実施される背景／研修の対象

　企業の管理部門に所属する従業員には、法令や各種制度に関する専門的知識を正確に持つことが求められる。企業管理に関する誤った理解や運用は、業務停止や信頼の毀損などの重大な影響を及ぼす可能性がある。労務・法務・税務研修は、管理系業務に従事する従業員を対象に、法令や制度に関する正しい知識を身につけることを目的に行なわれる。

研修で主に伝えるべき内容

1｜管理部門に所属する人材の心構え

　管理系の業務の特徴をひとつ挙げるとすると、決められたルールに則り、正確に業務を進めることである。そのためには、自分の業務に関連する法令や制度について正しい知識を身につける必要があり、また具体的な運用事例についても精通していなければならない。管理部門に所属する従業員は、自分たちが企業の守りの要であることを自覚したうえで、各業務のプロフェッショナルとして力を発揮することを意識しなければならないことを伝える。それぞれの部門において行なわれる研修例は、以下の表のとおりである。

「主な研修例」

労務	法務	税務
労働時間管理	契約書	各種税制
ハラスメント	会社法	税務書類
メンタルヘルス	その他の法律	

2｜労務研修

　労働基準法、労働組合法および労働関係調整法の労働三法を基本とした、労務管理に必要な正しい知識を学んでもらう。また、事例やケーススタディを通して、生産性や効率を高めるためのノウハウを学び、自社に必要な施策などを検討する。取り上げられる主なテーマとしては、労働時間管理、ハラスメント、メンタルヘ

ルス（ストレスチェック）が挙げられる。労働基準法で定められている就業規則に記載する内容について、労働判例などを確認しながら就業規則を作成・修正するポイントを伝えることもある。

❶労働時間管理

労働時間の適切な管理や残業時間削減の取り組み、長時間労働がもたらすメンタルヘルス不全などの問題を伝える。また、これらの観点から、ワークライフバランスの先行事例などを伝えることもある。長時間労働が常態化している従業員に対して、労務管理部門としてどのように意識改革を促すかという議論も行なう。

❷ハラスメント

セクシャルハラスメントやパワーハラスメントをはじめとしたさまざまなハラスメントの事例や、ハラスメントが企業に及ぼす影響、ハラスメントの判断基準などについて伝える（詳しくは「セクハラ・パワハラ」の項を参照のこと）。

❸メンタルヘルス（ストレスチェック）

管理監督者の役割や、部下との最適なコミュニケーションに必要なラインケア、部下の休職や職場復帰支援の事例などについて伝える。また、義務化されたストレスチェックの実施や結果の分析、セルフケア支援の方法などについて伝える（詳しくは「メンタルヘルス」の項を参照のこと）。

3｜法務研修

契約書の見方や作成方法、知的財産権などの企業を取り巻く法律を知り、それぞれの法律の内容や訴訟事例・対応方法について学んでもらう。また、企業に必要なコンプライアンスの取り組みについても取り扱う。取り上げられる主なテーマは次のとおりである。

❶契約書

契約書の意義を明確にし、確認すべきポイントや作成の際の注意点などについて事例を踏まえながら伝える。また、作成する際に間違いが多いポイントや判断に迷いやすいポイントはケーススタディを通して理解してもらう。

❷会社法

会社法の中でも株主総会・取締役・監査役などを中心に正しく理解してもらう。

❸その他

企業によって必要な法律について、その内容と訴訟事例などを伝える。例えば、「景品表示法」「製造物責任（PL）法」「医薬品、医療機器等の品質、有効性及び安全性の確保等に関する法律（薬事法）」など業種に特有なものや、「個人情報保護法」「不正競争防止法」「知的財産権」など、多くの企業に関わるものがある。

4 税務研修

税務に関わる実務や税務書類の読み方・つくり方などについて、知識・手法を理解してもらう。具体的には、法人税、消費税、住民税、事業税などの税務についての基礎知識を伝え、税額計算の方法を紹介する。また、税金を滞納した場合の課徴金などについても伝え、業務の遅れから想定外の出費を計上しないことの大切さを理解してもらう。

5 管理部門による価値創出

一般的にコストセンターと見なされることの多い管理部門だが、企業の業績向上に大きな役割を果たすことができる。例えば、仕事の進め方を工夫することで、業務の生産性や効率を高めることが可能である。仮に、利益率が2％の企業において年間100万円の費用削減が見込まれた場合、それは5000万円の売上げと同等の価値を持つ。このような例を用いながら、管理部門の仕事が企業の利益に直結していることを理解してもらう。

また、管理系部門の従業員が最新の情報を常に収集しておくことの重要性を認識してもらう。例えば、管理系の業務は法令や制度の変更に影響を受けやすく、中には頻繁に変わる制度も存在する。法令や制度の変更を常に把握し、それに対する準備を怠りなく行なうことができれば、企業にとっての潜在的な競争力となり、事業を安全に継続することにつながる。

おわりに

「人材育成が時代に追いついていない」

　この思いは、皆様が等しく感じているものではないでしょうか。時代の変化が速く、人に求められるものがますます高度化されていく時代の中で、人材育成というテーマに意義を感じながらも、何か徒労感のようなものが現場に漂う時があります。

　私たちラーニングエージェンシーは、2006年の設立※以来、業界初と呼ばれるような人材育成のサービスをいくつも立ち上げてきましたが、人材育成という大きなテーマを前にして、自分たちの非力さに悔しい思いをする場面も多くあります。

「人材育成の知を探究しましょう」

　国家レベルの施策を含め、人材育成を前進させる解決策は無数にあると思います。皆様は、人材育成というテーマに対してどのような解決策をお考えでしょうか。

　私の考える最も基本的な解決策は、本書の冒頭でも触れたように、「人材育成を担う人がもっと学ぶこと」です。シンプルに表現すると、学びとは「新しいこと（＝自分にとって未知なもの）を知ること」だと思います。極論すると、新しいことを知ろうとしないことは、成長や可能性を（時に無意識に）遠ざけていることと同義ではないでしょうか。時代の大きな変わり目の中で、人材育成を担う人こそ、未知なものを自ら率先して学ぶべきだと思います。そして、このような行為がやがて人材育成のさまざまな解決策を生み出してくれると信じています。

　本書の執筆を通じた人材育成の探究や各理論の整理の過程で、私たち自身も新しい人材育成の手法をいくつか発案することができ、その開発に着手しました。これらは、執筆する際に意図した副産物です。私たちも日々のこうした人材育成の知の探究を通じて、新しい人材育成のあり方や、やり方の実現を模索しています。皆様も人材育成の知の探究にぜひ取り組んでください。

「走り切ってくれたプロジェクトメンバーの皆さん、ありがとうございました」

　人材育成に関わる皆様のイノベート・ザ・セルフ（自己革新）の一助になれば

と思い本書の執筆を始めました。ただ、執筆作業にはどうしても多くの労力を要しました。100のテーマで扱う要素、理論、データ、事例などの検討とその執筆の中で、全体と各論を行き来しながら、時に執筆の方向性に迷う場面もありました。

　このように迷走するプロジェクトを率いた私は、プロジェクトメンバーに多くの困難にトライしてもらうことになってしまいました。プロジェクトの完遂まで走り切ってもらったメンバーには感謝の気持ちで一杯です。改めて皆さんに心より感謝の言葉を贈ります。ありがとうございました。

　ダイヤモンド社の久我茂さんには、最初から最後まで私たちをサポートし続けていただきました。原稿には図表も多く、手間が何倍もかかったと思います。本書の最後に久我さんへの感謝を申し上げます。誠にありがとうございました。

　日本の人材育成を皆様と前に進めることを願って。

2019年4月　眞﨑大輔

※ 2006年2月に「トーマツ イノベーション株式会社」として発足。2019年4月、「株式会社ラーニングエージェンシー」に社名変更

索引

英数字

1on1ミーティング	12, 20
21世紀型スキル	78, 142, 143
4P	260, 350, 352, 357
4つのケア	180, 181
5F	259, 289, 351
5W1H	279, 289
7P	352
7S分析	259
7つのムダ	369, 370
9教授事象	23, 24
ABC分析	358
ADDIE	22, 24
ARCS	6, 7
CLO	168, 169, 170, 171, 261
CSR	188, 190, 232, 233, 234, 235, 236
CSV	235
EFO	355
EQ	59
ERGモデル	62
eラーニング	146, 239, 244, 247, 265
ID第一原理	23, 24
IF法	304
IoT	215
ISO26000	233
ITIL	150
ITインフラ	193
IT人材	215, 216, 217, 218
ITスキル標準（ITSS）	216
I型	372, 373
KGI	360, 361
KJ法	301, 358, 359
KPI	189, 360, 361
KSA・KSAOs	76
LGBT	243
LPO	355
MECE	288, 289
MOOCs	146
MOT	223, 224, 225, 372
M字カーブ	193, 196
OFF-JT	106, 164
OJT	25, 94, 102, 106, 107, 108, 109, 155, 164, 217, 269, 374
OODA	343
PDCA	255, 289, 341, 342, 343, 378
PEST	258, 289, 351, 357
PMBOK	344
PMP	150
PM理論	72, 78
PREP法	294, 295, 296, 299
QCD	28, 226
ROI	26, 27, 28
ROIモデル	26, 27
SEO	354
SL理論	72, 311
SNS広告	354
STP	260, 350, 351, 352, 357
SWOT	258, 259, 289, 351, 357
TODOリスト	307, 308
T型	372, 373
WLB	175, 176
will-can-must	339
X理論	61
X理論・Y理論	61
Y理論	61
π型	372, 373

ア行

アイスブレイク	301, 325, 362
アイチンガー	9, 94, 106
アクティブラーニング	141, 142, 143, 242
アセスメント	100, 101, 213
アセスメント方式	100
アダプティブラーニング	147

アブセンティーズム······················185
アルコールハラスメント···············327
アンガーマネジメント···········333, 334
アンゾフの成長マトリクス···········259
アンドラゴジー·····················2, 4, 15
アンラーニング·················16, 37, 40
育成計画···············98, 100, 102, 106, 107
移行期···35
維持期····································20, 21
一般化説····································15
委任的リーダーシップ················311
イノベーション········74, 78, 155, 211, 212, 213, 214, 220
イノベーション人材·········211, 212, 213, 214
インストラクショナルデザイン·········22, 130
衛生要因····································63
エキスパート活動···················143, 144
エリクソン··································43
えるぼし···································193
演繹法······································287
円環モデル···························334, 335
オーセンティック・リーダーシップ·········73
オープンクエスチョン············281, 326
オールダム···························63, 64
オズボーン······················292, 301, 358

カ行

カークパトリック·························26
カークパトリックの4段階評価·········26
外向性·························67, 68, 69, 77
外国人活用···························189, 203
外国人研修制度························204
会社法·····················237, 391, 393
外発的動機づけ························61, 64
外部環境分析···························258
開放性······························67, 68, 77
学習棄却（アンラーニング）·········16, 40
学習効果·················11, 115, 146, 147
学習準備性······························3, 5
学習する組織······················85, 86, 87

学習定着率···································141
学習テクノロジー························169
学習転移·································14, 15
学習目標·············22, 23, 24, 129, 130, 131, 138
課題解決型······················82, 141, 143
カッツ······································76, 77
カッツモデル····························76, 77
ガニェ································22, 23, 24
ガニェの9教授事象························24
環境分析·······················258, 286, 351
関係重視型リーダーシップ···········311
監獄実験····································59
寛大化傾向···························160, 322
キー・コンピテンシー···················142
キーポスト························98, 99, 100
企業戦略·················73, 130, 190, 220, 234
企業の社会的責任··················188, 232
企業理念····································250
企業倫理·······················239, 255, 256
技術経営····································223
技術者教育···························372, 374
技術伝承····································217
技術の不確実性·························224
機能期·································315, 317
機能別組織································377
帰納法······································287
期末効果····································160
キャリア········4, 35, 65, 78, 79, 81, 83, 103, 104, 105, 113, 126, 152, 153, 154, 165, 166, 174, 189, 192, 193, 194, 200, 217, 321, 338, 339, 340
キャリアアップ助成金·············165, 166
キャリアアンカー··························36
キャリア開発支援···············192, 193, 194
キャリア形成支援制度導入コース·········164, 165
キャリア形成促進助成金···············163
キャリアサバイバル·······················36
キャリアデザイン·····35, 81, 105, 217, 338, 339, 340
キャリアトランジションモデル·········37
キャリアドリフト·······················35, 36
キャリアプラトー··························46

キャリアログシート	339
求職型	104
求人型	104
教育訓練機関	152
教育訓練給付制度	166
教育心理学	57, 58
教示的リーダーシップ	311
強制型リーダーシップ	312
競争環境の不確実性	224
協調学習	82, 143
協調性	67, 68, 69, 77, 159, 248
協調的問題解決能力	144
業務標準化	116, 347
共有ビジョン	85, 86, 87, 88
具体的経験	9, 50
クランボルツ	338
グリーンリーフ	73
クリステンセン	211
クリティカルシンキング	290, 291, 292
グループワーク	82, 135, 141, 333
クレーム対応	273, 366, 367
クローズドクエスチョン	281, 326
グローバル・マインドセット	207, 208, 210
グローバル人材	206, 209, 210
クロストーク活動	143, 144
計画的偶発性理論	338
経験学習モデル	9, 10, 11, 12, 49, 50, 107, 320
形成期	314, 315, 316
継続雇用制度	199
傾聴力	75, 161, 280, 301
契約書	391, 392
ゲーミフィケーション	147
ケラー	6
ケリー	211, 212
厳格化傾向	160, 322
健康管理	181, 184, 187, 245
研修報告書	138
検定試験	151
講演会型	133
効果測定	24, 26, 27, 28, 129, 131, 169, 353
貢献力	254
行動宣言	138, 140
行動特性	31, 32, 33, 58
行動評価	28, 321
行動変容	18, 20, 21, 134, 138, 139, 243, 245, 247
高年齢者活用	189, 198, 199, 200, 201, 202, 243
コーチ型リーダーシップ	311
コーチング	108, 109, 114, 121, 123, 124, 125, 127, 242, 320
ゴールマン	311
顧客志向	34, 222, 249
顧客ニーズの不確実性	224
国家資格	150, 151, 166
コモディティ化	220
雇用延長	201, 202
雇用形態	93, 174, 199, 331
コルブ	9, 49
コワーキングプレイス	156
コンセプチュアルスキル	76
コンセンサス重視型	205
コンピテンシー	31, 32, 33, 34, 75, 77, 95, 142, 159, 243
コンピテンシーリスト	33, 46
コンフォートゾーン	119
コンプライアンス	4, 159, 200, 209, 227, 229, 230, 232, 234, 236, 237, 239, 240, 242, 246, 248, 249, 255, 256, 392
混乱期	315, 316, 317

サ行

サーバント・リーダーシップ	73
最高学習責任者	168
最高健康責任者	186
再雇用	199
採用選考	324
採用面接	324
サクセッションプラン	94, 95, 98, 99, 100, 101, 242
さとり世代	82, 83
参画型	133

用語	ページ
参加的リーダーシップ	311
産業・組織心理学	57, 58
ジェネリックスキル	68, 372, 373
資格取得支援制度	151
事業場外資源によるケア	181
事業場内産業保健スタッフなどによるケア	181
事業部制組織	377
ジグソー活動	143, 144
自己決定	2, 3, 19, 319
自己決定性	2, 3
自己裁量	37
自己マスタリー	85, 86, 87
システム思考	85, 86, 87, 88
次世代リーダー	119, 121
実行期	20
実行宣言	136
実地研修	133
質問力	211, 301
シナリオ作成	297
社会人基礎力	75, 142
社会心理学	57, 58, 60
社会的資本	207, 208
ジャッド	15
社内FA制度	104
社内講師	28, 137
社内公募制度	104
社内勉強会	154
習慣化	18, 21, 138, 243, 269, 371
就業継続支援	192, 193
習熟度	111, 127
終身雇用	82, 103, 104, 158, 331, 338
就労条件	199, 200, 201
熟考期	19
守破離	79
順応型	254
準備期	19, 20
情意評価	321
障がい者	189
条件適合理論	72
情緒安定性	67, 68, 77
情報処理技術者試験	150, 216
情報処理推進機構	216
情報セキュリティ	227, 229, 230, 246, 255, 256
ショートリスト	101
職業能力開発促進法	163
職業能力検定制度導入コース	164, 165
嘱託	199, 201
職場見学	250
職場風土	174, 176
職務基準書	151
職務特性理論	63, 65
初心者教育	115
女性活躍	189, 192, 193, 194, 195, 196, 199, 217, 242, 243
女性活躍推進法	193
助成金	163, 164, 165, 166, 167, 217
ジョハリの窓	162, 365
ジョブローテーション	82, 94, 101, 102, 103, 104
人材育成委員会	170
人材開発支援助成金	163, 166
人材要件	75, 79, 92, 93, 95, 96, 100, 112, 130, 169, 212, 213, 216, 261, 325
人事評価者	321, 322
人事評価制度	158, 321, 322, 323
新任管理職	255
心理的資本	206, 208
ステークホルダー	208, 233, 344, 345, 346
ストレスチェック	179, 186, 187, 392
ストレッチアサインメント	94, 101, 119, 120, 121, 318
スペシャリスト	79, 103
スモール・ステップ法	115
性格スキル	67, 68, 69, 242, 243
成果評価	159, 322
生産性向上	158, 176, 177, 195, 242, 243, 255, 306, 347, 369
生産年齢人口	188, 192, 198
誠実性	67, 68, 77
精神障害	179
正の転移	14, 15, 16

項目	ページ
制約の克服	174
セカンドキャリア	338
セカンドハラスメント	327
セクシャルハラスメント	327, 328, 392
セクハラ	240, 327, 392
セグメンテーション	260, 351, 352, 357
セッション形式	243
説得的リーダーシップ	311
ゼネラリスト	79, 94, 103
セルフケア	180, 392
セルフマネジメント	79, 331, 332, 333
セルフリーダーシップ	310
前熟考期	18, 19
早期離職防止	205
相互理解	126, 127, 243, 315, 365
ソーシャルメディアマーケティング	354
ソーンダイク	14
属地主義の原則	231
組織コミットメント	40
組織再社会化	39, 40
組織社会化	39, 41, 82
ソフトスキル	93

タ行

項目	ページ
ターゲティング	260, 351, 352, 357, 360
ダイアローグ	87, 126, 127, 128, 242
ダイバーシティ	i, 188, 189, 190, 192, 242, 243
ダイバーシティ&インクルージョン	190
ダイバーシティ2.0行動ガイドライン	188, 189
ダイバーシティマネジメント	190
タイムマネジメント	136, 176, 286, 306, 307
タックマンモデル	314, 316
達成度テスト	27
多様性	i, 64, 188, 189, 190, 192, 208, 243
チーム学習	85, 86, 87, 88
チームビルディング	87, 133, 243, 255, 312, 314, 316
知識伝達型	141, 142
知的資本	206, 207
抽象的概念化	9, 10, 11, 13, 50

項目	ページ
中心化傾向	160, 322
中途採用	16, 39, 41, 92, 112, 209, 326
中年期	6
長時間労働	174, 175, 176, 177, 178, 193, 194, 217, 306, 347, 392
通信教育	152, 154, 247
つまずきワクチン	319
ティーチング	109, 121, 123, 124
テクニカルスキル	76
デザイン	22, 35, 81, 84, 105, 127, 130, 136, 217, 220, 221, 222, 224, 300, 338, 339, 340, 355
デジタル・ネイティブ	82
転移	14, 15, 16, 24
ドア・イン・ザ・フェイス	305
統一期	315, 317
同一要素説	14
動機づけ	3, 37, 58, 60, 61, 63, 64, 147, 151, 153, 160, 176, 214
動機づけ要因	63
等級基準書	151
特性理論	63, 65, 71
ドラッカー	310
トランジション	i, 35, 36, 37, 196

ナ行

項目	ページ
内省支援	106, 107
内省的観察	9, 11, 13, 50
内発的動機づけ	61, 64
内部環境分析	258
ナレッジマネジメント	87, 88, 103, 169
ニコルソン	37
二要因理論	60, 63
認知能力	68
能動的実験	9, 10, 50
能力開発	2, 37, 102, 119, 123, 149, 152, 158, 159, 163, 168, 201
能力評価	321
能力モデル	75, 79

ハ行

項目	ページ
パーキンソンの法則	308
バーク	16
ハーズバーグ	60, 63
ハイコンテクスト	205
バイトサイズ化	243
ハイパフォーマー	31, 32
ハヴィガースト	6
パタニティハラスメント	327
働き方改革	174, 175, 176, 189, 190, 242, 243, 255, 347
ハックマン	63, 64
ハッチンズ	16
パフォーマンス評価	322
バブル世代	81, 82
ハラスメント	190, 327, 328, 329, 330, 334, 391, 392
パラダイムシフト	248, 252, 253
バリューチェーン	169, 259, 289
ハロー効果	160, 322
パワーハラスメント	327, 329, 334, 392
パワハラ	240, 327, 392
反転学習	82, 148
ピアラーニング	243, 257
ピープルマネジメント	13, 255
ピグマリオン効果	58
ビジネス文書	250, 283, 284, 285
ビジネスモデル	82, 196, 221
ビジョニング	312
ビジョン型リーダーシップ	311
ビッグファイブ	67, 68, 77, 243
非認知能力	67, 68
批判力	254
批判的思考	16, 78, 290
ヒューマンスキル	76
評価基準	23, 27, 28, 40, 159, 161, 201, 302, 323
氷河期世代	81
評価面談	33, 55, 153, 158, 160, 161
氷山モデル	31, 32, 77
標準化	115, 347, 348, 349
標本調査	387
ビル・ジョージ	73
ファシリテーション	88, 136, 218, 300, 302
ファシリテーター	128, 142, 300, 301
フィードバック	20, 21, 24, 29, 33, 55, 64, 100, 109, 121, 123, 124, 125, 135, 136, 140, 146, 159, 160, 161, 201, 202, 239, 261, 264, 274, 279, 282, 296, 299, 319, 320, 321, 322, 323, 326, 333, 344, 346, 349
フィールド型	133
フィールドワーク	141
フィリップス	26, 27
フォローアップ	93, 138, 139, 140, 250
フォロワーシップ	205, 252, 254
フット・イン・ザ・ドア	305
負の転移	14, 16
ブライトスポット	177
プライバシー	113
ブラザー・シスター制度	110, 111, 182
フリーアドレス制	155
フリーランス	212
フリップトーク	135
ブリンカーホフ	129
プルチック	334, 335
プレイングマネジャー	242, 269
ブレインストーミング	142, 301, 358
プレゼンティーズム	185
プレゼンテーション	52, 218, 265, 267, 283, 285, 297, 298, 299, 359
フレックスタイム制度	175, 193
ブレンディッドラーニング	148, 244
プロジェクト	9, 10, 12, 113, 128, 133, 151, 161, 170, 177, 186, 195, 297, 342, 344, 345, 346, 373, 374, 377
プロジェクトマネジメント	133, 344, 346
プロチャスカ	18
分散化傾向	160
ペイオフ・マトリクス	302
ペースセッター型リーダーシップ	312
ペダゴジー	2

ヘックマン……………………………………………68
変革型リーダーシップ理論……………………………72
法令順守………………………………159, 232, 233, 236
報連相………18, 19, 20, 21, 205, 250, 263, 271, 277, 278, 279, 293
ボードスピーチ…………………………………………135
ポジショニング…………………………260, 351, 352, 357
ポジティブフィードバック………………………………124
ポスターセッション……………………………………135
ホスピタリティ……………………………275, 363, 364, 365
ボディランゲージ………………………………………299

マ行

マイクロラーニング……………………………………147
マイスター制度………………………………………201
マイノリティ………………………………………189, 204
マイルストーン…………………………………………161
マインドセット……………………………207, 208, 210, 248
マインドフルネス瞑想法………………………………183
マクレランド…………………………………………31, 63
マズロー………………………………………………62
マタニティハラスメント…………………………………327
マニュアル……25, 88, 106, 115, 116, 117, 118, 137, 176, 345, 348, 366, 374
ミレニアル世代…………………………………………82
民主型リーダーシップ…………………………………311
メールマーケティング…………………………………356
メタ認知………………………………52, 53, 54, 55, 78, 87
メラビアン……………………………………………272
メリット・デメリット法………………………………302
メリル…………………………………………………23
メンター…………100, 110, 111, 112, 113, 114, 182, 205
メンタル・モデル…………………………………85, 86, 87
メンタルヘルス…179, 180, 181, 182, 183, 185, 391, 392
メンティ……………………………110, 111, 112, 113, 114
盲点の窓…………………………………………162, 365
目標行動………………………………………………131
目標設定理論………………………………………64, 65
モチベーション……40, 50, 58, 60, 61, 63, 64, 65, 81, 99, 103, 104, 198, 201, 217, 345, 364
モニタリング………53, 118, 124, 138, 140, 239, 261, 349, 361
モバイルラーニング……………………………146, 244, 247

ヤ行

役割的性格………………………………………68, 69
ゆとり世代………………………………………82, 83
欲求階層説……………………………………………62
欲求理論………………………………………………63

ラ行

ラーニングピラミッド……………………………94, 141, 142
ラインケア…………………………………………181, 392
リアリティ・ショック………………………………40, 41
リーダーシップ…………34, 58, 71, 72, 73, 74, 78, 100, 119, 186, 310, 311, 312, 313
リーダーズ・ハブ………………………………………156
リスクマネジメント…………………………236, 237, 330, 366
リスティング広告………………………………………354
リターゲティング………………………………………355
レイサム………………………………………………64
レジリエンス…………………………………………183
レディネス…………………………………3, 5, 6, 8, 15, 131
労働安全衛生法…………………………………163, 165, 179
労働関係調整法………………………………………391
労働基準法……………………………………238, 391, 392
労働組合法……………………………………………391
労働災害………………………………………………179
労働三法………………………………………………391
労働人口………………………………………………174
ロールモデル………………………………………194, 196
ロジックツリー……………………………286, 287, 288, 289
ロック…………………………………………………64
ロングリスト……………………………………………101
ロンバルド…………………………………………9, 94, 106
論理的思考………………………………………204, 286, 290

ワ行

ワークショップ……134, 135, 148, 269, 316, 333, 337,

　　　　　　　　　　　　　340, 358
ワークライフバランス ……………174, 175, 190, 392
ワールドカフェ………………………………87, 88, 244

［編著］
ラーニングエージェンシー

2006年2月、デロイト トーマツ グループの法人として設立。2019年4月に同グループから独立し、ラーニングエージェンシーに改称。中堅中小ベンチャー企業を中心に、人材育成の総合的な支援を行なうプロフェッショナルファームで、支援実績は累計1万3000社以上、研修の受講者数は累計200万人以上と業界トップクラス。定額制研修サービス「Biz CAMPUS Basic」、モバイルラーニングと反転学習を融合した「Mobile Knowledge」など、業界初の革新的な教育プログラムを次々と開発・提供している。

人材育成ハンドブック 新版
――いま知っておくべき100のテーマ

2019年4月3日　第1刷発行

監　修―――眞﨑大輔
編　著―――ラーニングエージェンシー
発行所―――ダイヤモンド社
　　　　　〒150-8409　東京都渋谷区神宮前6-12-17
　　　　　http://www.diamond.co.jp/
　　　　　電話／03・5778・7235（編集）　03・5778・7240（販売）
装丁・本文レイアウト―遠藤陽一（DESIGN WORKSHOP JIN）
製作進行―――ダイヤモンド・グラフィック社
印刷―――――加藤文明社
製本―――――加藤製本
編集担当―――久我 茂

©2019 Learning Agency Co., Ltd.
ISBN 978-4-478-10783-6

落丁・乱丁本はお手数ですが小社営業局宛にお送りください。送料小社負担にてお取替えいたします。但し、古書店で購入されたものについてはお取替えできません。
無断転載・複製を禁ず
Printed in Japan